ウェーブストレッチリング

体幹強化トレーニング

3つの“腔”とアトラス体幹姿勢

リングが高める“内圧力”で、使える体幹力をGet!

NPO法人日本ウェーブストレッチ協会理事長
牧 直弘

BABジャパン

はじめに

私は、身体にとって自然でしなやかな動きとは何かと、武道、スポーツ、ダンスやヨガ、太極拳、声楽の呼吸発声法などをヒントに10年以上の研究の歳月を経て、２００５年にオリジナルの「ウェーブストレッチリング」とプログラムを開発しました。

このウェーブストレッチリングを活用する独自のプログラムは、身体の意識を目覚めさせ、理想的な姿勢と機能的な動きを引き出すことができる画期的なものです。その豊富な活用法は、１０００パターンを超え、全身のセルフケア（筋膜リリース、ストレッチ）だけでなく筋力トレーニングからリハビリやパフォーマンスアップまで可能です。アスリートやオリンピック選手にも大人気で、遠征の移動中でも手軽に使え、腰、背中やふくらはぎの筋膜リリースからアスリートに最も大切な体幹トレーニングに愛用されています。

２００８年に多くの方々の健康作りのためにＮＰＯ法人日本ウェーブストレッチ協会を設立しました。

２０１０年には、テレビで女優の井川遥さんが、出産直後の美ボディの秘密は「ウェーブストレッチリング」ですと紹介され、ヤフー検索キーワードで1位、ウェーブリング〈ZENRING〉の知名度が上がり、多くの方に使われるきっかけになりました。現在では、日本国内のみならず、韓国をはじめアメリカ、ヨーロッパにおいてもウェーブストレッチを正しく伝えるために海外のマスタートレーナーの受講者も増え、世界的なプログラムになりつつあります。

２０１７年には、カーヴィダンスの樫木裕実さんプロデュースによりスリムなマンゴーリングも発売しました。樫木裕実さんとは、２００５年もウェーブストレッチが縁で、友人からご紹介頂き、身体に関して独自のメソッドを貫く職人で、とても親近感を感じております。

そして２０１８年、本書で初めてご紹介するアトラス体幹呼吸&姿勢メソッドを開発しました。

アトラス体幹姿勢（三腔姿勢）とは、ウェーブストレッチリング開発者の私が中川隆さんのトライ体幹理論を深く学び応用した新姿勢メソッドです。アトラスとは、第一頸椎の呼び名です。アトラス体幹姿勢は脊柱の胸椎アーチ、腰椎アーチ、頚椎アーチに対し３つの動作を組み合わせることで、体幹を安定させる脊柱アーチパワーポジションを

はじめに

作り出すことができます。特にアトラスを後方にアーチプレスする動作がとても体幹と姿勢が連動できるため重要です。

アトラス体幹呼吸は、さらにアトラス体幹姿勢（三腔姿勢）を強化するために開発した呼吸法です。それは、胸式、腹式、腹胸式呼吸の3つの呼吸を胸腔・腹腔・口腔へと順番に行なうことで三腔の拡張（内圧）力を高め、脊柱アーチパワーをさらに強化させます。

拡張（内圧）力とは、風船が膨らむように、インナーマッスルとアウターマッスルとの相互作用で腹腔・胸腔・口腔を拡張させることです。

なぜこのアトラス体幹呼吸が姿勢体幹強化に必要かというと、深腹側筋膜連鎖のディープフロントライン（DFL）に強くアプローチできるからです。

このアトラス体幹姿勢は、猫背、反り腰の改善から、スポーツ選手の怪我予防やパフォーマンスアップに活用でき、さらに体幹が安定することで三つの腔がバランスを取りながら自由自在にコントロールが可能になり、スムーズでしなやかでファンクショナルなムーブメントも体得できます

あらゆるスポーツ、武道を行う基本姿勢としてこのアトラス体幹姿勢を、準備体操の段階に取り入れることを望みます。さらにアトラス体幹呼吸は、脳幹のリリースにより、脳の活性化と免疫力向上さまざまな効果を生み出します。ぜひ身体活性化に日々の生活の中に取り入れてください。皆様もご家族やご友人、仕事仲間、職場先の方々にも、ウェーブストレッチの心地良い健康で幸福なひとときを、お伝えいただければ幸いです。

出版にあたりNPO法人日本ウェーブストレッチ協会を設立し、ウェーブストレッチの真の教育を広げて頂いた、マスタートレーナーの皆さん、ウェーブストレッチリングを愛され、認定資格を取られた多くの方々にも、感謝申し上げます。

また「トライ体幹理論」の中川隆さんの素晴らしい身体メソッドをウェーブストレッチリングに応用できることになり、世界で最新のプログラムが提供できるようになりました。私を支えてくれた多くのスタッフ、BABジャパンの方々にも深く感謝いたします。

2018年4月

牧直弘

Contents

第5章 アトラス体幹姿勢をつくる“筋膜リリース”&ストレッチ……73

Contents

Contents

第1章

“使える体幹”とアトラス体幹姿勢

（三腔姿勢）

1 ディープ・フロント・ライン

みなさんは、筋肉が〝つながっている〟ということを知っていますか？

解剖図に「○○筋」「△△筋」などと書かれているのを見ると、ついプラモデルのようにさまざまなパーツが組み合わせられて人の体ができているかのように思ってしまいますが、実はそんなことはありません。

各所の筋肉は別の親から生まれてここで出会った訳でも、別の日に生まれた訳でもありません。「○○筋」などと名付けられているのは、解剖学上、いわば便宜上分類、命名されているだけで、みんな一緒に、ひとつながりのものとして生まれてきているのです。今はジム・トレーニングなどでは「上腕二頭筋を鍛えるためにアーム・カールをする」などのように、ピンポイントに効かせようとする傾向がありますが、実際に身体を動かすにあたっては、個別に動かすことの方が、むしろできません。首を動かそうとすれば、首だけでなく背中もわずかながら、動きます。それほど、人間の身体というものは〝つながり〟で働くものなのです。

筋肉は筋繊維とそれを覆う筋膜とでできていますが、筋膜同士はつながってさまざまな〝連鎖系〟をつくっています。

次ページ図は「ディープ・フロント・ライン」と呼ばれる、〝体幹〟を考える上で最も重要になってくる筋膜連鎖系です。

「ディープ・フロント・ライン」はアメリカのトム・マイヤース氏によって提唱された〝アナトミー・トレイン〟(筋膜のつながり）の一つとして広く知られるようになった概念で、図を見ていただけば一目瞭然、まさに〝体幹〟を形成する、人体中央の深い部分を貫く筋肉群です。

「ディープ・フロント・ライン」は呼吸や姿勢に大きな影響を与えます。

姿勢は、身体を機能的に働かせるためにとても重要な要件です。でも、多くの人は「背筋《せすじ》をまっすぐに伸ばす」とか「アゴを軽く引く」などのように、外見上のカタチとしてとらえられているのではないかと思います。

例えば、「背筋《せすじ》を伸ばしている」のが機能的に良い姿勢だとします。〝機能的に良い姿勢〟というのは、例えばスポーツ的なことで言えば〝大きい力が出せる〟とか〝安定している〟といったことです。

では、その〝大きい力を出したい〟〝安定したい〟がために、常にその「背筋《せすじ》を伸ばしている」姿勢を維持しなければならないかというと、それは無理ですよね。

ディープ・フロント・ライン（深腹側筋膜連鎖）

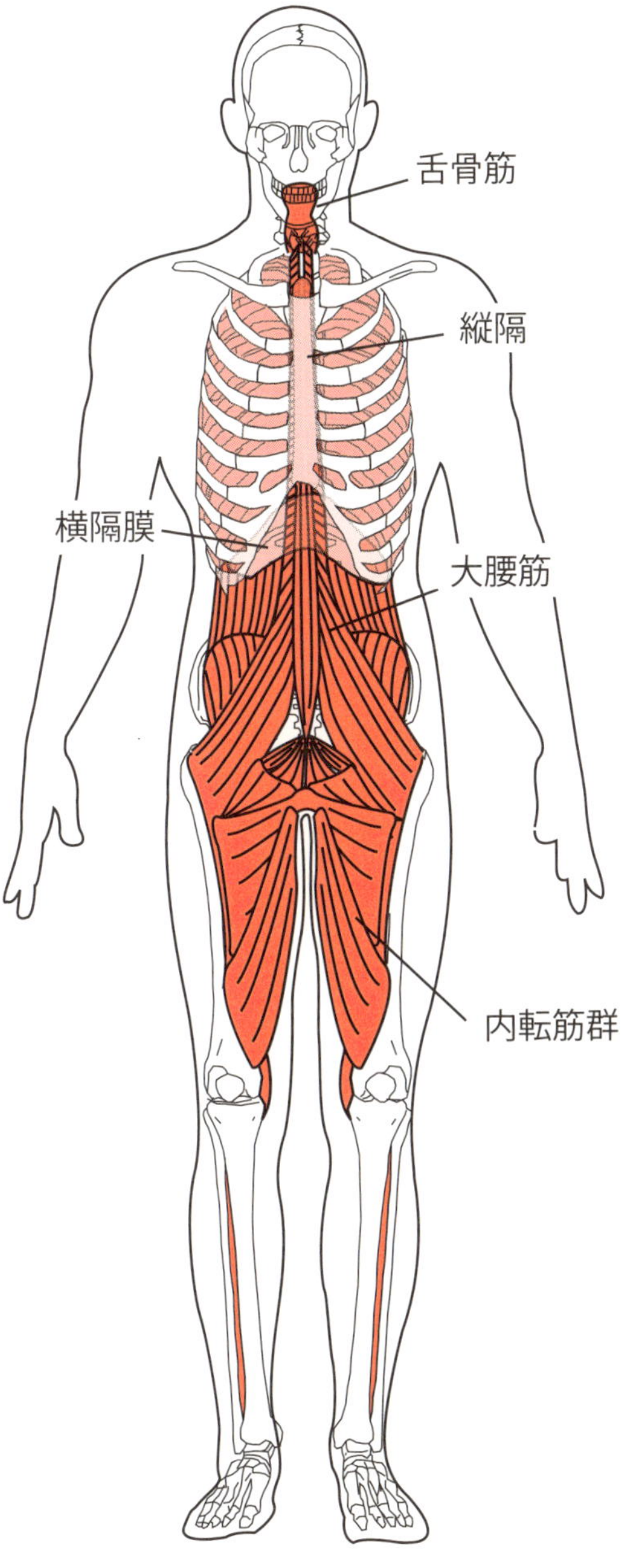

「立っている時は、背筋《せすじ》を伸ばしているのが一番楽な姿勢」…ということは言えると思います。ならば、ずっと背筋を伸ばし続けているべきか？

そんなことはありませんよね。

姿勢とは、身体のカタチではなく状態です。もっと内側から考えなければならないことなのです。その意味で、「ディープ・フロント・ライン」は姿勢を考える上での最重要事項と言っていいと思います。

では、本当の意味で〝機能的に良い姿勢〟を作るにはどうしたらよいのでしょうか？

言い換えましょう。

〝体幹〟が最大限に働く身体の状態とは、どうやって作

片足立ちになり、上げた脚とそろえた両手〜胴ができるだけ水平に一直線になるように。

ればよいのでしょうか？

2 〝腹圧〟を高める

さて、突然ですが試しに上の写真のポーズをとってみて下さい。ピタッとカッコよく静止できない、という方は、それをやろうとするだけで十分です。

これをズバリ「体幹を鍛えるトレーニング・メニュー」として目にした事のある方も少なくないでしょうね。そうです。このポーズを保持するのに必要なのが〝体幹力〟に他なりません。

このポーズを実際にやってみた皆さんは、身体のどこに力点が置かれましたか？

伸ばした腕？　脚？

それも大事ですが、何と言っても下腹のあたりだったのではないかと思います。ここでやらなければならないのは、全身をまとめて安定させる事です。それをするための人体上のポイントが下腹のあたり、という訳なのです。

下腹のあたりに意識をもっていくと、ブラつきがちな脚や伸ばした上体がブレなくなります。

下腹と聞くと、「ああ、丹田だな」とすぐに合点がいく

Point!

体幹の中心は丹田！

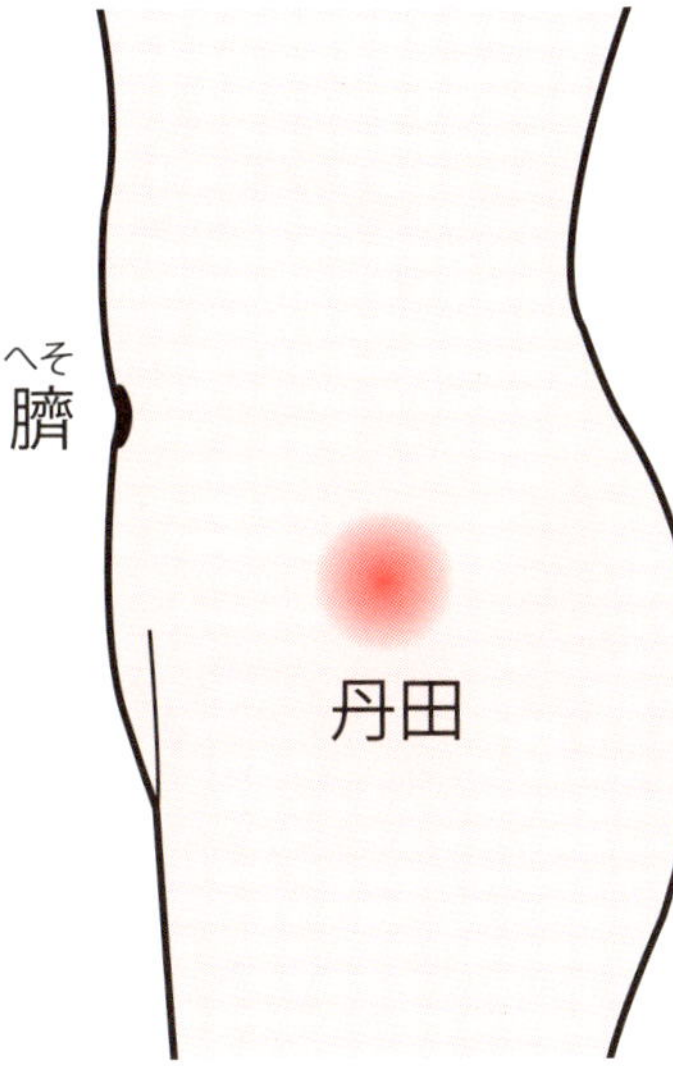

丹田は臍より少し下の高さ、体内の奥に位置している。

方も多いでしょう。でも、丹田に力を込める事は、腹筋（腹直筋）に力を込める事ではありません。

丹田とは、中国や日本で古くから用いられている言葉で、正確には「臍下丹田」と言ったりします。つまり、臍のちょっと下に位置しています。

丹田は、ほぼ人体の物理的中心であり、かつ運動上の中心です。大きな力を出すにはここから起こすのだ、と言ったりもします。

しかし、丹田から力を起こす、というのは、腹筋の下の方にグッと力を込める事……ではないのです。

なぜなら、丹田は、臍よりちょっと下の位置の奥の方にあるものだからです（上図参照）。

丹田から力を起こすとか、丹田を意識するといった場合には、感覚的には下腹のあたりをグッと充実させる感じ……だと思います。

これは、「腹圧を高める」という操作です。

丹田という部位に、直接的に力を入れようとしても、それはかないません。なぜなら、丹田に相当する部分は、器官的に言うと「小腸」だからです。

もちろん、小腸自体は運動もする器官ですが、それは消化のための蠕動運動に限ります。この運動は、意図的に運

Point!

腹圧を高めるには？

吸気時に下がる横隔膜が内臓を押し下げ、腹圧が高まる。

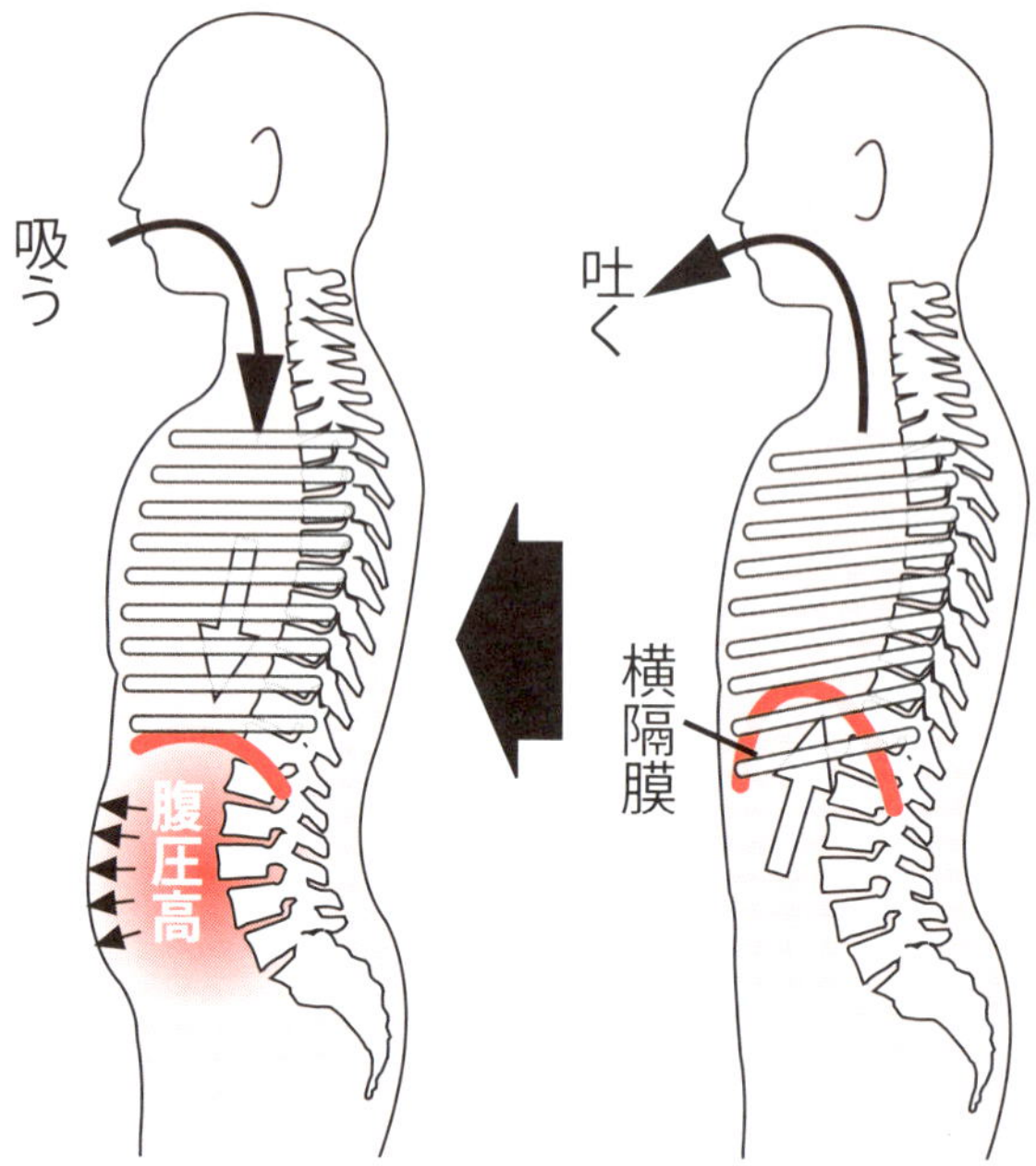

動させる事のできない、不随意運動です。

では、どこをどう働かせればよいのでしょうか？

「丹田を働かせる」…この、古くから用いられてきた言葉は、感覚的には分かっても、解剖学的にはいささか合点のいきにくいものでした。でも、そこをクリアする、しかも操法的にもとてもしっくりくる言葉が「腹圧を高める」です。

もし、この言葉を初めて聞いた、という方がいらっしゃいましたら、腹の辺りをタイヤのようなものと想像して、その中の空気が抜けた状態から、ブシューッと空気を入れて張った状態にする、みたいな感じをイメージして下さい。

例えば、腹式呼吸を行ないます。深く吸い込んだ空気をお腹の方に入れて行きます。入るほどにお腹が膨らんで、張った状態になります。これが、言ってみれば「腹圧を高める」第一歩です。

実際には、空気がお腹の方にまで入って膨らんだ訳ではありません。だって、お腹にあるのは「腸」ですからね。

呼吸の際、横隔膜が上がる事によって肺が縮小され、〝吐く〟という行為がなされます。一方、〝吸う〟時には横隔膜が下げられるのですが、この下がる横隔膜によって内臓が下方向の圧を受けます。この状態が、まずは一つの腹圧

“三腔”概念図（アトラス体幹姿勢）

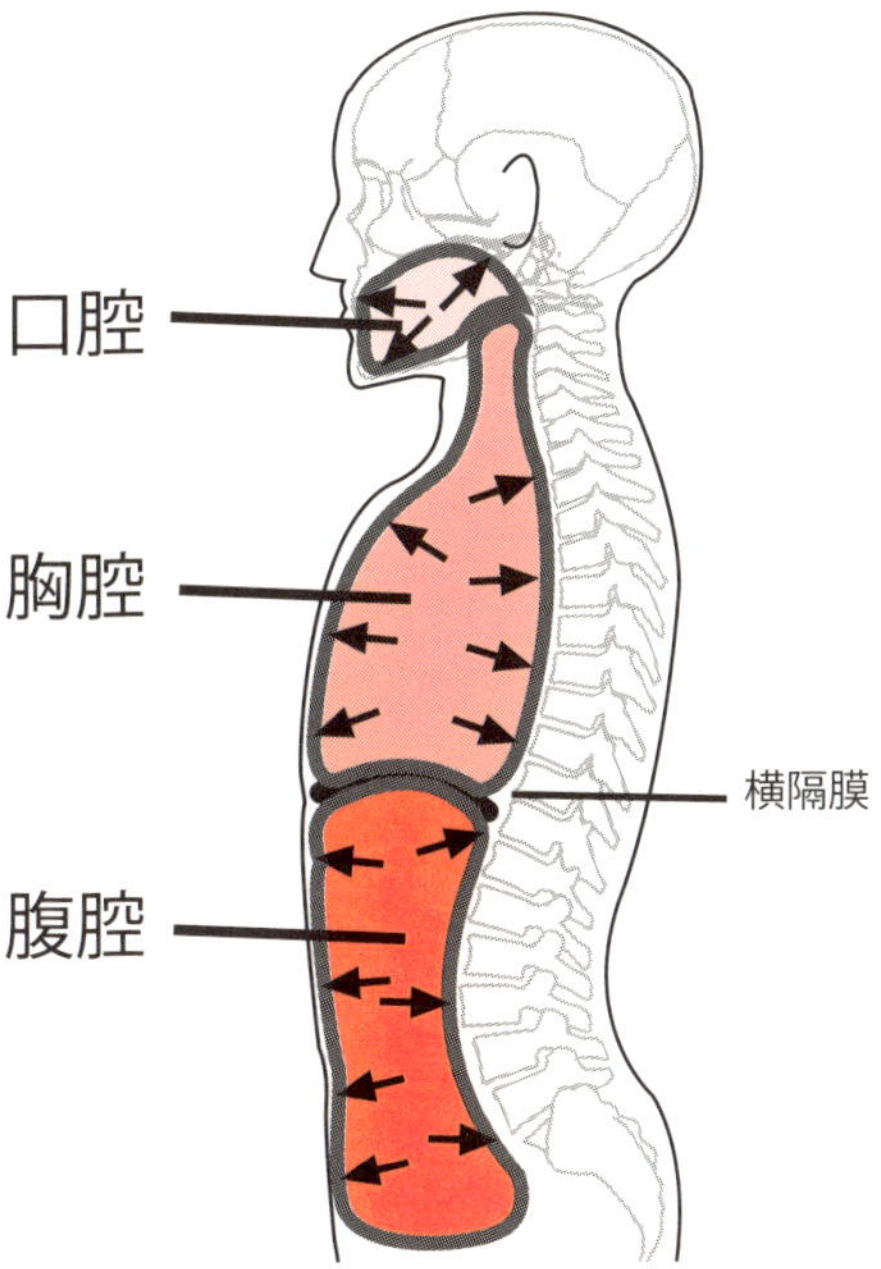

口腔、胸腔、腹腔の三つをそれぞれ“拡げる”ように働かせることによって、深層筋を中心に全身が連動的に機能する。この状態を“アトラス体幹姿勢”と呼ぶ。

が高められた状態です。

3 腔を拡げる〜“アトラス体幹姿勢（三腔姿勢）”

「丹田を働かせる」とは「腹圧を高める」ことでした。“小さく圧縮する”方向を想像しないで下さい。そうすると“外側から縮こまり固めて行く”ような操作になってしまいます。中に空気を注入して、それが取り囲む壁を外に押し拡げて行くイメージです。いわば“腔《くう》”（空洞の意）です。この操作によって“身体の中”…本章の主役「ディープ・フロント・ライン」が活性化するのです。

この“腔”は腹（腹腔）の他にも大事なものが２つあります。それは口腔と胸腔です。

「ディープ・フロント・ライン」が秀逸なのは、“舌骨筋”から始まっていることです。これによって頭部〜首が含まれた、本当の意味での“体幹全体”へのアプローチが可能になりました。頭部〜首の動向を決定づけるのが口腔です。

インナーマッスルとアウターマッスルとの相互作用によって口腔、胸腔、腹腔の三つをそれぞれに風船が膨らむように十分に拡げる働きを与えることにより、全身は連動

的に機能します。これが〝体幹を働かせること〟の正体です。

身体は〝縮める〟方向に働かせると、必ず固まって不自由な状態になります。三つの〝腔〟が十分に拡がって、相互に自由に動く状態、こそが使える体幹の姿です。

この、3つの〝腔〟を十分に拡張させて内圧力を高め、脊柱アーチパワーが最大限に活きる姿勢を〝アトラス体幹姿勢（三腔姿勢）〟と呼んでいます。アトラスとは第一頸椎の事です。この骨は重要な意味を持っているのですが、詳しくは次章「アトラス体幹呼吸」でご説明します。

〝腔〟を拡げる操作は、意図しないとなかなかできません。それだけに、一流のスポーツ選手は〝ルーティン〟として、それらをよく行なっています。

例えば、イチロー選手がバッター・ボックスに立った際に行なう、バットを前に差し上げて胸を張る動作は、胸腔を拡げる働きを担っています。

多くの〝体幹トレーニング〟は、正しい姿勢をとってしっかり体幹が使える状態を作って、固定的に行ないます。しかし、それによって確かに深層筋などの筋肉は鍛えられるかもしれませんが、使える体幹とはなりません。体幹が使えるようになるためには、三つの〝腔〟が必要なのです。

4 姿勢を支える腹圧

人間は、正しい良い姿勢が取れれば安定しますし、次にいかようにも動きやすい状態になります。しかし、スポーツや、日常におけるさまざまな種類の動作の中では、そうそう都合よく常に〝良い姿勢〟ばかりを取ってもいられません。

例えば、ただ歩くだけでも、必ず片足立ちになる瞬間があります。瞬間的にみれば、不安定この上ない体勢です。

短距離走でスタートする瞬間、これも瞬間的にみれば、転ぶ直前かと見紛うくらい不安定な姿勢です。動き出す瞬間や動きを切り替える瞬間などは、人はどうしても不安定な体勢になります。瞬間的に不安定な体勢をとるからこそ、素早く動きを切り替えられる、とも言えるかもしれません。

この不安定な体勢の瞬間、本当に不安定ならば、崩れてしまいますし、有効な力を出す事はできません。この瞬間を支えているのが、何を隠そう、〝腹圧〟なのです。

こういう瞬間、一流の選手ならば、必ずグッと腹圧をかけています。腹圧は脊柱を安定させる効果をもたらします。

本章冒頭で上げた、手足を水平に伸ばす片足立ち姿勢を

Point!

内転筋とは？

内転筋は腿の内側に位置し、股関節を内転（脚を内にしぼる）させたり、屈曲~伸展させる働きをする。

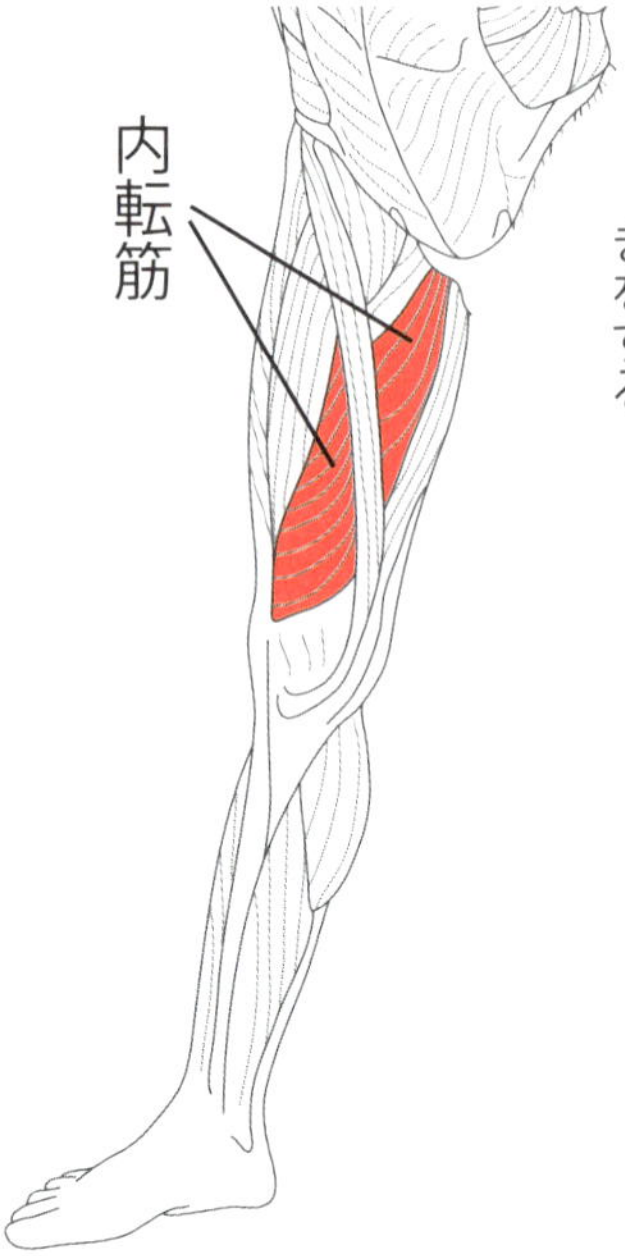

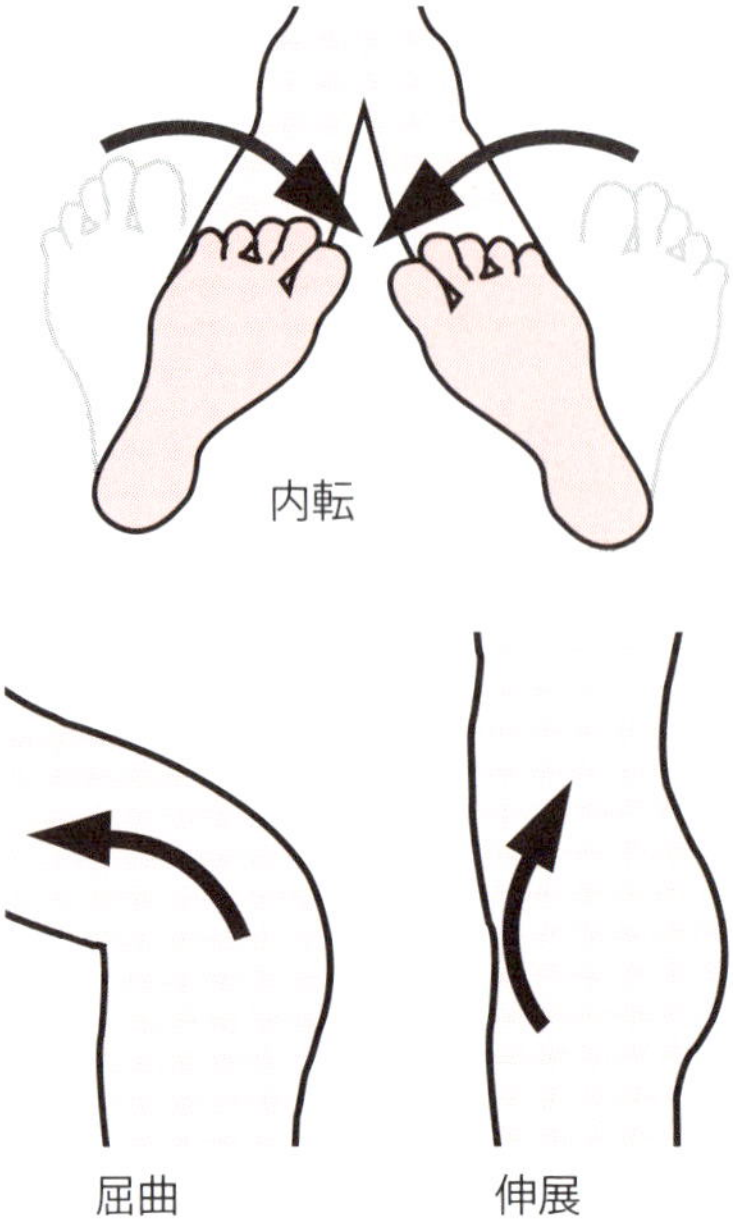

安定させたのも、実は〝腹圧〟だったのです。

5 腹圧・姿勢を支える〝第三の刺客〟

今、その場で、普通に片足立ちになってみて下さい。これだけなら、さほど難しくもありませんよね。でも、得意な側の足と不得意な側というものが、誰でもあるのではないでしょうか。

片足立ちは、立ち足の親指側にしっかり重心が乗るようになれないと安定しません。安定して立てた時、猛烈に働いている筋肉がある事にお気づきでしょうか？

それは〝内転筋〟（上掲図参照）です。

内転筋は腿の内側に位置する筋肉で、股関節を内転させたり、屈曲~伸展させる働きをします。

内転筋が働いていないと、片足姿勢は決して安定しません。そして、この内転筋~股関節の働きがないと、腹圧やそれによって生まれる脊柱の安定も、運動として活きてきません。〝全身を使う〟などとよく言いますが、それができるのは股関節が機能してこそです。内転筋~股関節が機能しないと、上半身は上半身だけ、下半身は下半身の動きだけ、と分断された動きになってしまいます。

この「内転筋〜股関節」という〝第三の刺客〟の登場で、役者はそろいました。完全に全身がつながったのです。

なお、丹田の働き自体にも左右差があります。それは、人体が完全に左右対称な構造をしていないためです。例えば、心臓はやや左にあり、肺は左が二葉、右が三葉と非対称になっており、肝臓は右側にあります。丹田は何となく〝真ん中に一つ〟というイメージを持たれている方が多いと思いますが、右・左の概念を導入する必要があるのです。例えば、12ページにあげた片足立ちの例は、右足を地に着けているので右丹田を発動しているのです。丹田の左右差は人によって違います。エクササイズでは、弱い側を多めに行なうとよいでしょう。

舌骨筋や首の筋肉群から、多裂筋などの背骨周りの筋肉群や縦隔（両肺と背骨・胸骨にはさまれた部分）、背骨と大腿骨を繋ぐ大腰筋、腸骨筋、そして腿の内側の内転筋から長指屈筋などの脛の内側の筋肉に至るまで、一連なりになった深層中心部周りの筋肉群「ディープ・フロント・ライン」は現実的、実質的な〝体幹〟の姿とも言えるかもしれません。

体幹力とは、〝三腔〟の充実によりディープ・フロント・ラインに象徴される深層筋群を有機的に機能できる状態にすることによって発揮されるものです。そのために欠かせないのが、アトラス体幹姿勢（三腔姿勢）なのです。

本書はウェーブストレッチリングによってそのような状態を作り、どんな運動をしても、奥底の筋肉までもが最高の効率で機能する身体を練り上げて行くことを目的とします。

この〝三腔〟を充実させるにはどうすればよいか？　それぞれの〝腔〟の内圧を高め、押し拡げていくようなはたらきを作るには？

その第一歩は、〝呼吸〟です。次章で詳しくご紹介しましょう。

〈参考文献〉

トーマス・W・マイヤース『アナトミー・トレイン　―徒手運動療法のための筋筋膜経線』（医学書院）

第2章

アトラス体幹呼吸

1 3つのアーチ

アトラス体幹姿勢（三腔姿勢）ができる…すなわち口腔、胸腔、腹腔の内圧が高まることによる第一の効果は、脊柱が安定することです。

前章の〝片足立ちポーズ〟（12ページ参照）に安定をもたらしたのもこれでした。

でも、内圧を高めろと言われても、どうやったらいいかわからないという人も多いでしょう。

本書はまるごと全部、それを実現するためのものなので、一冊読み終えたころにはそんな疑問も消えていることと思いますが、まだ始まったばかりの第2章。わからない方もいらっしゃるでしょう。

そこで、本章では、誰でも簡単にできる、呼吸によって内圧を高める方法をご紹介します。ウェーブストレッチリングも要りません。

その名も「アトラス体幹呼吸」といいます。

この呼吸法は、口腔、胸腔、腹腔の3つそれぞれに対応する3つの呼吸法を組み合わせたものです。3つの呼吸法を組み合わせる事で、風船を膨らませるように口腔、胸腔、

“アーチ” は強さとしなやかさが共存する特別な構造。
「重さを支える」「力を生み出す」双方の意味合いで大きな役割を果たす。

Point! ３つのアーチ

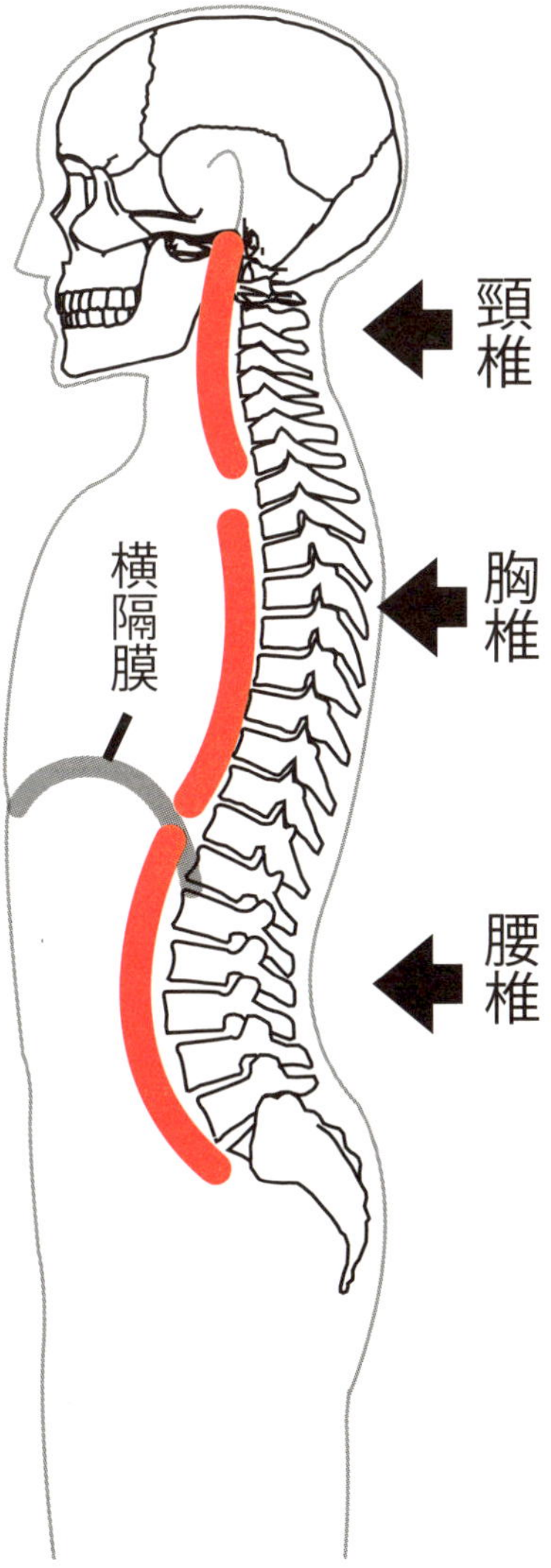

脊椎は〝3つのアーチ〟から構成されており、これによって強靭な運動体としての構造を確立している。

腹腔のインナーマッスル、アウターマッスルの相互作用で内圧を高め、ボディアーチと拮抗バランスを生み出す事で理想的な姿勢を作り出します。

脊椎は頸椎、胸椎、腰椎がそれぞれにアーチを形成しています。アーチは強さとしなやかさを合わせ持つ特別な構造です。それは、頸椎は頭部を支え、胸椎は肋骨を支えて呼吸のパワーを引き出し、腰椎は腰部の内臓を支えるためのアーチです。これらのアーチは言わば〝弓〟であり、〝三腔〟はバネとクッションです。S字アーチがしなやかで柔軟性のある、うねるパワーを引き出す、この働きこそが〝体幹力〟です。

三腔の内圧を高める事は、この働きを引き出す大前提となります。

アトラス体幹姿勢（三腔姿勢）は、胸椎アーチ、腰椎アーチ、頸椎アーチに順に3つの動きを加えることによって胸腔、腹腔、口腔の拡張（内圧）力を高め、脊柱アーチパワーをさらに強化させます。

その効果は脊柱の安定の他、脳や内臓にも及ぶため、循

Point! 呼吸の大半を担っている筋肉は横隔膜！

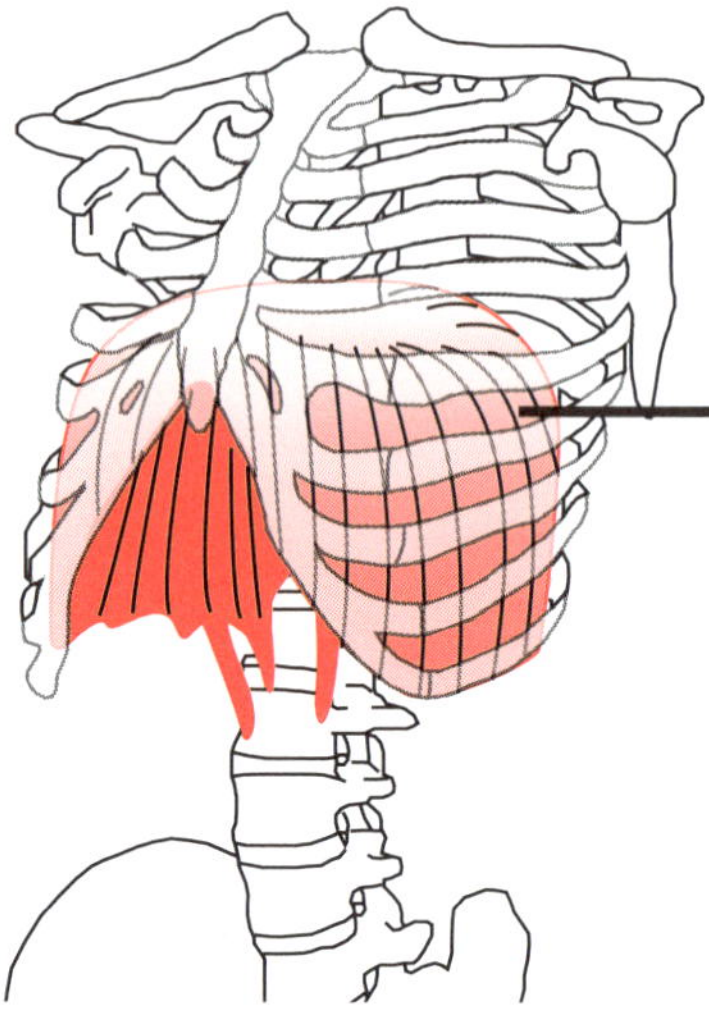

内臓をドーム状に覆っている横隔膜は収縮⇅弛緩によって上下し、この運動によって呼吸の原動力となっている。

環機能を向上させて免疫力を上げたり、脳機能・集中力の向上をもたらします。

2 呼吸のメカニズム

実際の呼吸法に入る前に、呼吸を行なうことによって何が起こるのか、その体のしくみを解説しておきます。

人は、平均して一日に二万回も呼吸を行なっています。呼吸は無意識にしているものでもあり、意識的にコントロールすることもできる不思議な〝運動〟です。そして、その呼吸という〝運動〟の7割近くを担っているのは、横隔膜です。

横隔膜は、肋骨の5番、6番あたりに位置し、ドーム状に内臓にかぶさるような形をしています。

横隔膜は人間の体の最大の呼気筋、つまり、息を吸う時に使う筋肉です。このドームのような筋肉は、息を吸った時に収縮してグッと下がります。そしてその時、同時に内臓を押し下げています。すると、その圧力に応じて、横隔膜の上にある胸郭スペースが拡がります。肺の入っている胸郭スペースは密閉された空間なので、大気の空気圧より低い状態で保たれています。そのスペースが、息を吸う時

Point!

呼吸のメカニズム

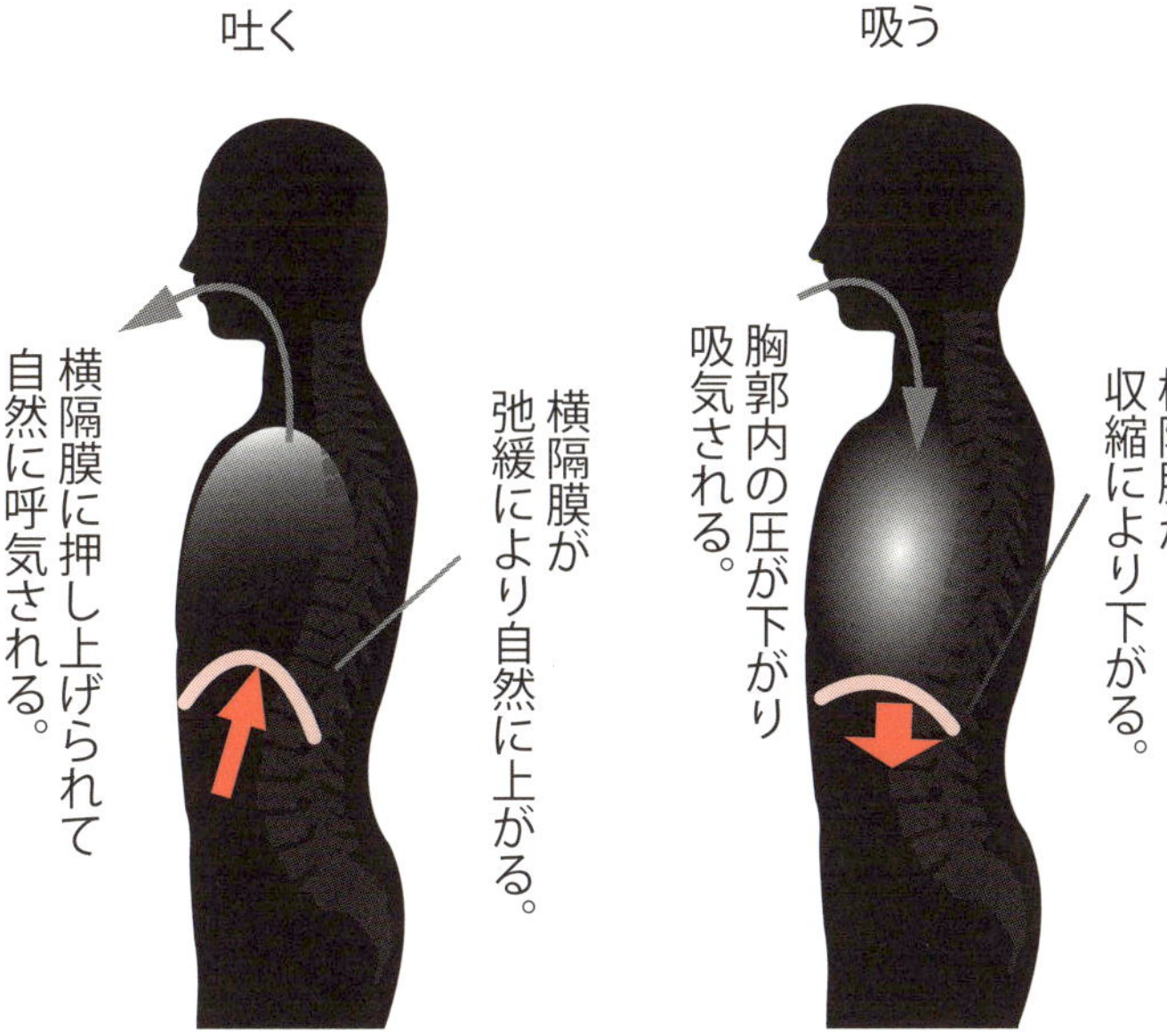
横隔膜が収縮により下がる。

に横隔膜が下がる事で拡がり、空気が入ってきます。空気が入って来る事によって肺が膨らむ、と思っている方がいらっしゃるかもしれませんが、逆なんですね。

では、吐く時は何が起きているかというと、これは無意識の時と意識してコントロールする時では少し違います。

無意識下では、息を吐く時に筋の活動は起こりません。さきほど、吸う時に横隔膜が下がるとお伝えしましたが、息を吐く時はそれが自動的に戻ってきているだけなのです。ただし、意識して強制的に息を吐こうとした時には、筋の活動が起こります。

呼吸はこのように、横隔膜の上下の動きが繰り返される事によって、肺が収まっている胸郭内の圧力が変化し、空気の出入りが行なわれているのです。つまり、横隔膜の動きが悪くなってしまうと、呼吸に非常に大きな影響を及ぼすのです。

呼吸を深くする、良い呼吸をするためには、横隔膜の動きを高めることが必須です。呼吸において最も大切な事は、吸気時に横隔膜の下制の求心性収縮をいかに引き出し、肺に酸素を効率良く取り込む事ができるかという事です。その横隔膜の下制にとくに大切な筋膜ラインがディープ・フロント・ラインです（10ページ参照）。

Point!

口腔を拡げる操作

〝口腔を拡げる〟とは、上あご内側の奥（軟口蓋）を上後方に引き上げるイメージで。

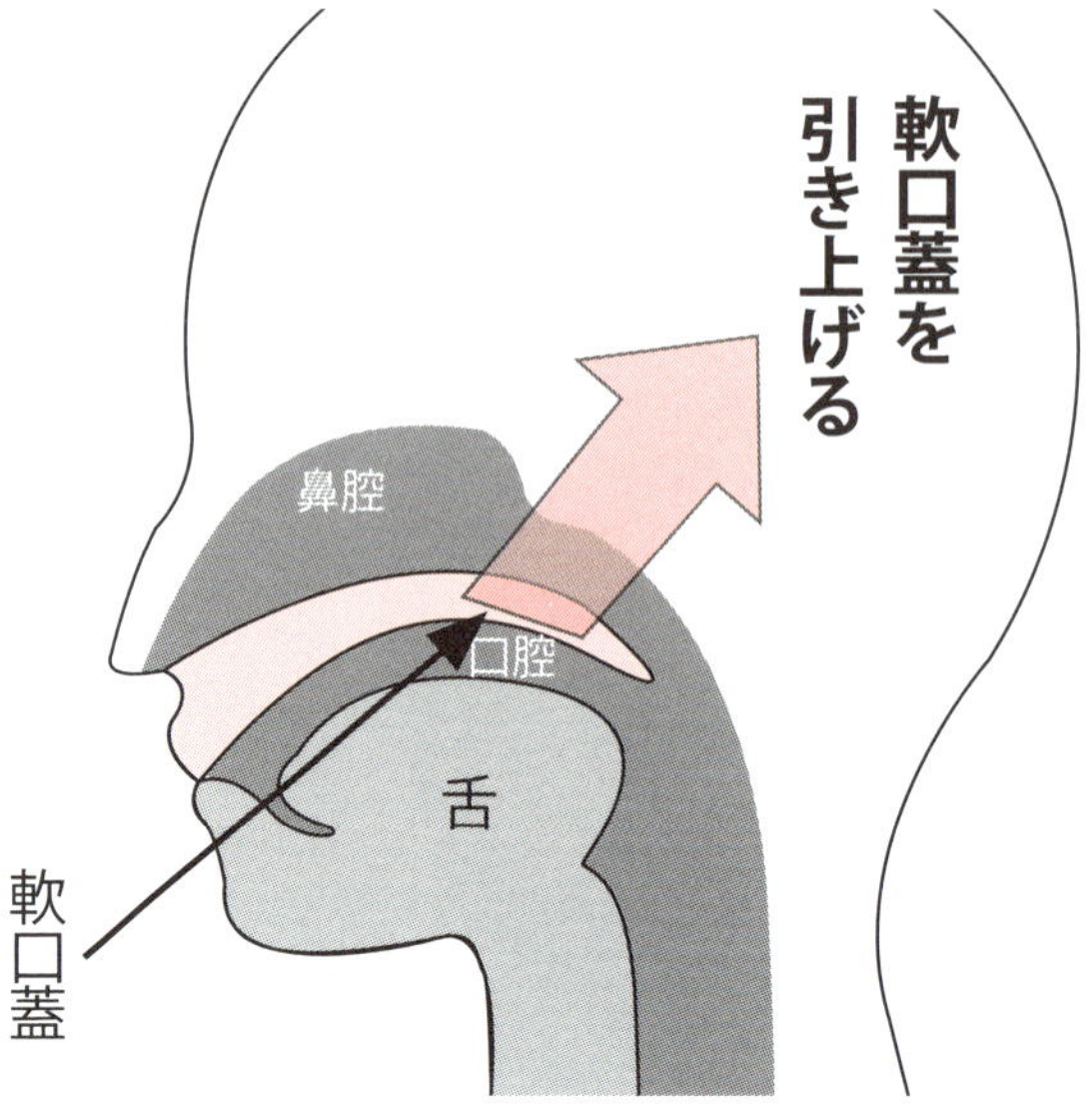

3 口腔を拡げるには？

本章の目的は、呼吸によって三腔の内圧を高める事です。前項でご紹介した、最大の呼吸筋を使う事によって胸郭を拡げたり、腹圧を上げたり、という事については何となくでも、どうやったらいいかのイメージを持っていただけたのではないかと思います。

問題は口腔です。なかなか口腔を拡げるイメージ、というのも難しいのではありませんか？　口を大きく開けろということではありません。口の中の空間を大きく拡げるのです。なかなか普段、そんなことしないですよね。

でも、実は誰でもやっているのです。それは〝あくび〟です。

思いっきり〝あくび〟をしてみて下さい。その時、自然に口の奥の軟口蓋が引き上げられているはずです。多くの酸素を取り込もうと、口腔を思いっきり拡げようと、体が自然にやってくれているのです。同時に舌が引き下げられます。舌の奥はディープ・フロント・ラインを通じて横隔膜につながっています。つまり、口腔を拡げる操作は呼吸そのものに連動しているのです。

〝あくび〟は呼吸運動の一種で、血液中の二酸化炭素濃度が高くなると脳への酸素供給量が減るため、それを回避しようとして脳から命令が下り、起こります。

また、体温調節の働きとして、〝あくび〟をする事で冷たい血液を脳に送り込んで冷やす、という説もあります。

口を大きく開けると目や耳、皮膚などの筋肉が収縮して脳を刺激し、その働きを活性化させます。また、精神的な緊張にさらされた時も〝あくび〟が出ますが、これは緊張を緩めて脳の働きを高めようとする自然な現象とされています。

〝あくび〟をすると首から頭の前の部分の緊張が緩み、さらに何度もあくびをすると、顔の筋肉が動き涙腺を刺激して涙が出ます。これによって目の疲れも取れ、リラックスできます。うまく〝あくび〟ができると後頭部が引き締まり、よい集中力が出せるのです。

人前で〝あくび〟をするのはなかなか差し障りある事が多いですが、状況が許す限り、〝あくび〟はどんどんやりましょう。

よい〝あくび〟の出し方をお教えしましょう。

唇を〝開く〟方でなく閉じる方に力を入れ、少し口が閉じた状態のままキープしておいて、そのまま口を開けようとします。そうすると軟口蓋や鼻の奥が自然に刺激され、後方に押し出すように動いて自然に〝あくび〟が出てきます。これを繰り返すと涙が出て、頭と目が気持ちよくなります。

「軟口蓋を緩めろ」と言われても、そんな口の奥のこと、なかなかどうしたらよいかわからないと思いますが、〝あくび〟をする要領で自然にできるのです。口の奥の方は脳幹がある所です。よって、ここを緩める事は、脳の働きにも直結してきます。

4 アトラスと後方への拡がり

さて、そろそろ本章の主役である「アトラス体幹呼吸」をやってみましょう。

ところで、〝アトラス〟って何のことだかご存知ですか？

〝アトラス〟とは第一頸椎、つまり脊椎の一番上にある骨の事です(次ページ図参照)。頭蓋骨を直接支えている骨、でもあります。〝アトラス〟という呼び名はギリシャ神話に出てくる、天空を支えたという巨人アトラースに由来していますので、なるほど、ですよね。

頭と第一頸椎に不整合が起きると、頭と体をつなぐ神経回路が混乱し、めまいや頭痛、不眠、慢性疲労など、病気

Point! アトラスは頭蓋骨を支える骨！

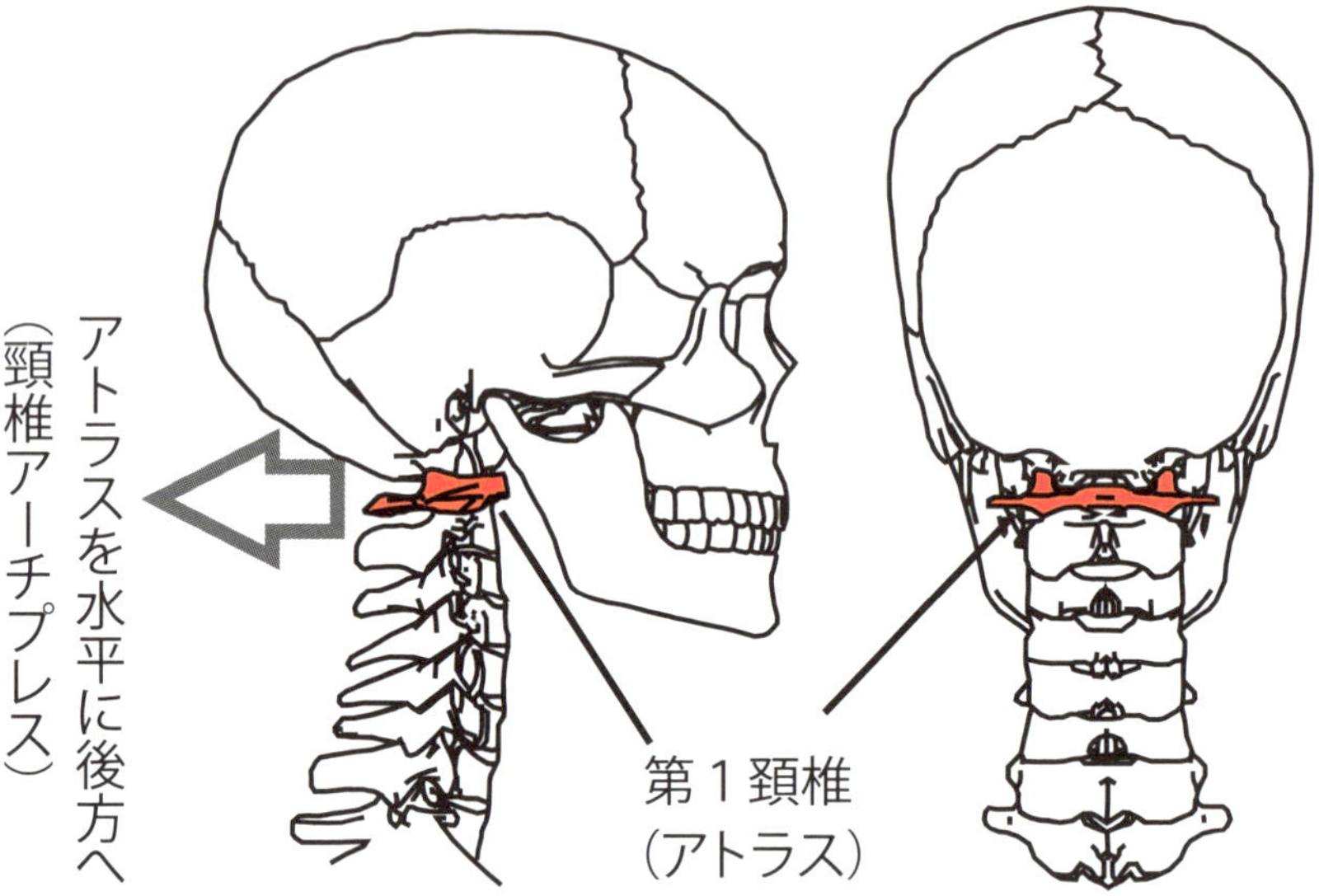

の原因になります。それほど重要な骨がこの〝アトラス〟なのです。

口腔を拡げるために〝あくび〟を例に出しましたが、「アトラス体幹呼吸」では別にもう一つ重要な〝コツ〟を用意しています。それは「〝アトラス〟を水平に後方へ持って行く」というものです。

〝あくび〟の仕方で、「唇を閉じる方向に力を入れて、開けようとする」とご説明しましたが、これも要するに後方への意識です。前へ開くのではなく、後方へ持っていこうとする事が〝腔〟を拡げる操作に繋がるのです。

これは、頸椎のアーチの凹部分を押し出す方向の操作で、このように前方向に膨らんだアーチを伸ばす方向の操作を「アーチプレス」と呼んでいます。逆に、後方向にアーチを反らす方向の操作を「アーチバック」と呼びます。

「アトラス体幹呼吸」の最大の特徴は、本章冒頭でご紹介した〝３つのアーチ〟をいずれも後方へ、すなわち頸椎と腰椎を「アーチプレス」、胸椎を「アーチバック」で行なう事です。３つの「アーチプレス」＆「アーチバック」で〝三腔〟を拡げ、それぞれの〝腔〟を呼吸によってリメイクするのです。

とくにこのアトラスを後方へ「アーチプレス」する操作

Point! 呼吸法に必要な脊椎操作

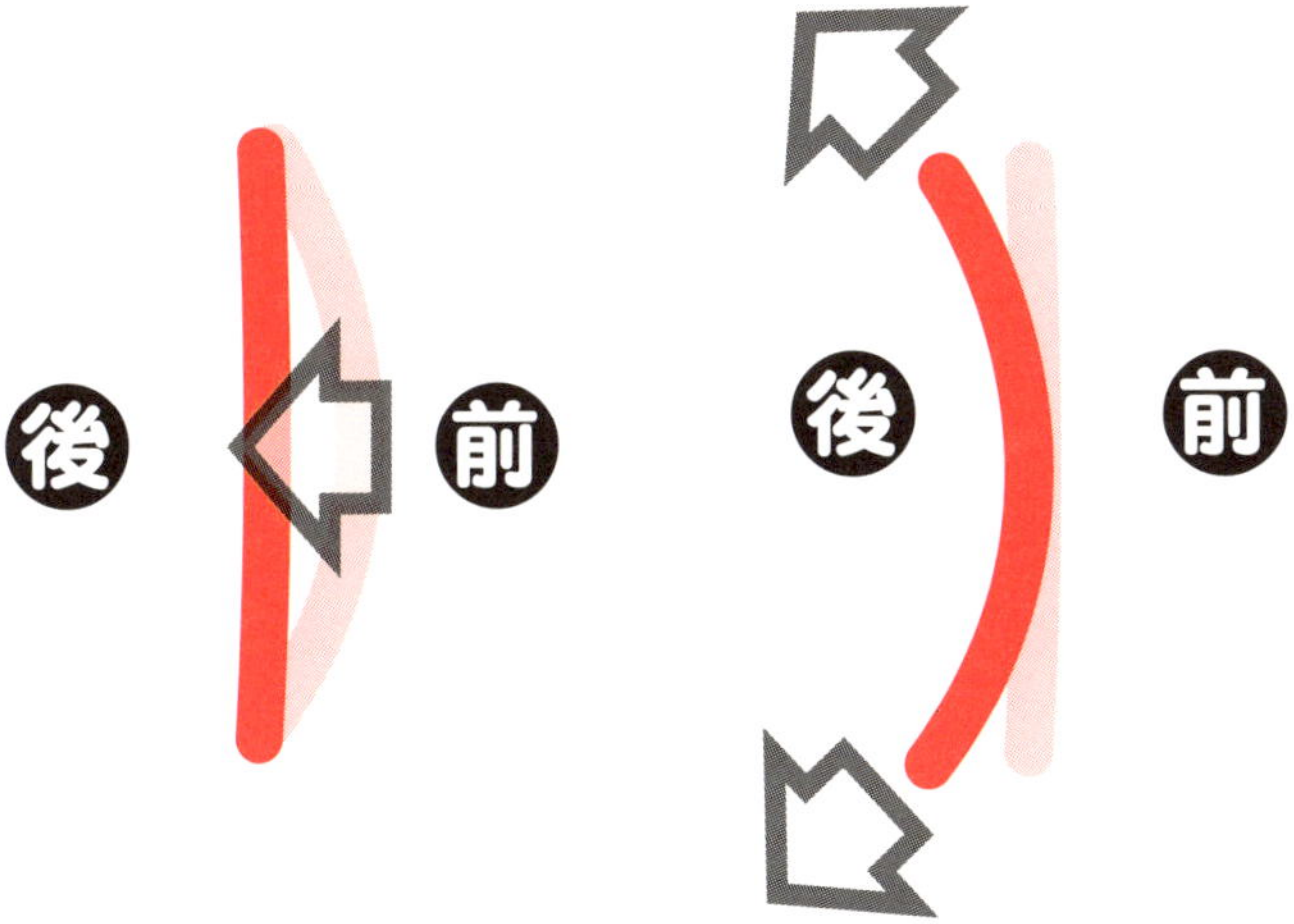

アーチプレス
（頸椎・腰椎）

アーチバック
（脊椎全体）

は、体幹と姿勢を連動させるため重要です。これによって体軸が安定し、地面からの反力を最大限に引き出すことができます。

日本人は猫背の人が多いですが、自分が猫背になっていると感じた時、姿勢を正そうとするならばこの操作がお勧めです。

いわゆる「背筋《せすじ》を伸ばす」ということをやろうとする時多くの人は背筋《はいきん》を収縮させることによって姿勢を作ろうとしてしまいます。無理のある操作ですし、当然、その姿勢は長続きしません。その代わりにこの〝アトラスを水平に後方へ〟をぜひ、常日頃意識してみて下さい。

アトラスの位置は自分でもすぐわかります。後頭部に手を当てて下ろしていき、その触れている後頭骨が終わる所にあります。高さとしてはだいたい耳の穴くらいの所です。難しい事はありません。

30～31ページの「アトラス体幹呼吸」を、実際に行なってみて下さい。３つの〝腔〟を拡げるイメージを明確にもって行なえば、必ず姿勢が安定する感覚が得られると思います。〝体幹〟がフル機能してきそうな感覚すらもあると思います。

この時、〝体幹〟を「一本の太い柱」のようにイメージ

アトラス体幹呼吸

呼吸姿勢筋（インナーマッスル）に働きかけ、口腔、胸腔、腹腔の内圧力を高める事で正しく機能的な姿勢を作る。胸腔↓腹腔↓口腔の順に行なう。

1　胸腔

胸式呼吸で鼻からゆっくり息を吸いながら、両肩を前から上方に上げ、胸郭の側面を横に膨らませつつ胸を張り、視線を上げるように胸椎を伸展させる（写真①～③）。さらに胸郭を拡げ、鎖骨の胸鎖関節を腕方に引っぱり出しながら、持ち上げた肩を後方へ回すように肩甲骨を下げながら頸椎も伸展させる（胸椎のアーチバック　写真④）。吐く時は両腕が地面に引っ張られるように肩を下げながら、胸腔を膨らませたまま、ゆっくりと吐く。

1

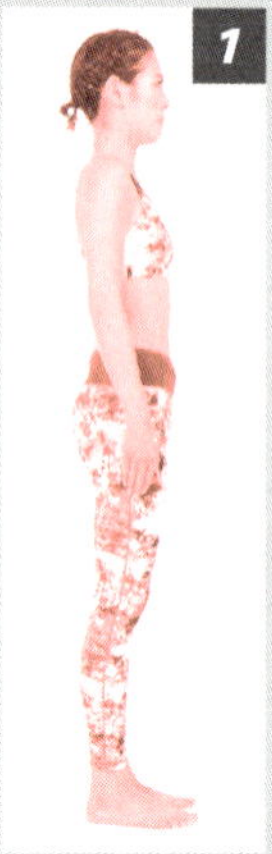

2

3

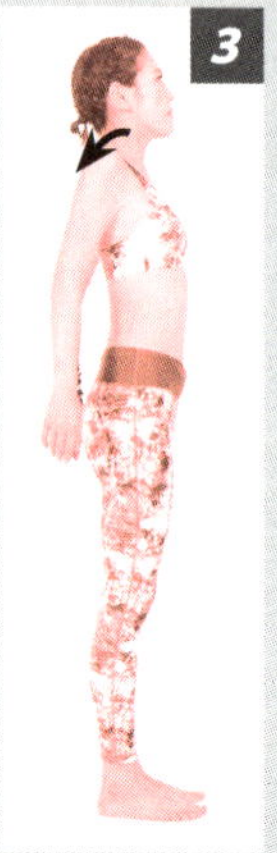

4

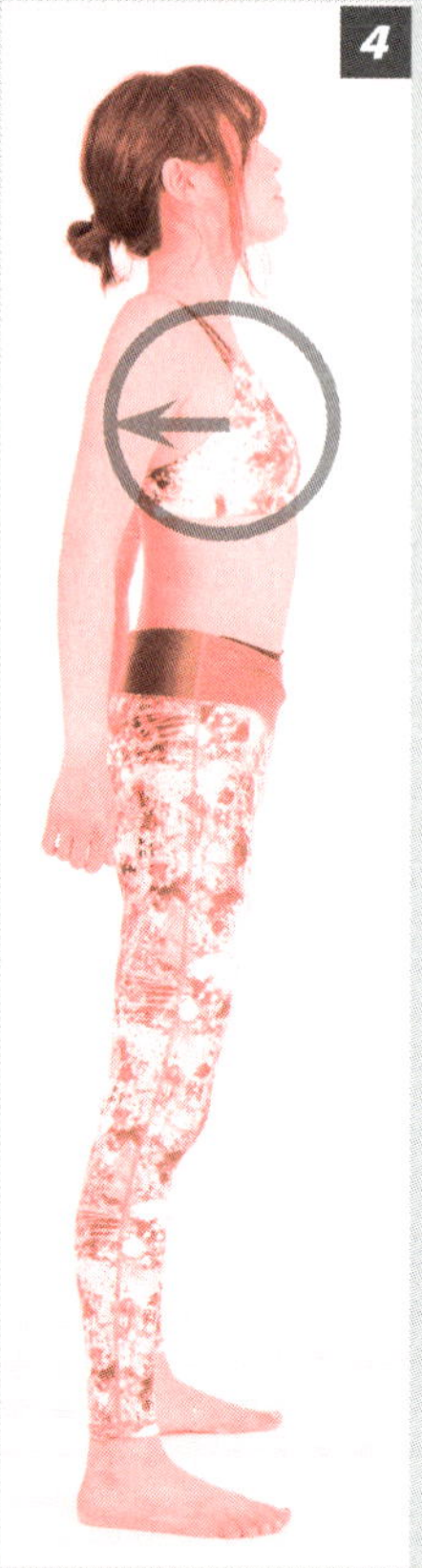

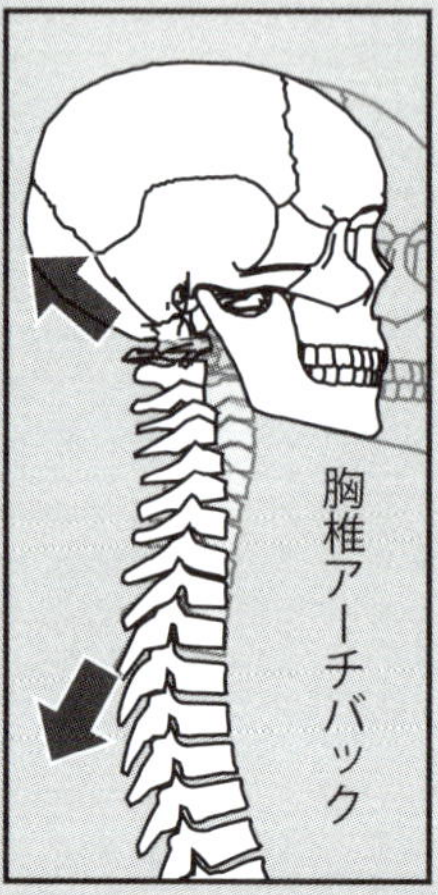

2　腹腔

鼻からゆっくり、できるだけ長く息を吸いながら腹式呼吸に切り替え、横隔膜をゆっくり下げながら腹部の側面を横に膨らませつつ、さらに中背部に当てた手を後方に押すような意識で腹腔を膨らませ内圧を高める（腰椎アーチプレス）。吐く時は、腰椎は後ろ。横隔膜は押し下げたままでキープしながらゆっくり吐く。

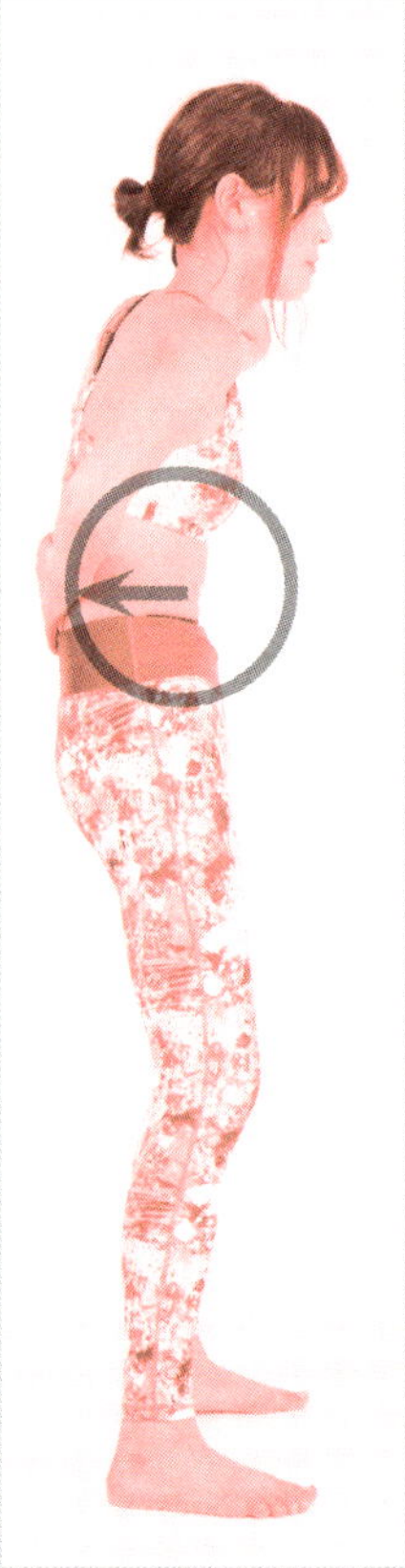

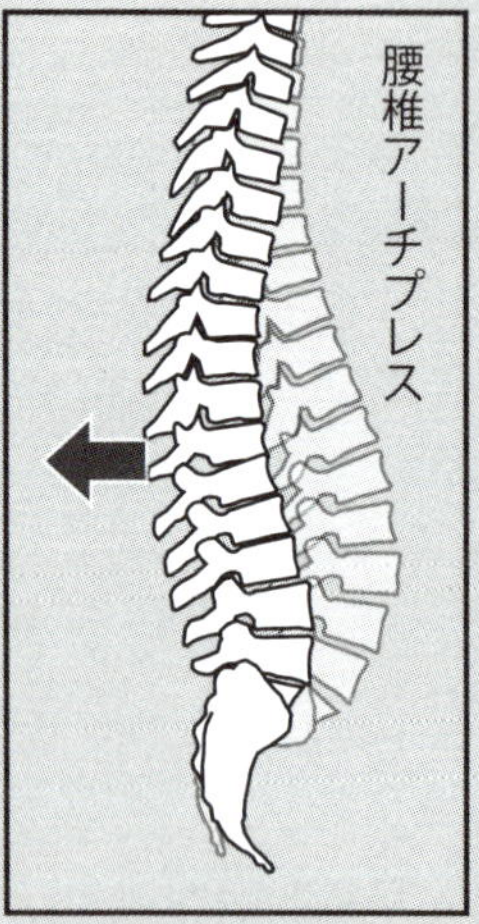

3　口腔

つま先立ちになり後頭骨の下の第一頸椎（アトラス）に人差し指と中指を軽く当て、視線を水平にして、後ろに2～5センチ水平移動させ、頸椎が一直線になるようにする（頸椎アーチプレス）。腹式呼吸で横隔膜をしっかり下げ、胸腔と腹腔をキープしながらあくびをするように、舌を下げ、軟口蓋を引き上げ、口腔を拡げながら「吸って、吸って、吸って、吸って」という感じに4回くらい連続で吸い込む。吐く時は頸椎は後ろ、横隔膜は押し下げたままのイメージでゆっくり吐く。

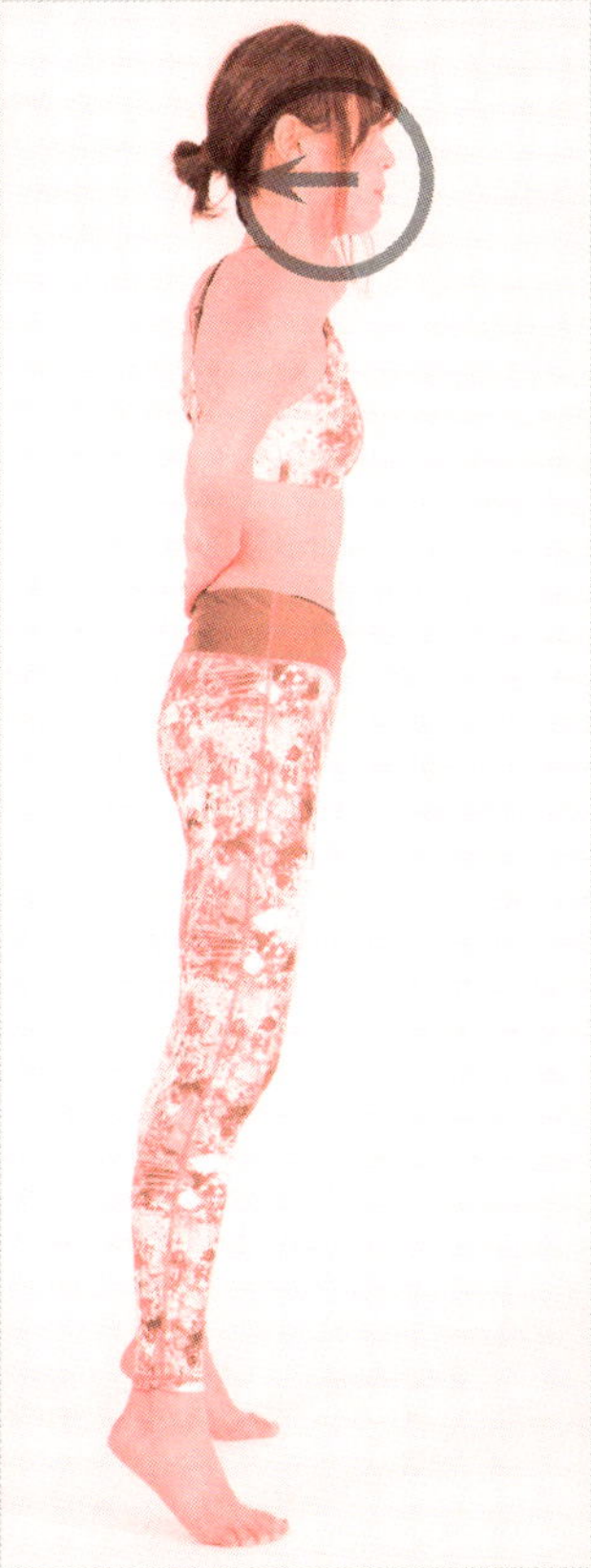

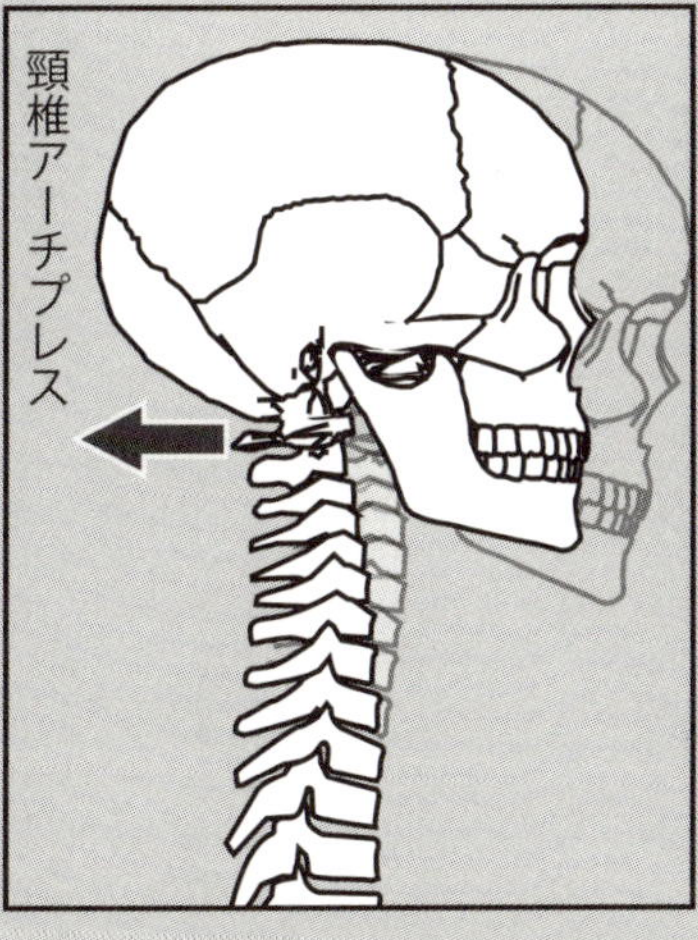

4　肩甲骨の下制

手の踵で床を押すようにして肩甲骨を下ろす（下制）。同時に内転筋の内側広筋など足の筋力を動員して、床を押し（アースプレス）、床反力で伸長反射を生み出し、体幹をさらに安定させる。

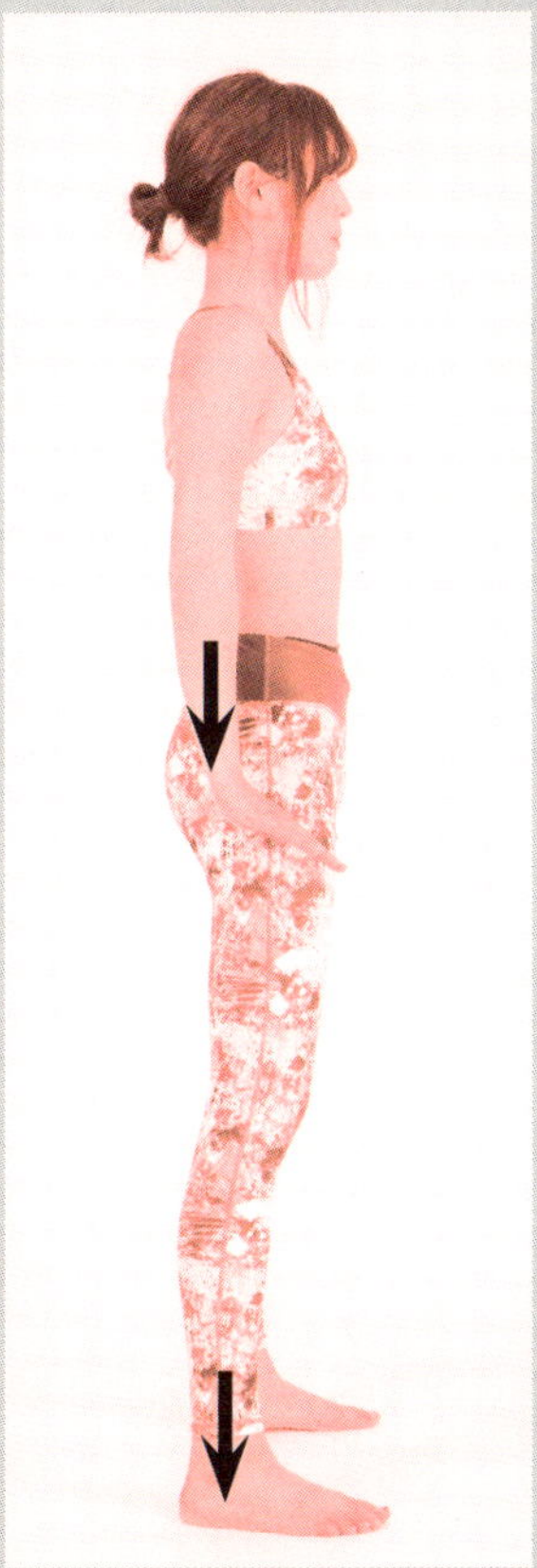

してしまってはいけません。第1章でも述べたように、直立している時だけ〝体幹〟が使えればいい、という訳にはいかないのです。

〝使える体幹〟とは、この3つの腔がすべて充実し、かつそれらが相互、自由自在に動く状態です。〝体幹〟を真に使える状態に導くためにも、この〝3つの腔〟のイメージは非常に役に立つのです。

5 アトラス体幹呼吸がもたらす見過ごせない効用

先述のように、口腔を緩め、拡げる呼吸は、隣接する脳幹の働きも良くしてくれます。逆に、この呼吸のキーとなる第一頸椎（アトラス）が正しい状態にない事によって圧迫を受けると、伝達が悪くなり、さまざまな症状を引き起こします。

① 自律神経系

内臓や血管などの働きを調整する恒常性の中枢。

② 免疫系

ウィルスや細菌、ガン細胞などを排除して体を病気から守る。

Point! アトラスは脳の働きも左右する！

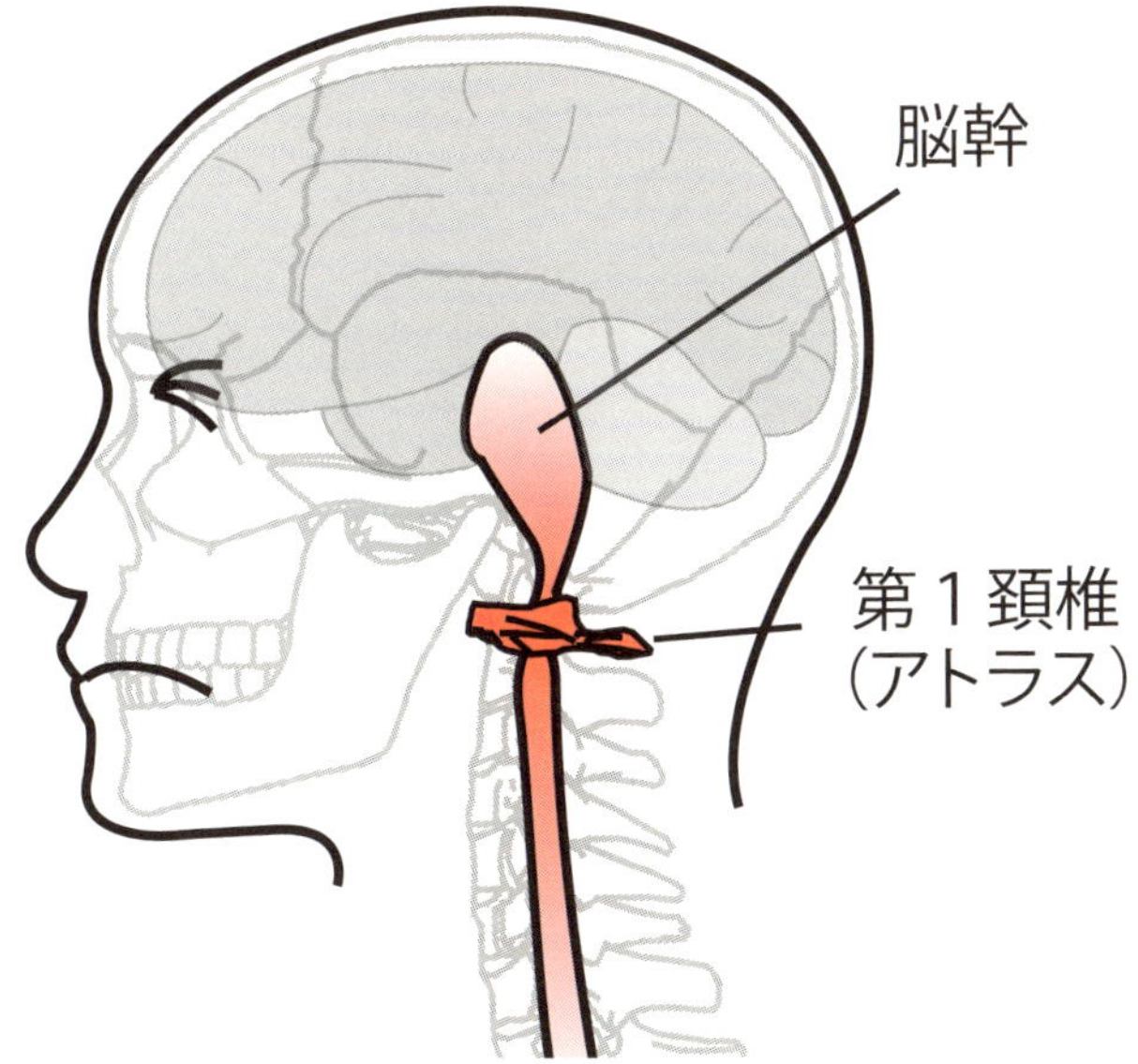

第一頸椎の不整合で神経が圧迫を受けると、脳幹からの伝達の流れが悪くなる。

③　内分泌系

ホルモンの分泌をつかさどり、体調を整える。

④　脊髄・筋肉系

筋肉の動きを調整したり、姿勢を維持したりするなど、反射運動をつかさどる。

ざっとあげて、これほどあります。症状としては次のようなものがあります。自覚のある方は第一頸椎の不整合を疑ってみてもいいかもしれません。

- ホルモンバランスの乱れ
- 集中力の欠如（雲がかかったような思考）
- 運動機能障害（箸の持ち方、歩くとつまづく、等）
- 視力の問題（焦点が合わせづらい、眼精疲労）
- 神経学的身体コントロールの乱れ（心臓、呼吸、体温、消化器官、血流量、内臓機能）
- 脚の長さ（第一頸椎のズレにより骨格全体のバランスがおかしくなる）
- 免疫機能の低下
- 体の痛み、しびれ、けいれん
- エネルギーの低下（倦怠感、喪失感）

●めまい、吐き気、頭痛

第一頸椎のズレは、猫背等、慢性的な姿勢のゆがみによって起こりますが、アトラス体幹呼吸による、口腔を拡げる操作はそのズレを正す効果をもたらします。

日常的に実践される事をお勧めします。

最後に、アトラス体幹呼吸の効果をまとめておきます。

アトラス体幹呼吸　４つのステップ

1　胸式呼吸で胸腔リメイク

＜胸郭アーチバック＞

息を吸いながら胸腔を拡げるように胸鎖関節を腕方向に開きながら肩甲骨を下制させる

注）脊柱起立筋と大臀筋とハムストリングスを引き締めて、腰を反らしすぎないようにする。

2　丹田（腹式）呼吸で腹腔リメイク

＜腰椎アーチプレスで姿勢強化＞

息を吸いながら丹田呼吸で中背部を後方に押し膨らますよう内圧力を高める。

注）お尻を締めながら腸腰筋、腹直筋、大腿直筋を収縮させて行なうとよい。

3　アトラス呼吸（腹式）で口腔リメイク

＜頸椎のアーチプレスで体幹力ＵＰ＞

つま先立ちになり、あくびをするように息を吸いながら舌を上顎に当てて軟口蓋を引き上げ、口腔を拡げながら第一頸椎を後ろに押し頸椎を一直線になるようにします。

注）僧帽筋上部と脊柱起立筋と胸鎖乳突筋を使って首を立てる。

4　肩甲骨の下制

肩甲骨外転⇒挙上⇒下制⇒内転

肩甲骨下制しながら息を吐き、内転筋の内側広筋など足の筋力を動員して、床を押し（アースプレス）、床反力で伸長反射を生み出し体幹をさらに安定させる。

注）小胸筋、僧帽筋下部、前鋸筋上部を使って肩甲骨を下制させる。

〈アトラス体幹呼吸の効果〉

○新しい酸素をたくさん補給した血液を脳に送り込む。
○口を大きく開けると顔や脳を刺激し、脳の働きを活性化させる。
○緊張をほぐし、リラックス効果により、集中力が高まる。
○涙線刺激で涙が出て、ドライアイなどの目の疲れをとる
○寝つきがよくなり、良い睡眠がとれる。
○アトラスの後方水平移動により、僧帽筋などの負担軽減。
○アトラスの後方水平移動により、左右の首の回旋動作の向上
○ストレートネックの予防。
○腹圧が高まり、体幹力のアップ。
○背骨の伸張反射が体幹の安定したアライメントを作り出す。
○脳幹周辺のリリース、脳髄液の活性化。

第3章

ウェーブストレッチリングとは？

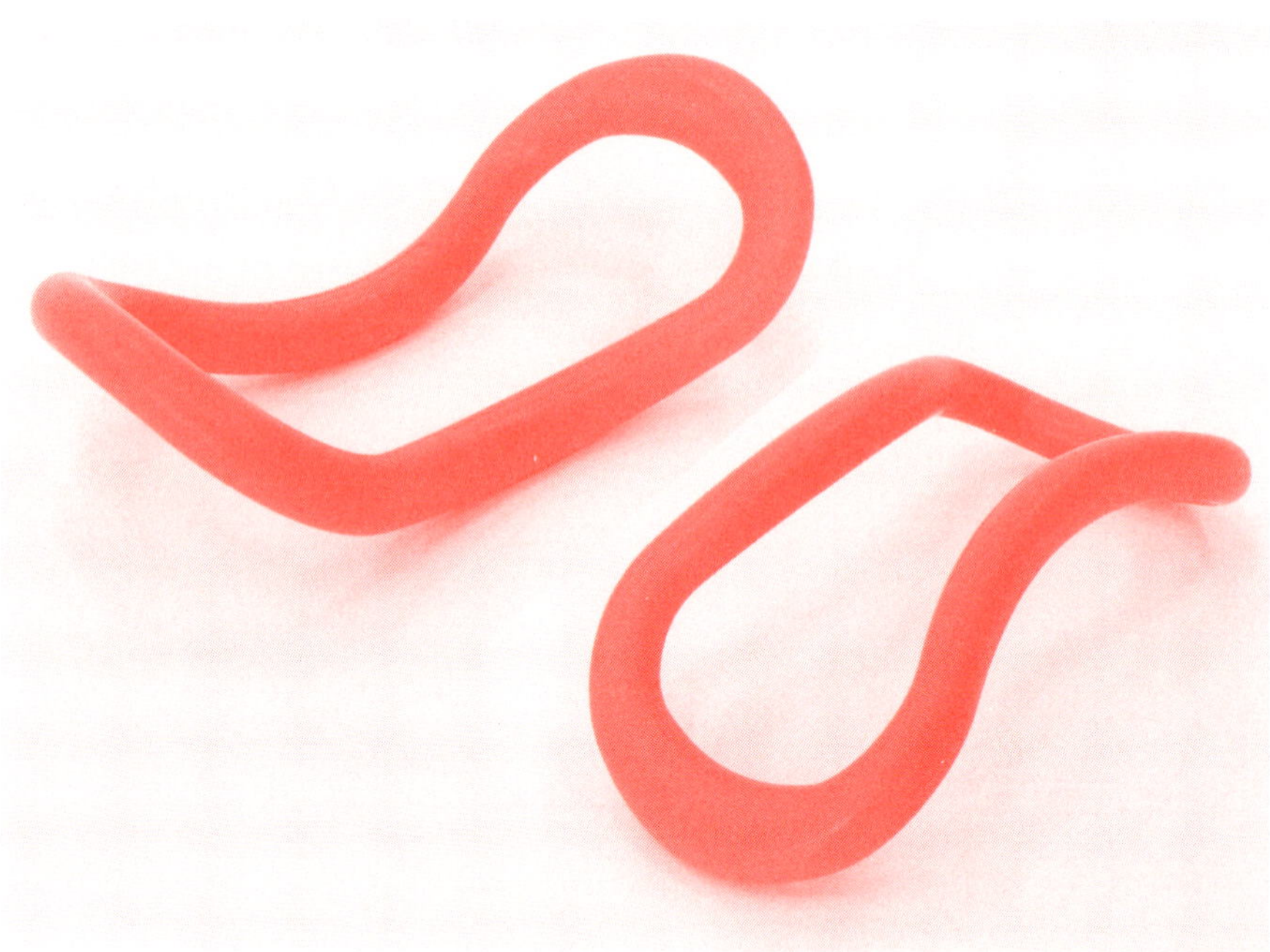

1 〝すべてのアーチ〟が入ったリング

さて、ここでは本書のメイン・ツールをご説明したいと思います。

ウェーブストレッチリング（WSリング）は、私が考案した、シンプルなトレーニング・ギアです（2006年特許意匠取得）

〝シンプル〟と言いましたが、実はかなり独特な立体形状をしています。

角がまったくなく、何種類かのアーチ（カーブ）が立体的に組み合わされてできています。これは波＝ウェーブをイメージしているのですが、同時に人体のいろいろな骨格を模したカタチでもあります。それは骨盤のダブルアーチリングのカタチでもあり、両側の肩甲骨を合わせたカタチ、横隔膜や肋骨、足底のアーチでもあります。

人体は約200の骨と650の筋肉があり、腱や軟骨でつながっています。人間の骨格は脊柱のS字カーブに代表されるように、さまざまな曲線（アーチ構造）で構成されています。例えば鳥かごのような肋骨のアーチ、太鼓橋のような足底アーチなどが組み合わさって人体ができていま

Point! さまざまな“ボディアーチ”

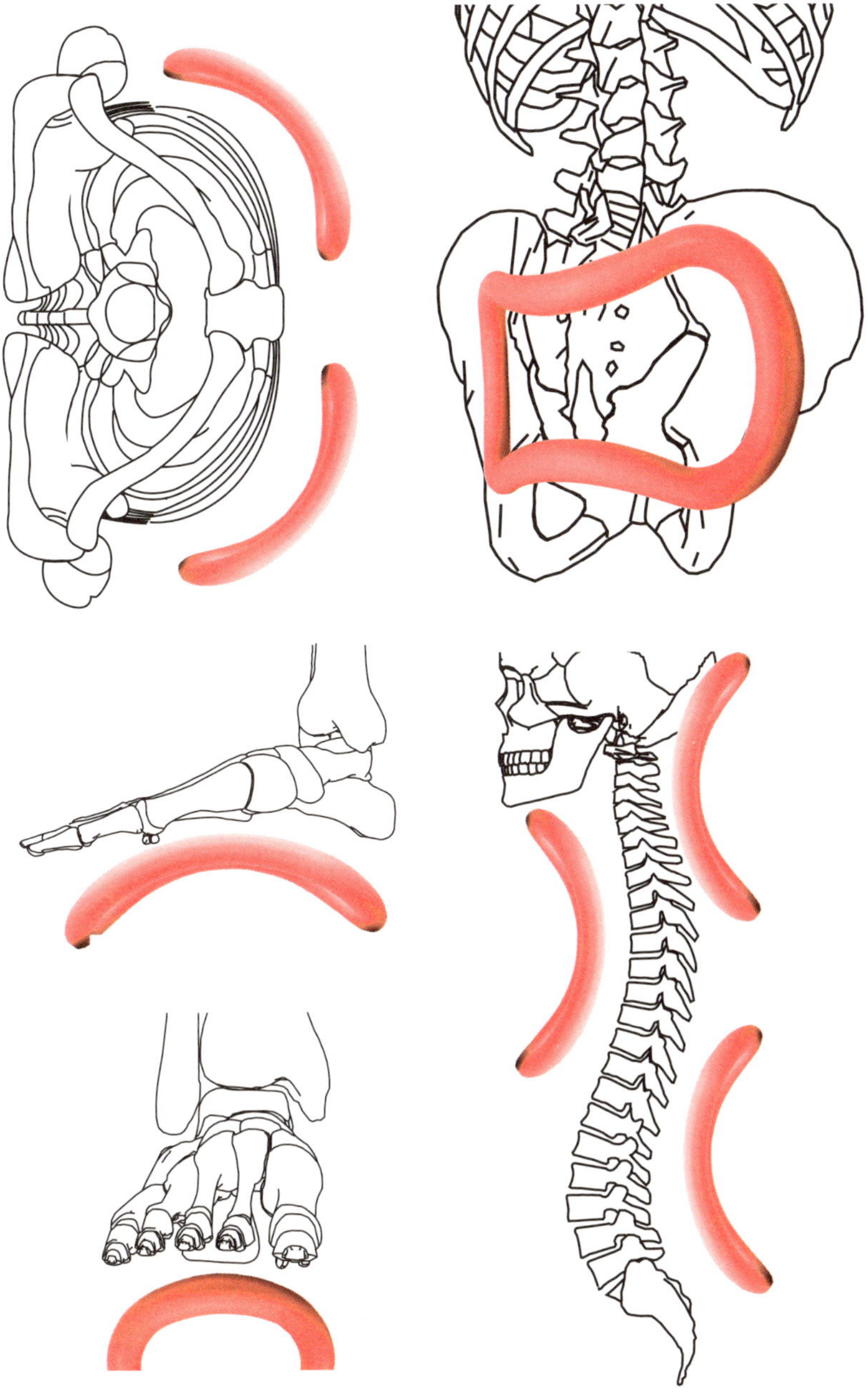

Point! ボディ・サークル効果

リングを両手で持って返すと、リングなしで行なうより大きく肩甲骨が引き動かされる。リングは身体を〝つなげて動かす〟働きをする。

1

2

す。アーチは弓状にたわむことで外からの力を吸収したり、ムチのように波打たせることで素早くキレのある動きもできます。アーチが相互に連動してスムーズな動きができるように、人体は設計されています。

　人間が直立すること自体も、足底のアーチでバランスをとりながら、脊柱のS字アーチと肋骨の鳥かごアーチの連動で微妙にゆらいでいます。重力から脊柱を守るだけでなくゆらぎ、しなることで背骨一本一本のゆがみを微調整します。さらに歩いたり、走ったりといったさまざまな運動においては、複合ボディアーチの〝しなり〟の運動により、スムーズでしなやかな動きを引き出します。

　WSリングは人間本体の伸びやかなボディアーチを作り、しなやかな接地とスムーズな動きを作り出すエクササイズが中心になっています。

　ボディアーチの強化と運動が、高いパフォーマンスを生むのです。また、深い呼吸にもこの姿勢が大切です本書を読み進めればおわかりいただけると思いますが、ＷＳリングはこの独特なアーチリング形状によって、非常に多彩な使い方が可能になりました。

例えば、右ページの写真のように両手で握ってＷＳリングを返すと、ＷＳリングなしで同じ動作を行なうよりもはるかに深く肩甲骨が動いてきます。これは、両腕と背中を〝ひとつながり〟にして動かす事によるもので、「ボディ・サークル効果」と呼んでいます。「身体をつなげて使え」とはさまざまなスポーツ、武術、ダンスなどで言われる事ですが、これは第1章冒頭であげた「筋肉はつながっている」という話とは少し次元が違います。やれと言われてもすぐに容易にできるものではありません。それがこんな形で簡単に行なう事ができるのです。

リングのどこを持つか、リングをどの向きにして持つか、によってもその効果は変わってきます。

本書の目的は体幹強化ですが、一口にそう言っても「〇〇筋を鍛えればいい」と単純に済む話ではありません。マルチな観点から取り組まなければ、効率的な体幹強化は行なえないのです。

身体を緩めるメソッドも必要です。姿勢も呼吸も重要です。そんなマルチな取り組みをたった一つのツールでできるのも、ＷＳリングの用法の多彩さゆえなのです

2 ＷＳリングで何ができるのか？

ＷＳリングは、「ほぐす：マッサージ」「伸ばす：ストレッチ」「引き締める：コア体幹トレーニング」の3つを行なうことを目的にしています。これを例えば「引き締める」ことだけを行なおうとすると、身体の深部には届かず、表面だけの効果にとどまる結果になるのです。

基本は、まずＷＳリングを持ち腰や太腿に軽く当てて「さする、こする」事で身体の表面をほぐして緩めていきます。さらにＷＳリングを左右にテンションをかけながら両手で持ち、体幹を意識しながら捻《ひね》りねじる事で「ボディ・サークス効果」が生じ、今までにはない全身のストレッチや体幹トレーニングで、体の深部までの連動運動が行なえます。波のように身体をうねらせたり、螺旋状に捻ったりしながら身体を伸ばし（スパイラルストレッチ効果）たり、さらに太極拳のように大きくしならせながら動く事で、下半身や体幹が鍛えられ（コア・トレーニング効果）ます。

身体を緩める方法論として、近年とみに注目を集めているものに「筋膜リリース」があります。筋肉を覆っている〝筋

Point! WS リング３つの基本＋１

伸ばす
（ストレッチ）

ほぐす
（マッサージ）

引き締める
（コア体幹トレーニング）

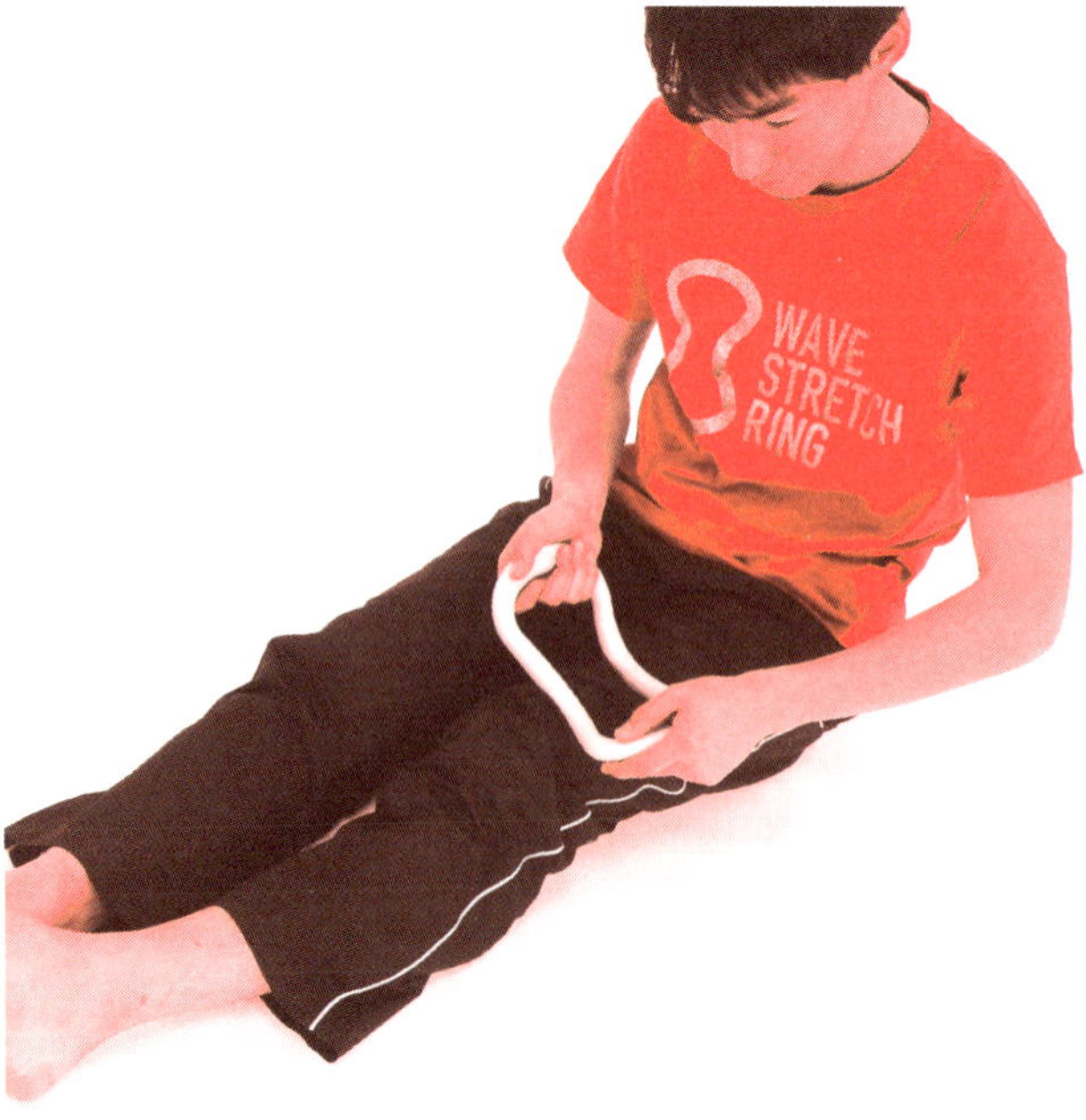

ＷＳリングを使った筋膜リリース

1　ほぐす（マッサージ）

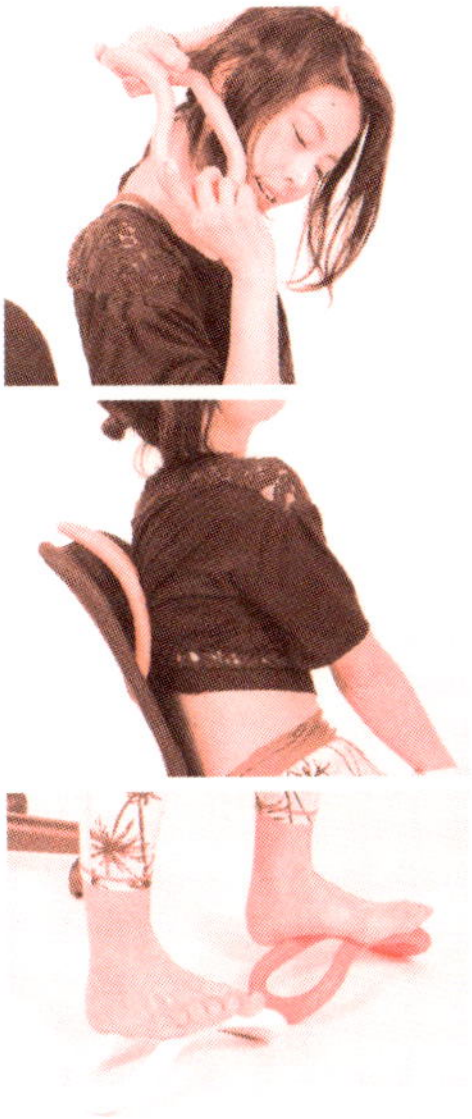

①セルフコンディショニングに

ダブルアーチの突起形状を身体に当てることによってマッサージのように筋肉を刺激し、血行をよくして疲労回復を促します。

②全身の骨格にフィットするアーチ形状

背中（脊柱起立筋）、足裏、ふくらはぎ、太腿、お尻、そけい部、腹部、脇の下、腕などの全身の筋肉にピンポイントにフィットして、的確にセルフマッサージができます。

③身体意識の目覚め

ＷＳリングを手で持ってさすったり、自体重でウェービングしながらの固有受容器への圧迫ほぐしにより、全身の活性化、神経系の活性化を促します。

膜のコラーゲンとエラスチン繊維〟の硬縮や癒着をはがしていくわけですが、これにＷＳリングを使うと、非常に効率的に行なう事ができます。

ゆるめる事、身体の深部に効かせる事、このどちらもが、本書でメインテーマとする「体幹を鍛える」ためには不可欠です。そしてその両者を容易に実現してくれる、というのがＷＳリングの、まず特筆すべき特長の一つと言えるでしょう。

3　ＷＳリングの基本的な活用方法

1　ほぐす（マッサージ）

①セルフコンディショニングに

ダブルアーチの突起形状を身体に当てることによってマッサージのように筋肉を刺激し、血行をよくして疲労回復を促します。

②全身の骨格にフィットするアーチ形状

背中（脊柱起立筋）、足裏、ふくらはぎ、太腿、お尻、そけい部、腹部、脇の下、腕などの全身の筋肉にピンポイントにフィットして、自分では行ないにくい部位でも的確にセルフマッサージできます。

③**身体意識の目覚め**

WSリングを手でもってさすったり、自体重でウェービングしながらの固有受容器への圧迫ほぐしにより、全身の活性化、神経系の活性化を促します。さらに、普段動かさない部分への刺激も可能になります。

固有受容器は、筋、関節、腱などに存在する特殊な感覚器で、圧力や張力を察知して筋の力学的状態に関する情報を中枢神経系に送る役割を果たします。そして脳は運動覚すなわち三次元的な身体各部の位置を認知するために必要な情報を得ることができます。

2　伸ばす（ストレッチ）

①**スパイラルストレッチ**

WSリングを両手に持ち、引き伸ばしながら内・外へ捻ることで人間本来の動きに適した効果的なスパイラルストレッチが可能になります。スパイラルの運動が、ボディアーチのしなやかな動きを引き出します。

②**圧迫（コンプレッション）ストレッチ**

擬似的に圧迫部分の筋長の変化を促すことで、より効果的なストレッチを意識的に行なうことができ、さらにリングをはずした時に血行がよくなります。

足底のアーチ刺激は、足裏の硬くなっている筋肉をほぐし、内外の足底アーチを生み出すことで身体のバランス感覚を養い、中高年の転倒予防や、しなやかな姿勢づくりにも効果的です。

③**伸筋を意識的にストレッチ（手差し・足差し）**

リングに両手を差し込み、肘を伸ばしながら手首でリングを外に押し拡げることで、ボディ・サークルを利用した菱形筋などへの刺激が可能になります。

④**全身の骨格と筋肉を連動させインナーマッスルを活性化**

ボディ・サークルの状態から「ゆらぎ」「しなり」のウェービングをすることで、全身の波のうねりが身体の深い部分の骨格やインナーマッスルなどを効果的に刺激・活性化することができます。

手首→肘→肩→背中→肩→肘→手首のボディ・サークルを作ることで、ウェーブ運動ストレッチ（ストレッチサークル）や筋トレ・コアトレ（パワーサークル）ができます。

⑤**自分の可動域に合わせ気持ちよく「もうひと伸び」「もうひと捻り」ができます。**

ダイナミック（動的）ストレッチやバリスティックストレッチ、PNFストレッチ、ペアストレッチにも応用できます。

2　伸ばす（ストレッチ）

①スパイラルストレッチ

ＷＳリングを両手に持ち、引き伸ばしながら内・外へ捻ることで人間本来の動きに適した効果的なスパイラルストレッチが可能になります。

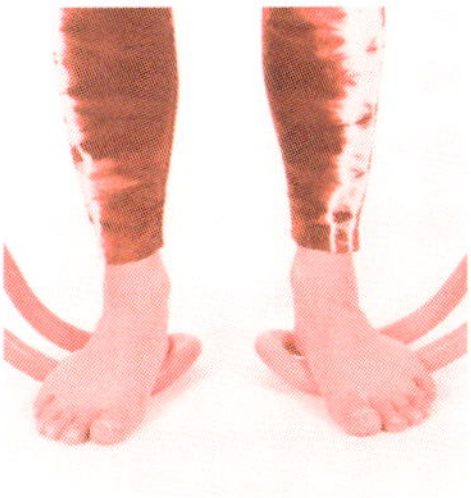

②圧迫（コンプレッション）ストレッチ

擬似的に圧迫部分の筋長の変化を促すことで、より効果的なストレッチを意識的に行なうことができ、さらにリングをはずした時に血行がよくなります。

③伸筋を意識的にストレッチ（手差し・足差し）

リングに両手を差し込み、肘を伸ばしながら手首でリングを外に押し拡げることで、ボディ・サークルを利用した菱形筋などへの刺激が可能になります。

④全身の骨格と筋肉を連動させインナーマッスルを活性化

ボディ・サークルの状態から「ゆらぎ」「しなり」のウェービングをすることで、身体の深い部分の骨格やインナーマッスルなどを効果的に刺激・活性化することができます。

⑤ご自身の運動強度に合わせ調節が可能

自分の可動域に合わせ気持ちよく「もうひと伸び」「もうひと捻り」ができます。ダイナミック（動的）ストレッチやさまざまなストレッチに応用できます。

3　引き締める（コア体幹トレーニング）

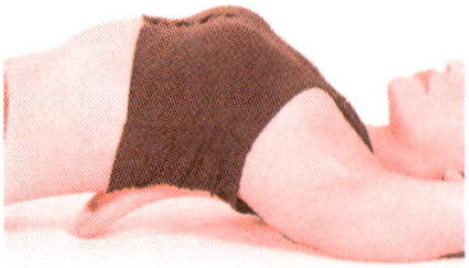

①肋骨アーチメイクし、呼吸力アップ

リングのアーチの形状により身体の反りを作り出し、胸郭や横隔膜の動きを引き出す。

②骨盤前後傾の動きを引き出す

ウェーブの形状を活用し、骨盤の前後傾の動きを引き出します。これにより、腹横筋の意識を高めます。

③スタンディングのセルフコアトレーニング（インナーシェイク、スモウスクワットなど）

素早くゆり伸ばすインナーシェイクエクササイズで深層筋への意識的アプローチが可能です。また、スモウスクワットではアライメントのサポートなどを行なうことができます。

3　引き締める（コア体幹トレーニング）

①肋骨アーチメイクし、呼吸力アップ

リングを背に当てて自然に反ることで、胸や肋間のストレッチになります。とくに肋骨の上部の本来のアーチを引き出し、深い呼吸を学ぶことで胸郭や横隔膜の動きを引き出し、コアマッスルなどの活性化も促します。

②骨盤前後傾の動きを引き出す

ウェーブの形状を活用し、骨盤の前後傾の動きを引き出します。これにより、腹横筋の意識を高めます。

③スタンディングのセルフコアトレーニング（インナーシェイク、スモウスクワットなど）

素早くゆり伸ばすインナーシェイクエクササイズで深層筋への意識的アプローチが可能です。また、スモウスクワットではアライメントのサポート、バランストレーニングなどを行なうことができます。

Point! リングの基本的操作方法1「セッティング」

本書の実技解説で用いる指示語は、基本的に下記に則っています。

凸面上

凸面下

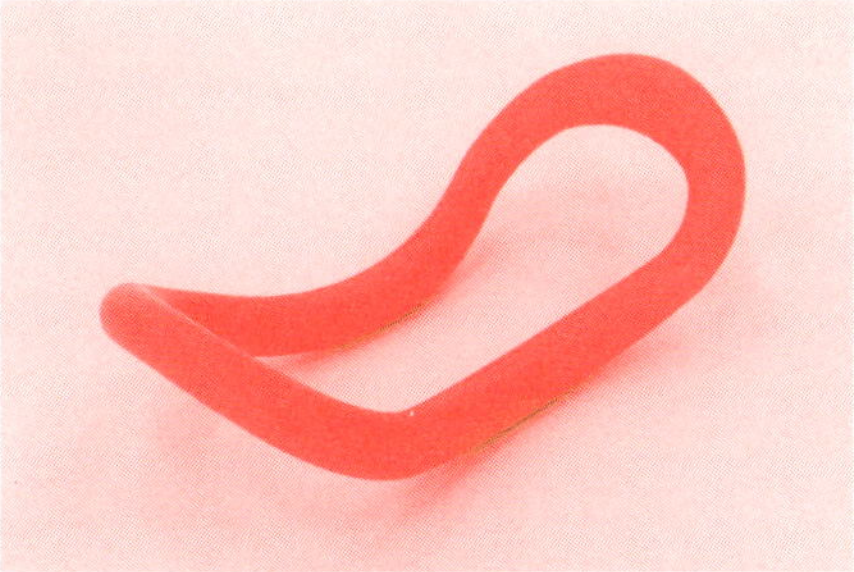

凸面前

凸面手前

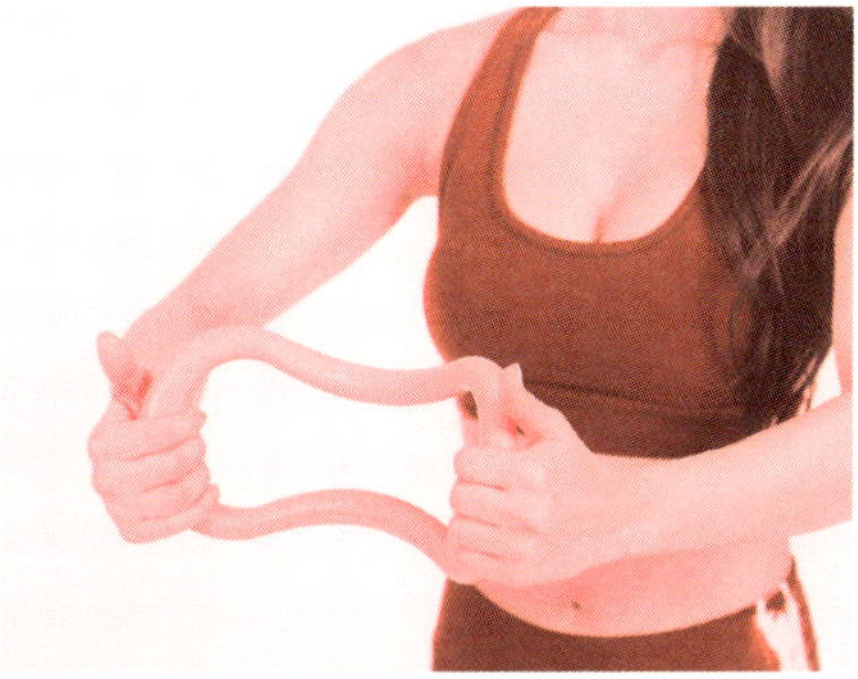

縦向き

横向き

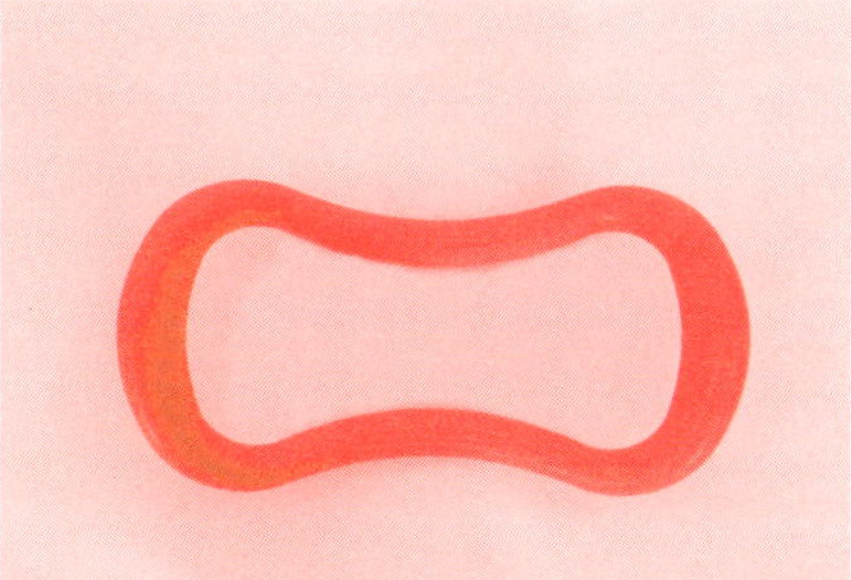

Point! リングの基本的操作方法２「持ち方」

持つ

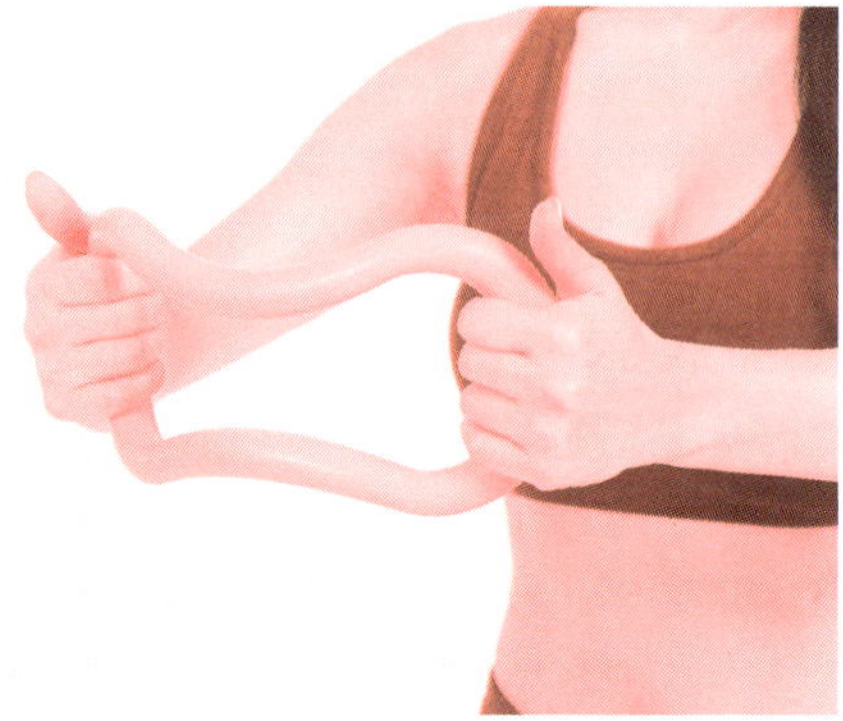

指差し

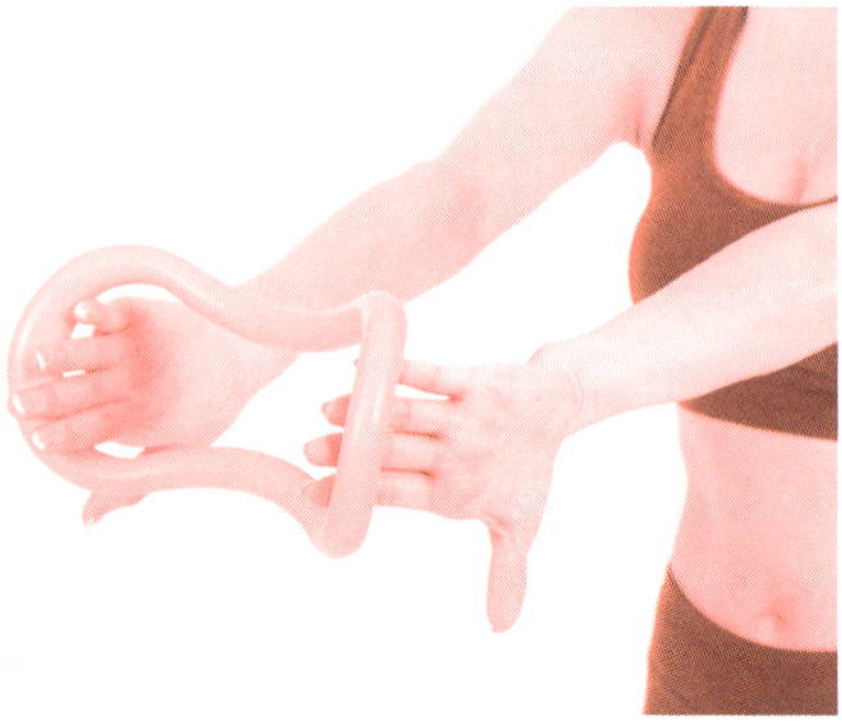

手差し

指を引っ掛ける

手のひらの踵で押す

Point! リングの基本的操作方法３「回内・回外」

回外

回内

ウェーブストレッチの大きな特徴の一つである回外。リングを使うことにより、ねじりながら前腕をストレッチする事ができる。また、適切にテンションをかける事により、より深い伸び感を誘導できる。日常生活やさまざまな作業において、手のひらを伏せた状態になる事は多く、その意味でもこのストレッチは有意義だろう。

第4章

姿勢のタイプと“筋膜リリース”による改善法

1

悪い姿勢には3タイプある！

〝アトラス体幹姿勢〟を作る前に、ご自身の姿勢のタイプをここでチェックしておきましょう。そもそも姿勢がひどい、なんていう方はここで調整してしまいましょう。

日本人には猫背が多いことが知られています。それは日本人が農耕民族であったことに強く由来しているようです。骨盤はやや後傾気味であることが多いようです。

また、日本列島は火山石灰質の土壌のため、カルシウム摂取が弱く骨が弱いという特徴もあります。そして日本人の骨格は欧米人に比べて厚みがなく、首や腰に負担がかかる、ゆがみやすいものです。

これでは姿勢の悪い人が多くて仕方ない、とも言えるのですが、それでも着物で生活していた明治～江戸以前の日本人は腰が守られ、丹田呼吸が基本。今よりはるかに安定した体幹を誇っていたと思われます。

畳生活からイス生活に移行し、日本人の体格は変化しました。手足は長くなり、重心の位置は上がって安定しづらく、細く、もろい、それが現代日本人の姿です。

実際、今の日本人には〝姿勢が良い〟という方の方がもはや少数派なので、あなたも大なり小なり、姿勢の悪癖を持っている可能性があります。

実は、悪い姿勢は大きく〝3タイプ〟に分類することができます（次ページ参照）。

単独で目にしたときは気付きにくいですが、左のノーマル姿勢と比べてみると一目瞭然です。

あなた自身はいかがですか？

なかなか自分の姿勢というのも目にすることがないので気付かないでいるものですが、ぜひカメラで撮影するなどしてご自身の姿勢を確認してみて下さい。

「思ったよりも○○だな」と少しでも感じたら、それがご自身の癖だと思って間違いないでしょう。

3つのタイプの違いは、それぞれ脊椎の状態に起因しています。

ノーマル

悪い姿勢のタイプ

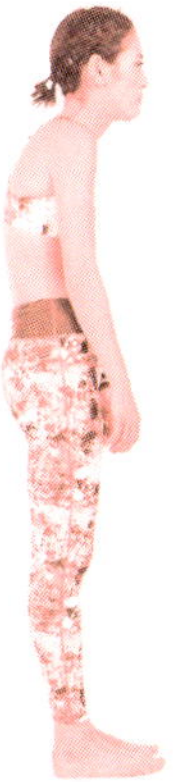

①猫背型（胸椎屈曲タイプ）

頸椎屈曲、首が前に出る（下部頸椎可動減、上部頸椎可動増）。菱形筋弱化、小胸筋過緊張、下部僧帽筋弱化。

腰椎は伸展する場合と屈曲する場合両方ある。パソコン生活により首と顎が前に突き出し、猫背のまま背中が固まってしまう。頭痛、肩、首、腰のコリはもちろん、背中の筋肉が張り、胸が縮むので、背中と胸に痛みが生じ、肩甲骨が開いているので、四十肩にもなりやすい。

骨盤が後傾して、腹筋に脂肪がつきやすく、くびれもなくなり、体重も太腿にかかって太くなりやすい。

上半身は痩せているが下半身が太っている、ような体型になりやすい。

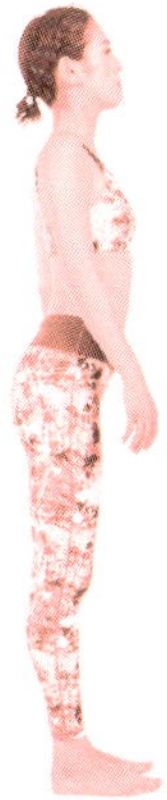

②反り腰型（腰椎伸展タイプ）

骨盤前傾、腰椎前湾、脊椎分離症タイプ。大腿直筋過緊張、ハムストリングス抑制弱化。筋力の弱い細身の女性に多いタイプ。

首は 30 ～ 40 度前湾しているのが正常だが、胸と腰が突き出たこのタイプは常に胸が張っているため「ストレート・ネック」になりやすく、首はもちろん、背中にも負担がかかり、自律神経も乱れやすい。

常に腰を反らしているため太腿が引き締まり、ウエストがくびれて見えるが、肋骨が開き腹筋がゆるんでいるので、むしろウエストのくびれが失われ、冷えや便秘に悩まされがち。

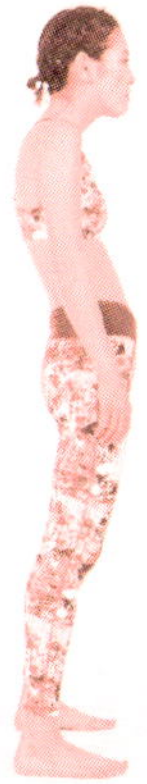

③スウェイバック型（頸椎屈曲タイプ）

ハムストリングス過緊張、大腿直筋抑制弱化。骨盤後傾、腰椎ヘルニアタイプ。

男性に最も多いタイプで内臓脂肪がたっぷりついている人が多い。女性でもお腹がポッコリ気味の方は注意。お腹を出すとバランスをとるため猫背になりやすく、骨盤は後傾気味。

重たいお腹を支えるため太腿の裏側が硬くなり、太腿の前面が張ってしまう。お腹の筋肉がほとんど使われず衰えていくので腹部の脂肪がつきやすく、腰への負担が大きい。

内臓が下がり血流も悪化しやすく体の芯が冷えやすい。

便秘と下痢を繰り返しやすく、男性に多い胃腸障害も出やすい。メタボの危険性も。

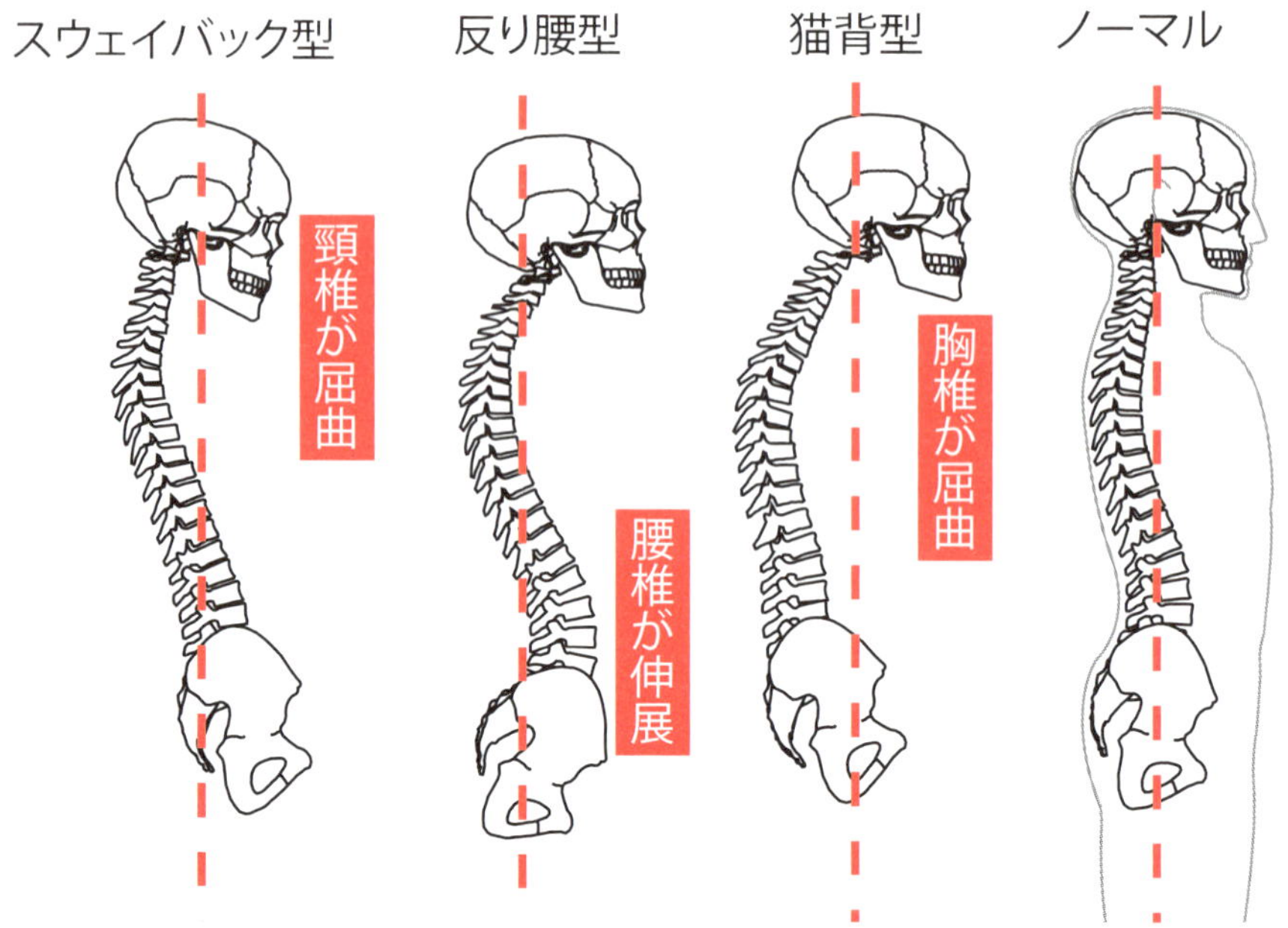

③猫背型

背中が丸まり、首と顎が前に出ているタイプです。

↓胸椎が屈曲（前方へ丸まる）しています。

②反り腰型

骨盤が前傾して腰が反ったようになっているタイプです。

↓腰椎が伸展（後方へ反る）しています。

③スウェイバック型

腹が出て、骨盤が後傾し腰が丸まっているタイプです。

↓頸椎が屈曲（前方へ丸まる）しています。

2 悪い姿勢の傾向と〝筋膜リリース〟による改善

それぞれのタイプには、身体に張りや硬縮が生じやすい箇所がだいたい決まっています。

〈張りや硬縮の生じやすい箇所〉

①猫背型

・首後ろの硬縮
・上背部の張り
・胸の硬縮

②反り腰型
・大腿前面の張り
・大腿の外側の張り
・腰、背中の硬縮

③スウェイバック型
・大腿後面の張り
・お尻の張り
・腰、背中の張り
・大腿外側の張り

いかがですか？　自覚症状のある方も多いのではないかと思います。

ここでは、それぞれの部位の症状を解除することによって姿勢の改善をはかってみましょう。

解除するために行なうのは〝筋膜リリース〟です。〝筋膜リリース〟も行なうことができるのがWSリングの強みです。ぜひリングを使って行なってみて下さい。

ただし、くれぐれも力任せに行なったりしないよう注意して下さい。まずは留意事項を示しておきましたので、お目通しの上、チャレンジして下さい。


注意！　以下の方には筋膜リリースをお勧めできません

●筋肉の炎症、腫れが強い場合
●骨粗鬆症の方
●抗凝固療法を行なっている方
●糖尿病の方
●妊娠中の方
●高血圧の方
●静脈瘤を患っている方
●ガンの方
●体調の悪い時

Point! 筋膜とは？

筋膜とは、タンパク質（コラーゲンとエラスチン）の繊維でできた、筋肉を覆う薄い膜です。筋肉の束をまとめ、さらに筋肉や骨、内臓を内側から支え、全身にボディ・スーツのような役割を担うべく張りめぐらされています。

筋膜は「第２の骨格」とも呼ばれます。

筋膜が柔らかな状態であれば、内側にある筋肉をスムーズに動かす事ができますが、筋膜が硬縮したり癒着したりすると、内側にある筋肉や骨、内臓の自由を奪ってしまいます。

筋肉をほぐしても改善しない重い肩コリなどは、筋膜が慢性的に縮んでいる事が多いのです。

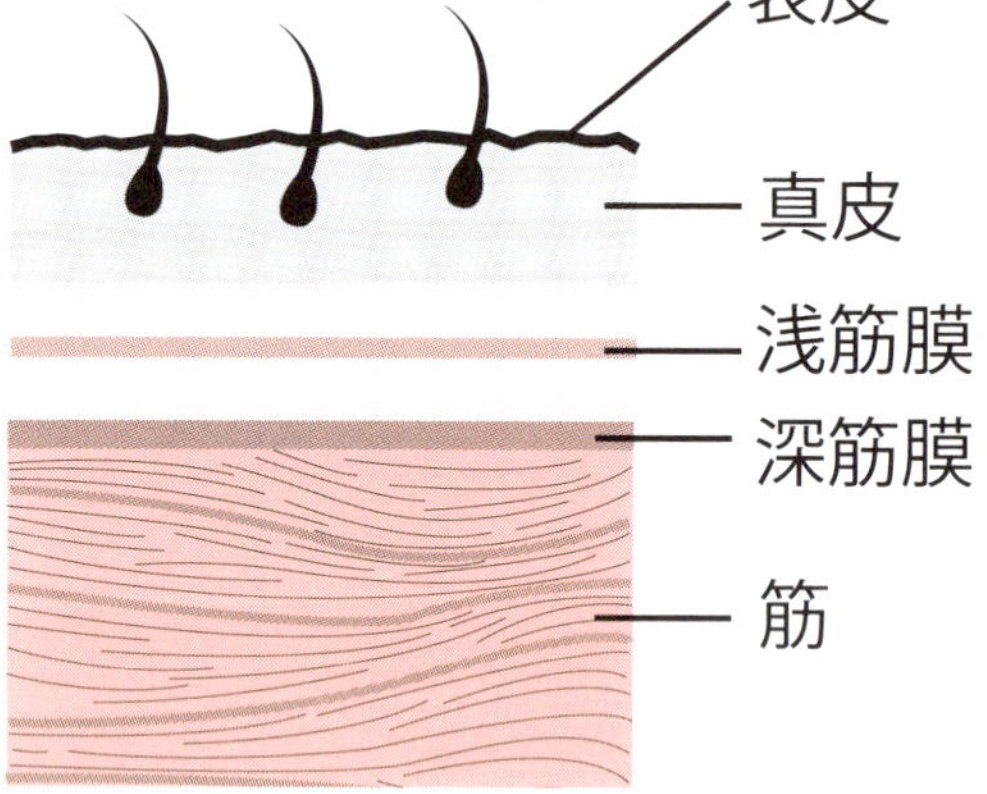

筋膜の役割

・身体を外的刺激から守る。
・心臓や肝臓、腎臓などの臓器を保持する。
・骨や靭帯、腱を覆い、身体を支持する。
・コラーゲンやエラスチンが多く、筋と筋の摩擦を軽減し、スムーズに滑らせる。
・筋肉の収縮とは別に収縮し、筋肉の緊張を高める。
・老廃物を排泄し、バクテリアを退治しやすくする。

Point! 筋膜リリースの要領

「圧迫し、ゆっくり、できるだけ広い範囲を縦横斜めにずらす」操作をウェーブストレッチリングを使って施してやると、筋膜がゆるんできます。押す力は少し物足りないくらいで十分です。（背骨、肋骨に直接当てないように注意）

Point! 筋膜リリースの効果

1　リンパの流れや血流量の向上。

2　関節可動域とリカバリーの能力の向上。

3　姿勢改善や身体動作、トレーニング、パフォーマンスの向上。

4　柔軟性の向上、体のコリや痛みが軽減することもある。

5　固有受容器の刺激で身体意識を目覚めさせる。

筋膜の硬縮は、長時間の悪い姿勢や偏った動作によって筋膜が自由に動けなくなってよじれてしまい、コラーゲンとエラスチンが一部により集まって自由に動けなくなる事によって起こります。これは、コラーゲンとエラスチンを包み込んでいる基質というサラサラの水溶液が、ゼラチンのように粘っこくなるためです。

筋膜はゆっくり引っ張ると伸縮性を取り戻します。硬縮や癒着した筋膜は、水分や栄養の供給が滞り、干からびていますが、圧迫される事で再び供給されます。

猫背型を改善する〝筋膜リリース〟

リングのカーブを胸部に当て、胸を少し押し出す感じで伸ばして、広い範囲をゆっくりさする。（胸部のリリース）

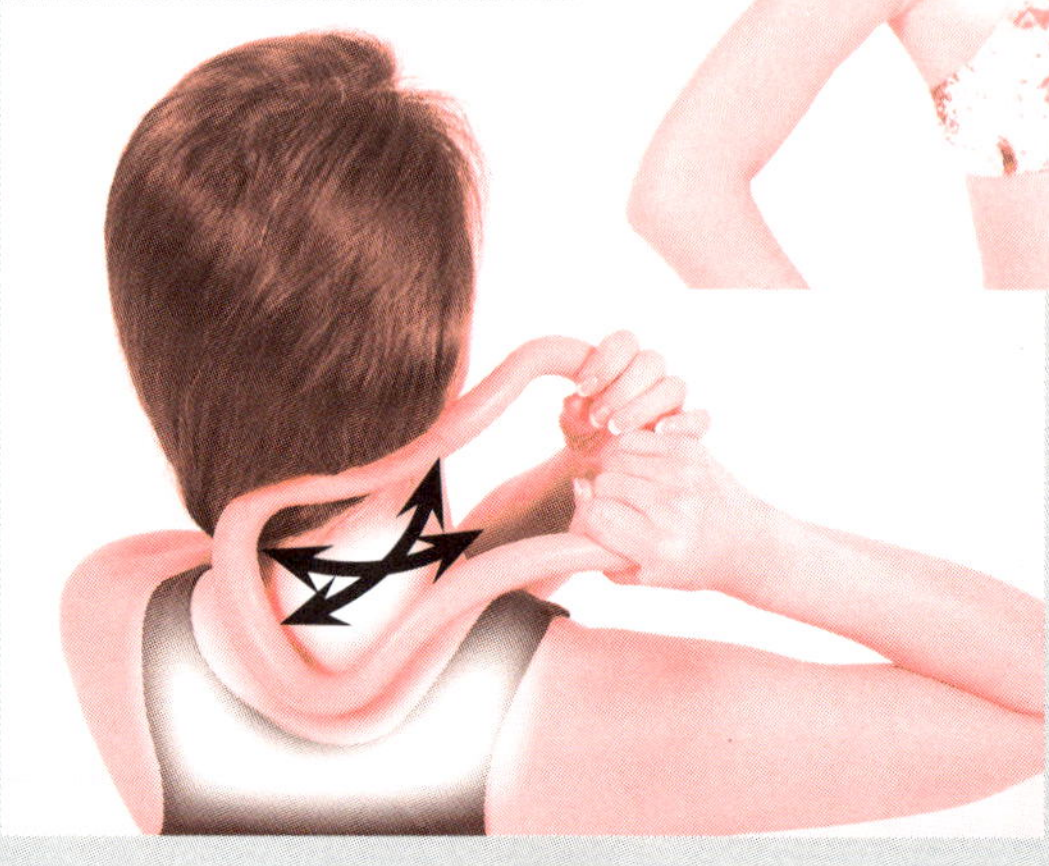

リングを両手で持ち、凹面のカーブをを首に添わせるように当ててゆっくりさする（首後部のリリース）。

リングを凸面が上になるようにして床に置き、そこに縦向きに背中が当たるように仰向けに寝る。ゆっくりとさまざまな方向にゆする（背上部のリリース）。

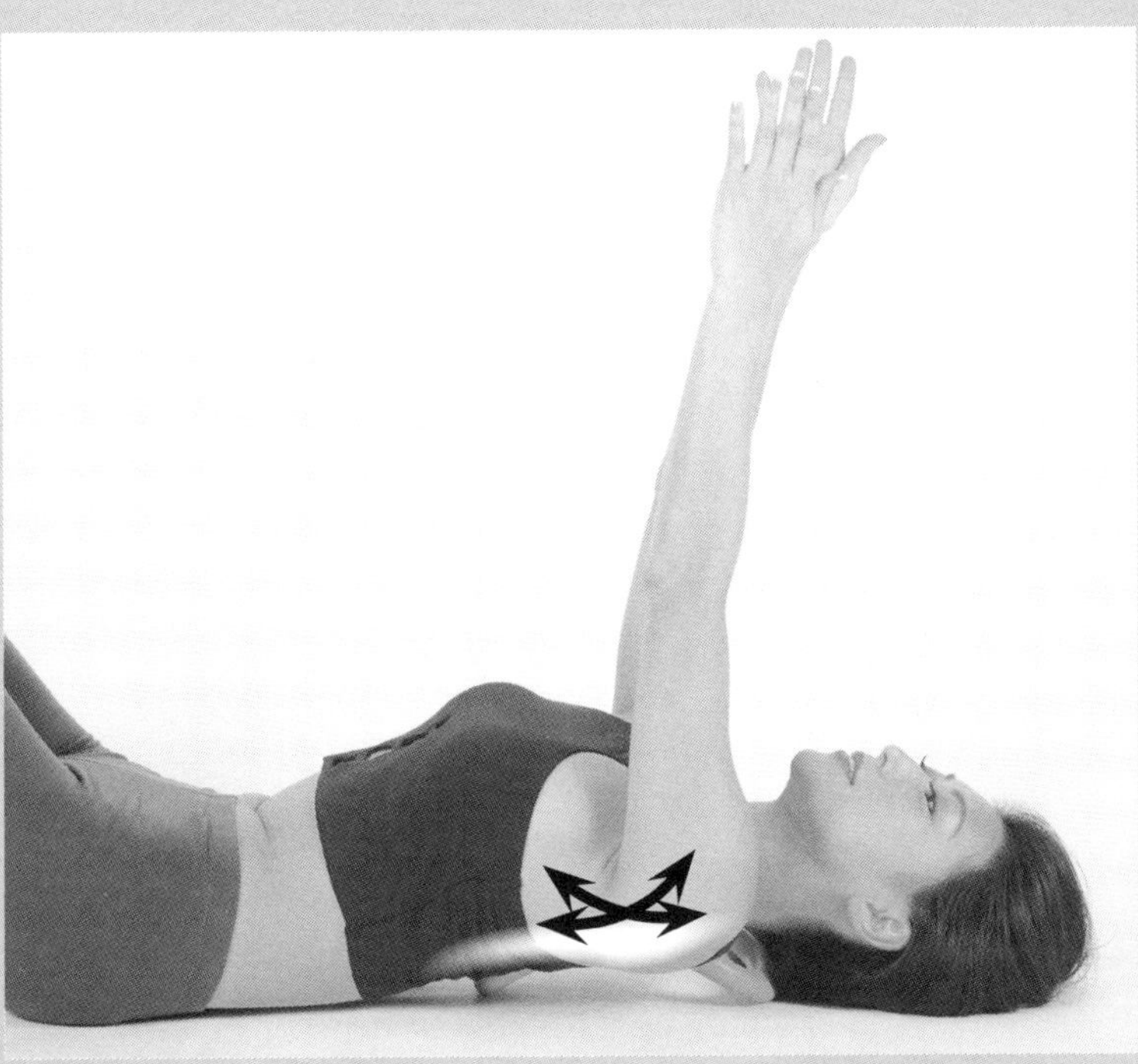

リングを凸面が上になるようにして床に置き、そこに縦向きに背中が当たるように仰向けに寝る。ゆっくりとさまざまな方向にゆする（背上部のリリース）。

リングを凸面が上になるようにして床に置き、そこに縦向きにお腹が当たるようにうつ伏せに寝る。ゆっくりとさまざまな方向にゆする（腹直筋のリリース）。

反り腰型を改善する〝筋膜リリース〟

両手でリングを短く持ち、腰をやや丸めるようにして、脊柱起立筋（背骨の両脇）にリングを当ててゆっくりさする。（腰の張りをリリース）

リングを両手で持ち、凸面を腿前に当ててさする（腿前部のリリース）。

リング凸面上に床に置き、踏んでゆする（足裏部のリリース）。

リングを凸面が上になるようにして床に置き、その上に、身体を横にして、大きな力がかかりすぎないように両手で支えながら。腿の側面がリングに当たるように乗せる。上側の足は膝と股関節を曲げる。（腰の張りをリリース）

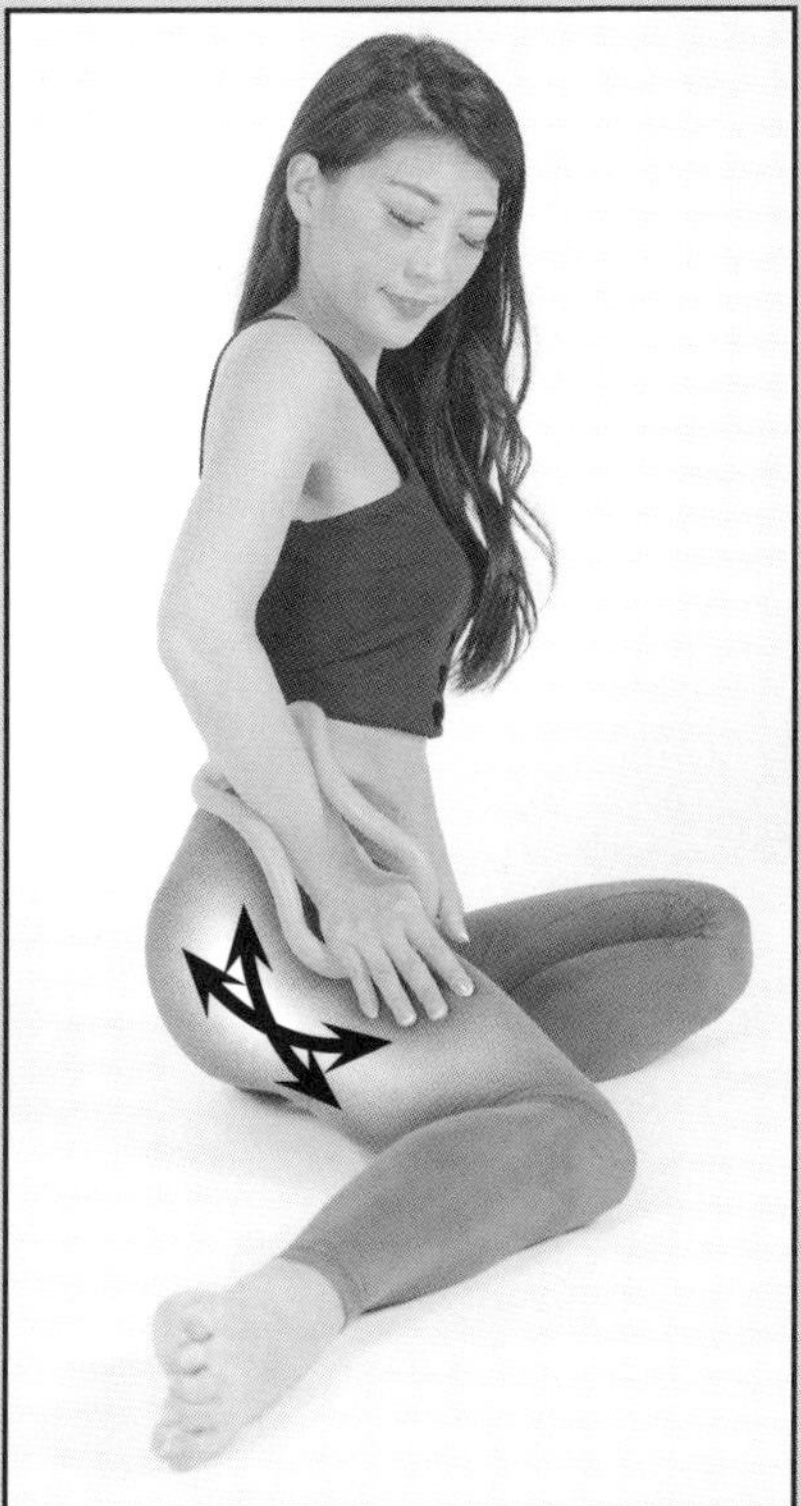

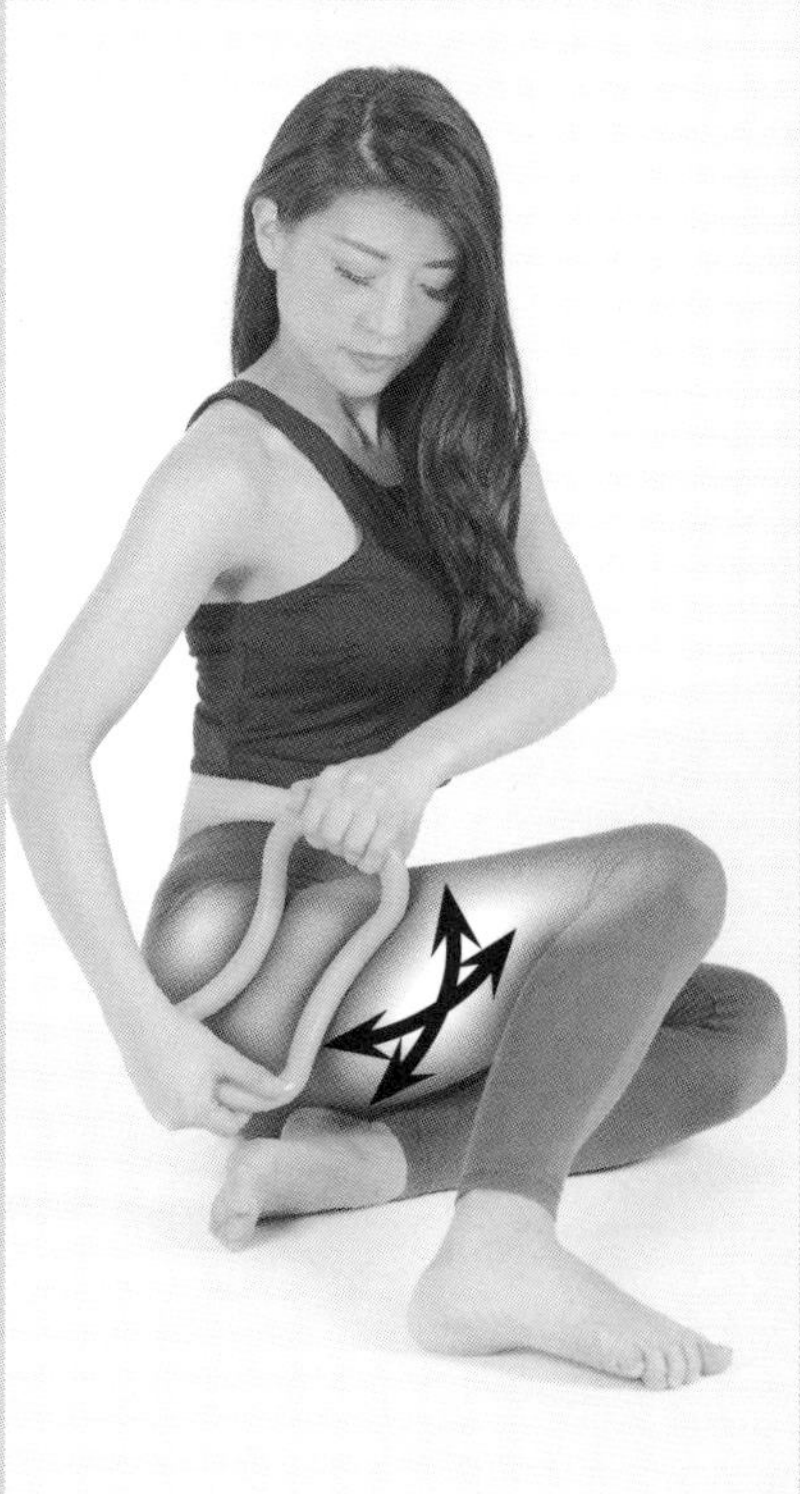

リングを手に持って腿横のリリースを行なう方法２例。腿横は行ないにくいので、身体の柔軟度に応じてやりやすい方法で。

スウェイバック型を改善する〝筋膜リリース〟

リングを両手で持ち、凹面をアトラス（第一頸椎）に当ててゆっくりさする（後頭部のリリース）。

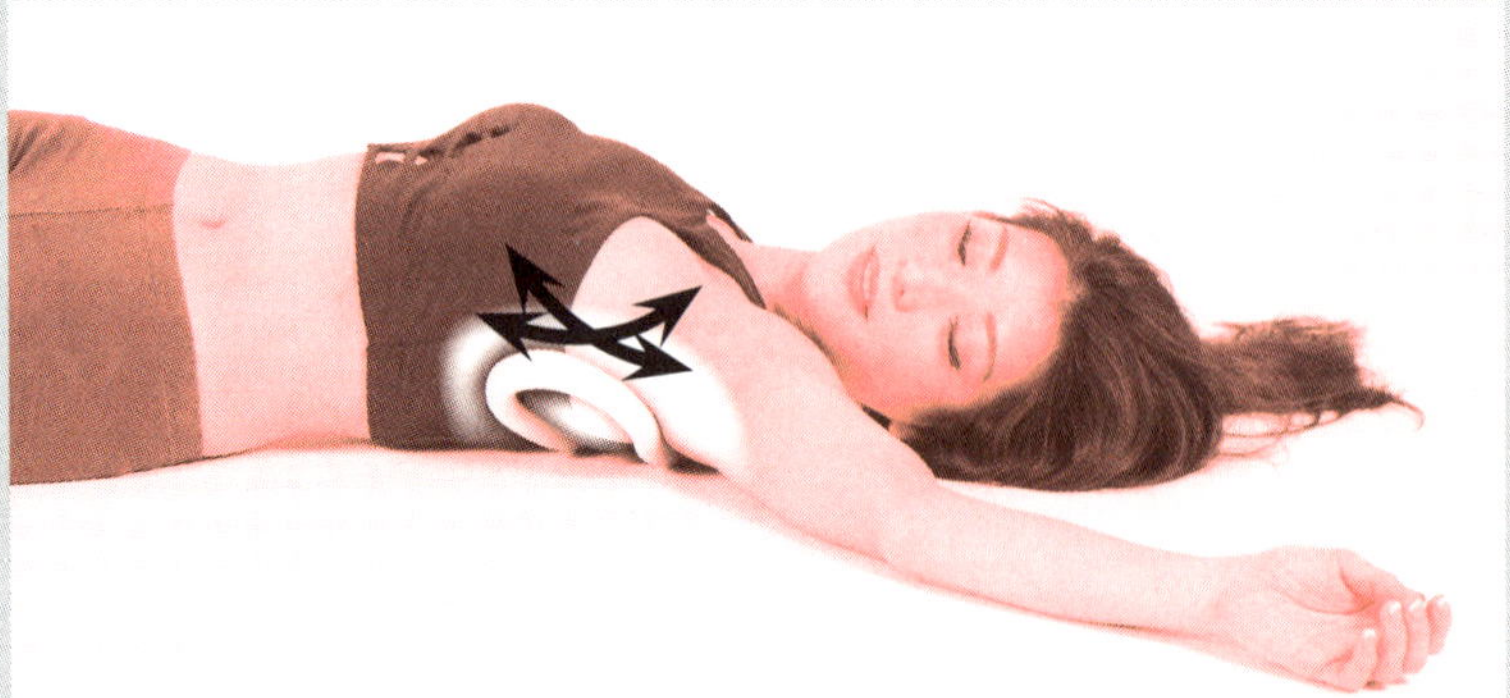

リングを床に凹面が上になるように置き、脇から肩甲骨にかけてが当たるように寝て、ゆっくり、軽くゆする。（肩甲骨周り～胸郭のリリース）。

リングを凸面が上になるように床に置き、横向きにお尻が当たるように乗せ、ゆっくりとゆする（お尻のリリース）。

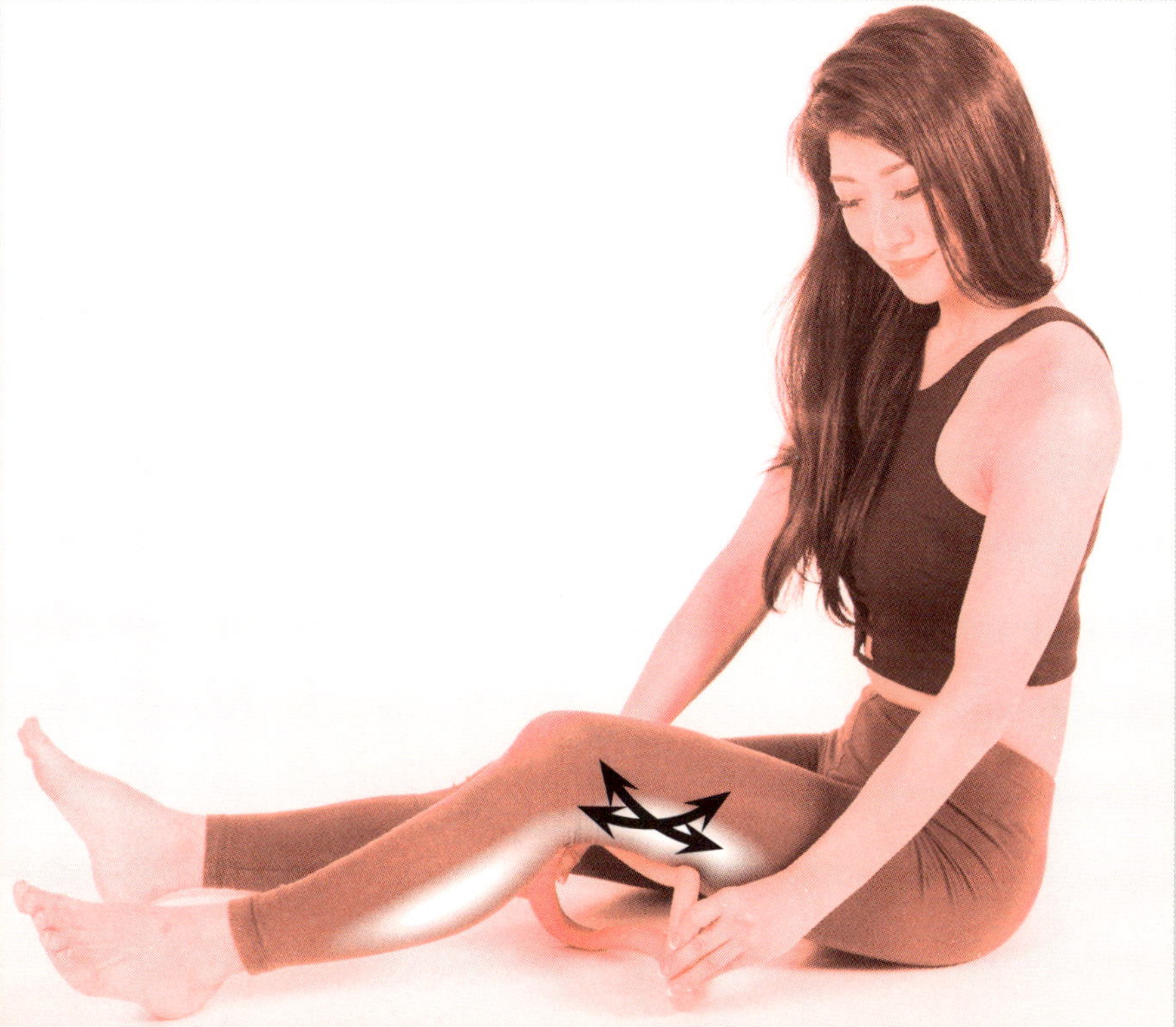

リングを横向きに、立てて床に置き、そこに腿裏を当てるように足を乗せ、ゆっくりとゆする（腿裏のリリース）。

3 姿勢タイプと〝三腔〟

自分の姿勢に対応する筋膜リリースを一通り終えたら、再び自分の姿勢をチェックしてみて下さい。だいぶ改善されたのではないかと思います。

姿勢のタイプはいわば慢性的なものなので、実は本来、そう簡単に改善されるものではありません。癖のようなものなのです。癖を指摘されても、すぐにそれを直すことなどできませんよね。

それでも、張りや硬縮をていねいにとってあげると、それだけですぐに改善がみられます。それは、良くない姿勢が張りや硬縮を作っているのと同時に、個々の張りや硬縮自体が良くない姿勢の原因にもなっている、という双方向図式だからなのです。いわゆる〝悪循環〟です。

生活スタイルや日常動作自体を改善しなければ根本的には改善しない。と言えばそうなのですが、そう言われても普通は途方にくれてしまいますよね。

その意味で重要になってくるのは、第1章でご紹介した〝アトラス体幹姿勢〟です。

先に、この〝アトラス体幹姿勢〟は〝3つの腔の拡張の結果〟とご説明しました。カタチの話ではなかった訳です。でも実は、自然体から〝3つの腔の拡張〟を行なうと、誰もが自然に良い姿勢になります。

逆に、本章でご紹介した3つに悪姿勢タイプは、〝3つのうちいずれか腔が拡張されていない〟ことと直結しているのです。

①猫背型　↓胸腔がつぶれている
②反り腰型　↓腹腔がつぶれている
③スウェイバック型　↓口腔がつぶれている
(次ページ図参照)

3つの腔の拡張・充実は、体幹を効率的に働かせるものであり、身体の機能を根本的なところから合理化してくれるものです。つまり、3つの腔の充実は、何でもない日常動作から、すべてが変わります。

そこで、次に〝3つの腔の充実〟によって姿勢改善をはかってみましょう。

再び第2章の「アトラス体幹呼吸」を行ないます。今度はWSリングを用いた方法です。(66ページ参照)

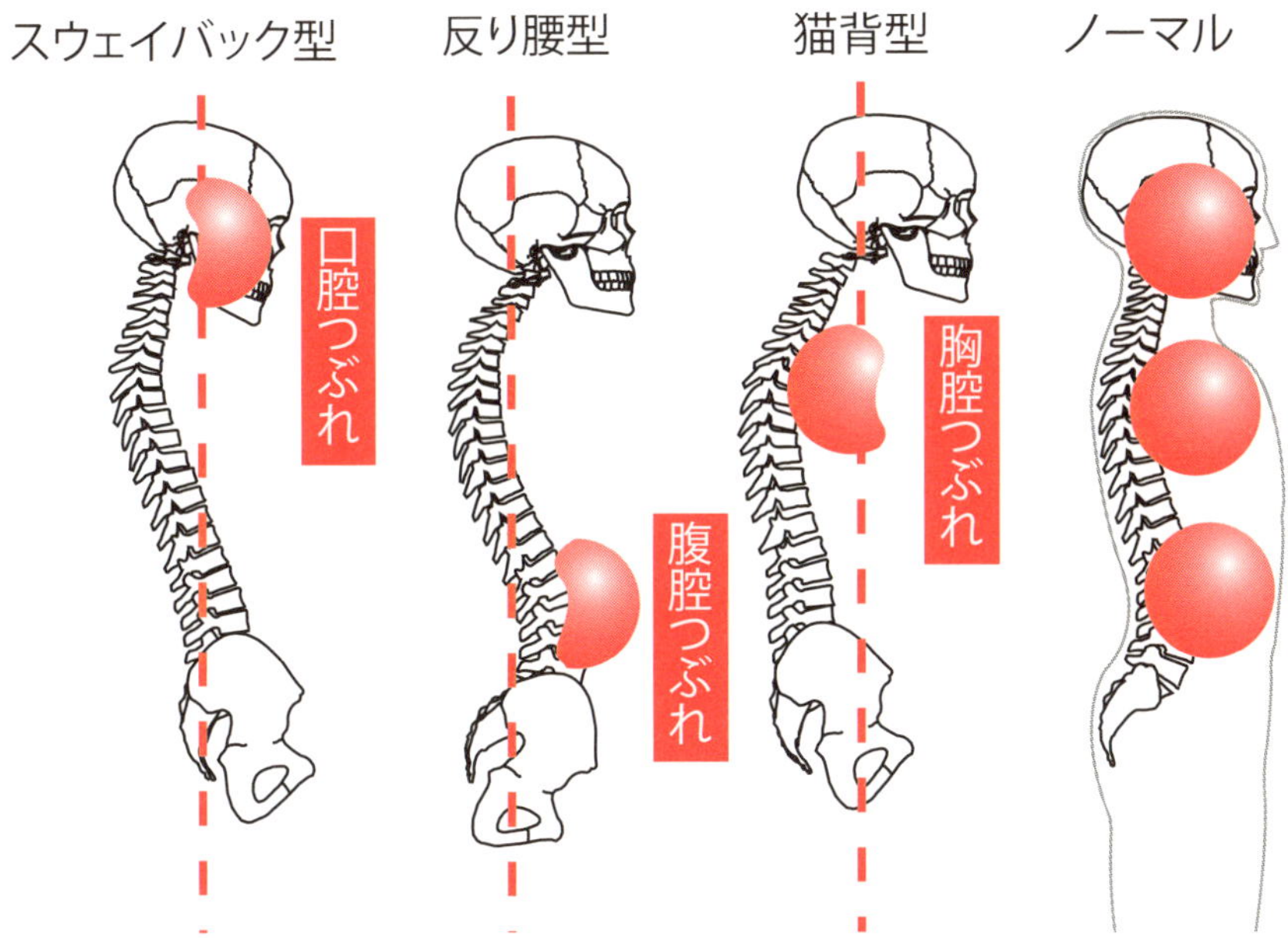

〈参考文献〉
滝澤幸一『痛みとこりがラクになる　1日1分筋膜リリース』（マイナビ出版）

アトラス体幹呼吸（WSリングVer.）

1　胸腔

両手で後ろ手にリングを持ち、両肩を前から上方へ上げながら胸式呼吸で鼻からゆっくり息を吸い、胸郭の側面を横に膨らませつつ胸を張り、視線を上げるように胸椎を伸展させる（写真①～②）。さらに胸郭を拡げ、鎖骨の胸鎖関節を腕方に引っぱり出しながら、持ち上げた肩を後方へ回し、リングを押し下げるようにして肩甲骨を下げながら頸椎も伸展させる（胸椎のアーチバック　写真③）。吐く時は両腕が地面に引っ張られるように肩を下げながら、胸腔を膨らませたまま、ゆっくりと吐く。

2　腹腔

両親指でリングを引っ掛けるように持ち替えて中背部に当てる（写真①）。鼻からゆっくり、できるだけ長く息を吸いながら腹式呼吸に切り替え、横隔膜をゆっくり下げながら腹部の側面を横に膨らませつつ、さらに中背部に当てたリングを後方に押すような意識で腹腔を膨らませ内圧を高める（腰椎アーチプレス　写真②）。吐く時は、腰椎は後ろ。横隔膜は押し下げたままでキープしながらゆっくり吐く。

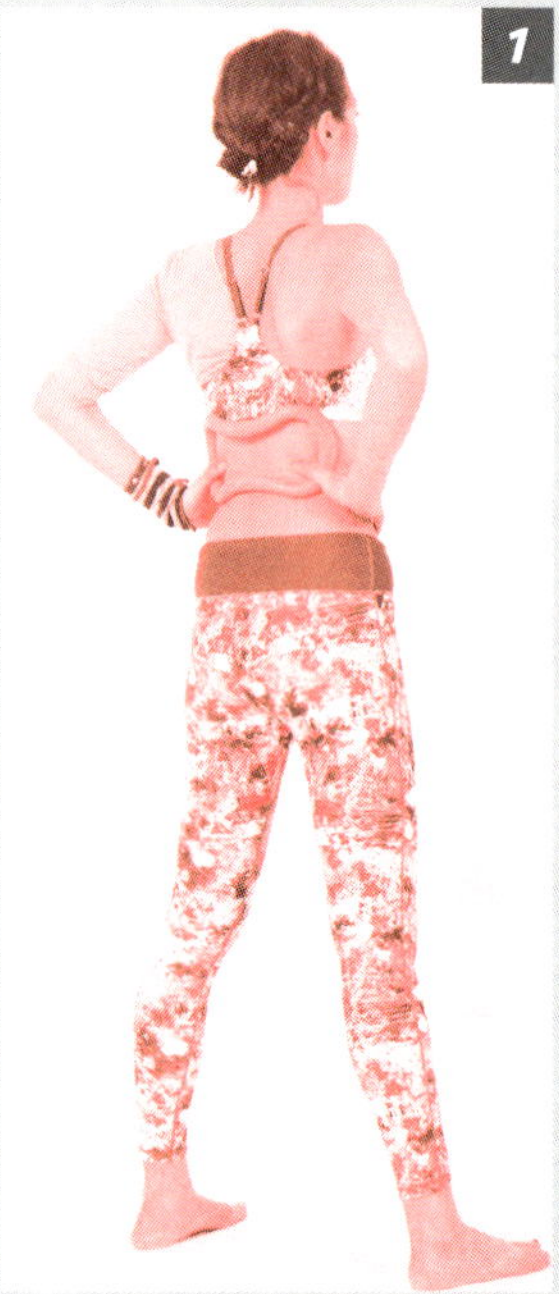

3　口腔

頭の後ろの少し離した所に両手で持ったリングを両肘と胸を張るようにして構える（写真①）。そのリングに第一頸椎（アトラス）を押し付けるようにしつつ頸椎が一直線になるようにし（頸椎アーチプレス　写真②）、腹式呼吸で横隔膜をしっかり下げ、胸腔と腹腔をキープしながらあくびをするように、舌を下げ、軟口蓋を引き上げ、口腔を拡げながら「吸って、吸って、吸って」という感じに4回くらい連続で吸いこむ。吐く時は頸椎は後ろ、横隔膜は押し下げたままのイメージでゆっくり吐く。

4　終えた後

最後に、もう一度リングをはじめと同じように持って、腰が抜けないように、リングを押し下げつつ、真上に伸び上がる（写真①）。口腔、胸腔、腹腔のすべてが充実した、自然に真直ぐな良い姿勢になっている（写真②）。

アトラス体幹呼吸を効果的にする1分間体操

ＷＳリングを使った、一人でできる全身をほぐす方法。先に行なっておくと〝アトラス体幹呼吸〟がより効果的になる。

軽く膝を曲げ、やや背中を丸めて両手でリングを持ち、丹田の高さに差し出す。その状態から左右にゆする。続いてリングの高さを鳩尾→鎖骨→アトラス（第一頸椎）、と上げながら順に行なっていく。

第4章　姿勢のタイプと"筋膜リリース"による改善法

頭上

頭上に上げて左右にゆらす。続いて軽く回転させるようにリングをゆらす。

ワイパー（肩甲骨の回旋）

肘を軽く曲げて左右に。

胸椎の屈曲・伸展

肘を軽く曲げて前後に。

69

後ろ手に両手でリングを持ち、肩を前から胸を開きつつ後ろへ回して落とす。（肩甲骨の外転↓挙上↓内転↓下制）

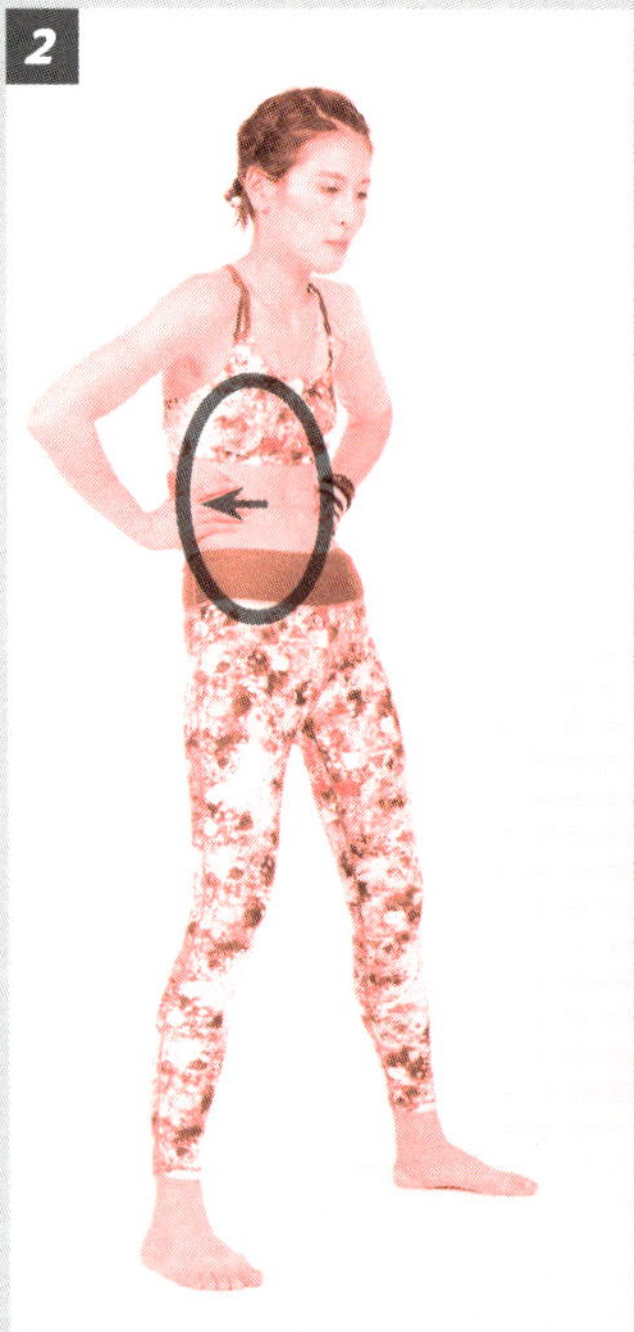

リングの凹面を腰に添わせるように鳩尾の真裏に当て、腹圧でリングを後方へ押し出す。

両手で持ったリングの凹面を後頭部に添わせるように当て、肘を張る。アトラス（第一頸椎）をリングに押し当てるように後方へ送る。

最後に、後ろ手にリングを両手で持ち、胸を張りつつ、リングを下へ伸ばすようにして軽くゆする。一通り終えて、立ち姿勢の感覚を確認。安定した軸がスッと立つ感じが得られる。

第5章

アトラス体幹姿勢をつくる

“筋膜リリース”

&ストレッチ

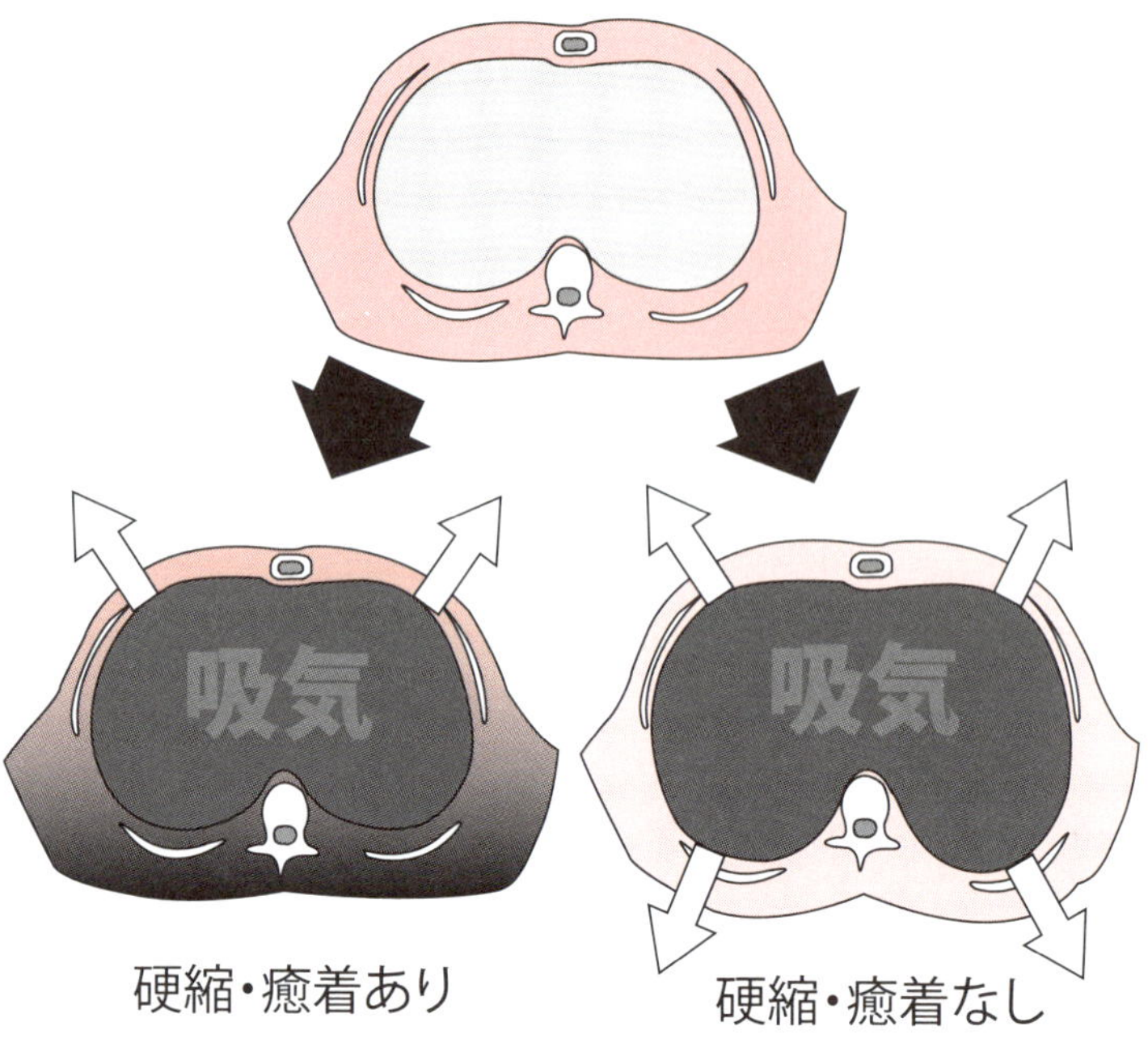

息を吸って肺に空気を入れると膨らみますが、本来なら全方向的に膨らむので背中も動くはずです。しかし、多くの人は背中側筋肉群の筋膜が〝硬縮・癒着〟しているので、あまり動かなくなっています。

1 知らないうちに制限されている身体

本章では、WSリングの特性要素である「ほぐす」「伸ばす」そして「筋膜リリース」を併用して、より能動的に「アトラス体幹姿勢」を作って行くエクササイズをご紹介したいと思います。

前章でもご紹介したように、WSリングは、その構造上の特性であるさまざまなカーブを用いて、身体のいろいろな部位の筋膜リリースを行なう事ができます。

大きく息を吸って、肺に空気を入れて下さい。普通の胸式呼吸でけっこうです。

自分でもすぐわかるくらい、肺が膨らむと思います。

では、背中を触りながら同じように呼吸してみて下さい。胸のように、膨らんだりしぼんだりしていますか？

全然動いていない、という方は、背中側の筋肉が固まってしまっています。もっと正確に言えば、多くの方は筋膜が硬縮、癒着してしまっているのです。

「筋膜」という、筋肉を覆う膜の存在も今は広く知られるようになりましたが。難しくはないですが、筋膜リリースは筋膜以外の骨や血管にも圧をかけています。強すぎないように注意しましょう。押す力は少し物足りないくらいでも大丈夫です。

以前はコリや痛み、動きにくくなる現象は筋肉自体が硬くなっていると思われていました。しかし今では、多くの場合、筋膜が硬縮、癒着したりする事によって内側の筋肉や骨、内臓の自由を奪っている、というメカニズムが知られるようになりました。

筋膜は要するに筋肉の一番外側にある訳なので、アプローチは意外に難しくありません。

ＷＳリングを使った、誰でもできる筋膜リリース（筋膜はがし）をご紹介します。

2　癒着〜リリースのメカニズム

筋膜が硬縮した状態とは、長時間の悪い姿勢や偏った動作などによって、筋膜がよじれ、コラーゲンとエラスチンが一部に集まって自由に動けなくなっている状態です。これは、コラーゲンとエラスチンを包んでいる基質というサラサラの水溶液が、ゼラチンのように粘っこくなるためです。

筋膜は、ゆっくり引っ張ると伸縮性を取り戻します。硬縮や癒着した筋肉は、水分や栄養の供給が滞り干からびていますが、圧迫される事で再び供給されます。

そこで、「圧迫し、ゆっくりとできるだけ広い範囲を、縦横斜めにずらす」というアプローチをＷＳリングを使って施してやる事により、筋膜はゆるんでくるのです。

しばらく行なっていると、感覚的にもその部位の自由度が上がってくるのがわかると思います。

1 胸腔リリース

胸腔拡張性の向上

胸腔の自由度を拡げるためには、僧帽筋や三角筋といった肩周辺から、上腕三頭筋や上腕二頭筋から前腕部にかけてや、腋下の筋肉群をリリースしていきます。リングの持ち方を工夫すれば届きにくい背部へも届かせる事ができますが、椅子や床に置いて、そこへ身体をあてがう方法も有効です。

僧帽筋

僧帽筋〜広背筋

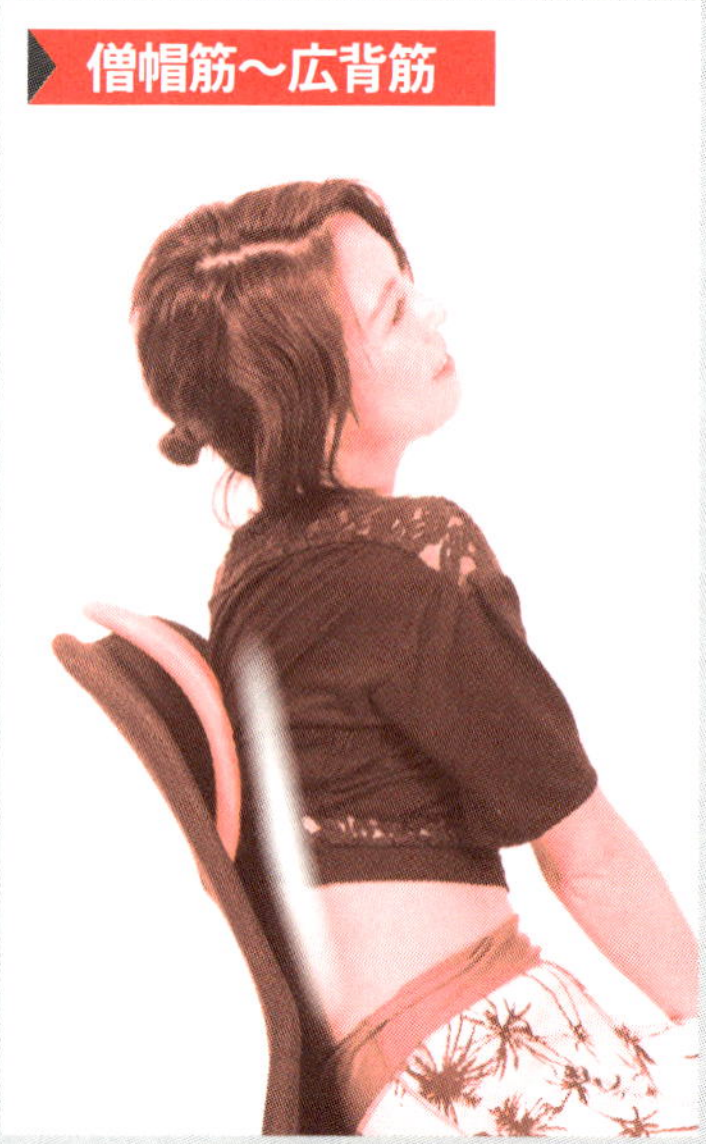

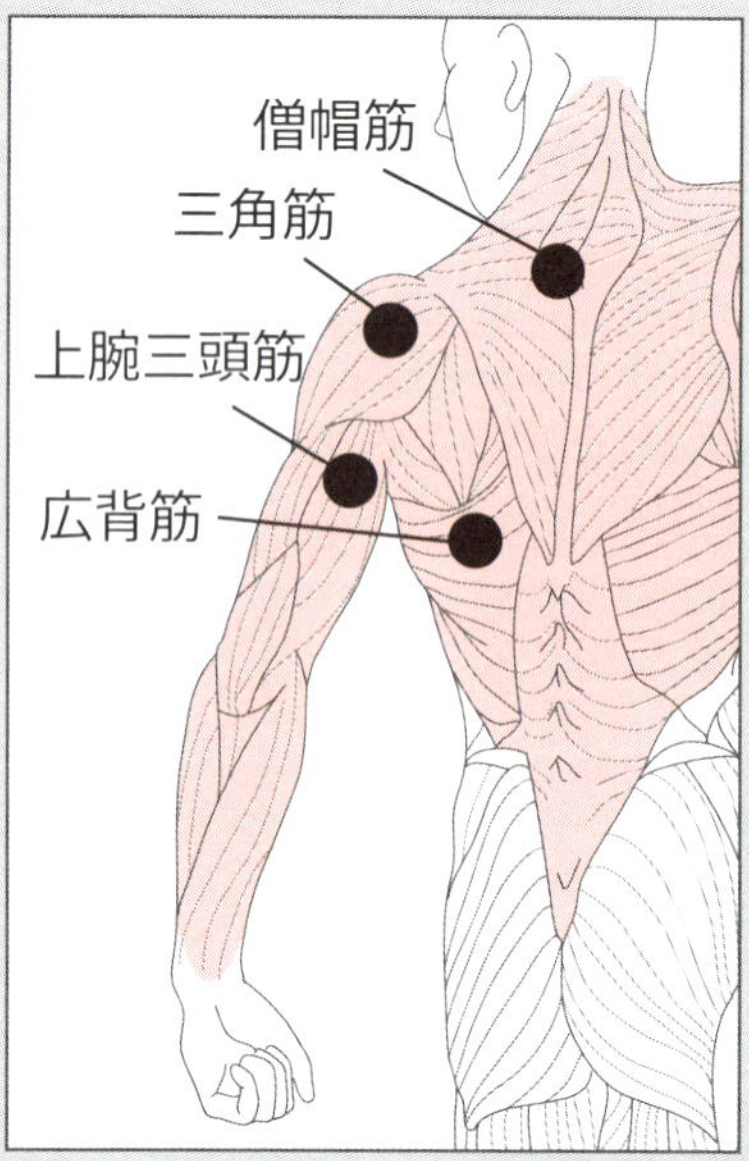

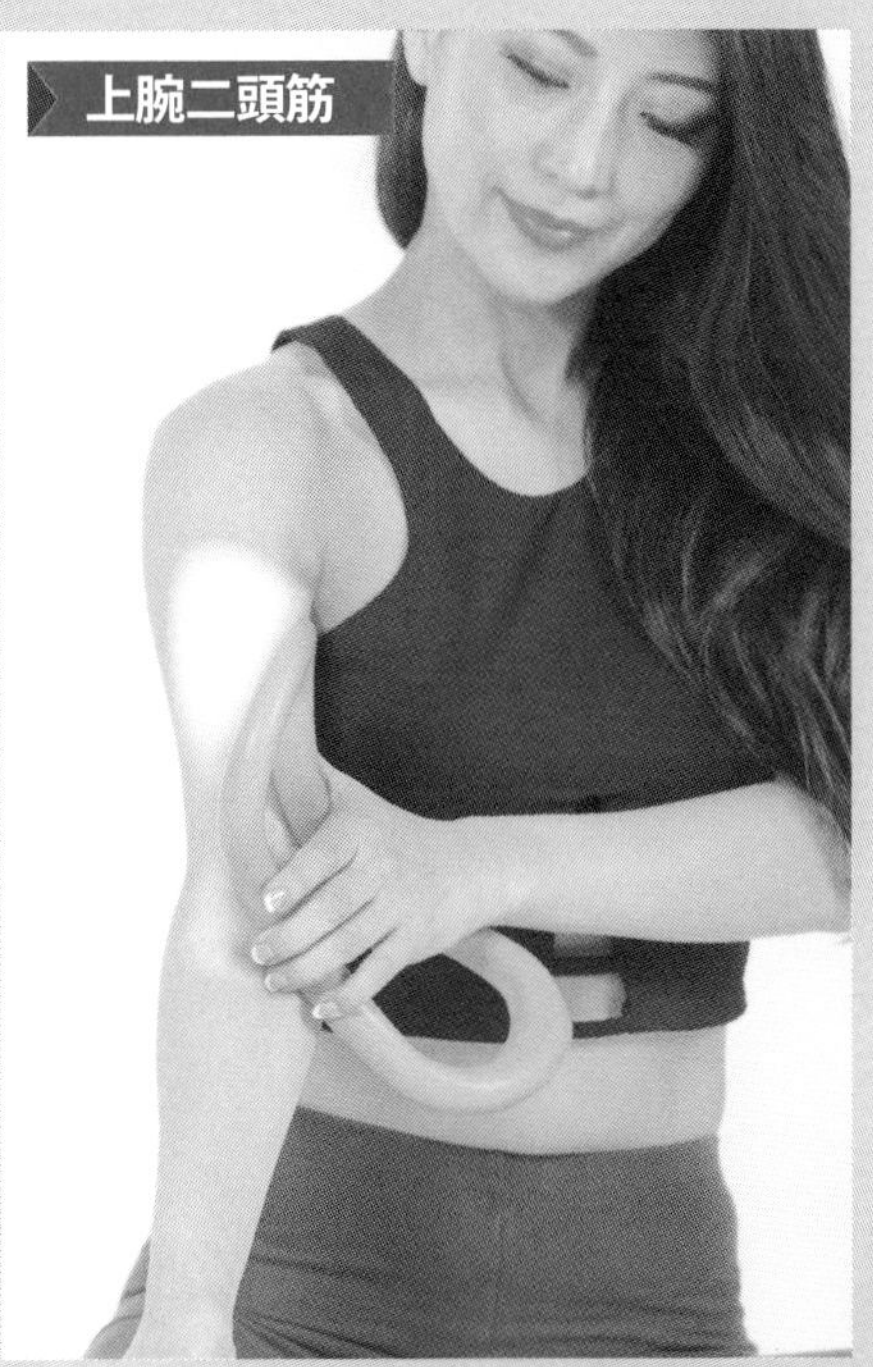
上腕二頭筋

僧帽筋～三角筋

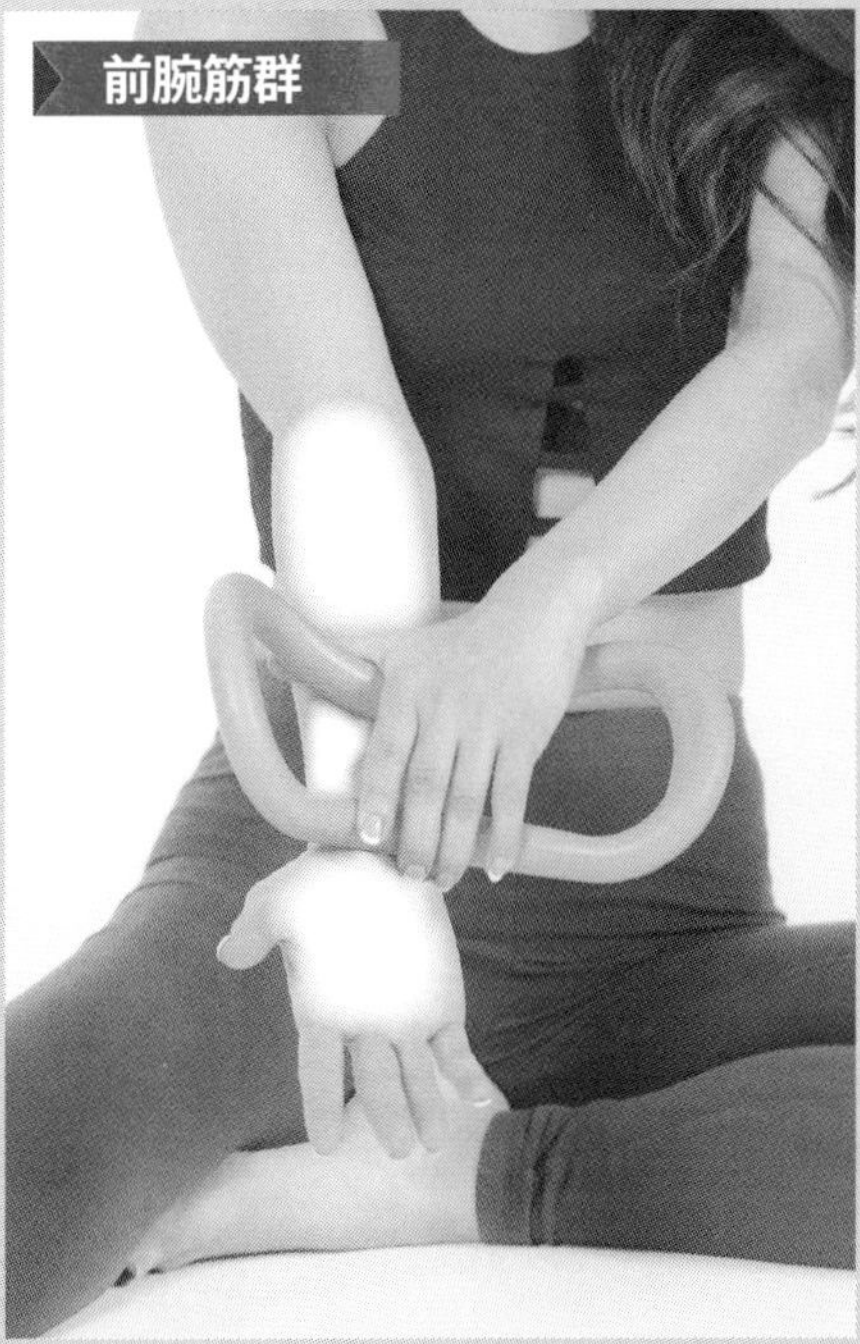
前腕筋群

上腕三頭筋～腋下筋群

2

腹腔リリース

腹腔拡張性の向上

腹腔は身体の中心〝丹田〟を取り囲む部位だけあり、非常に多くの筋肉が関わっています。お腹や脇腹のみならず、背中や腿まで、まんべんなくリリースしていきましょう。

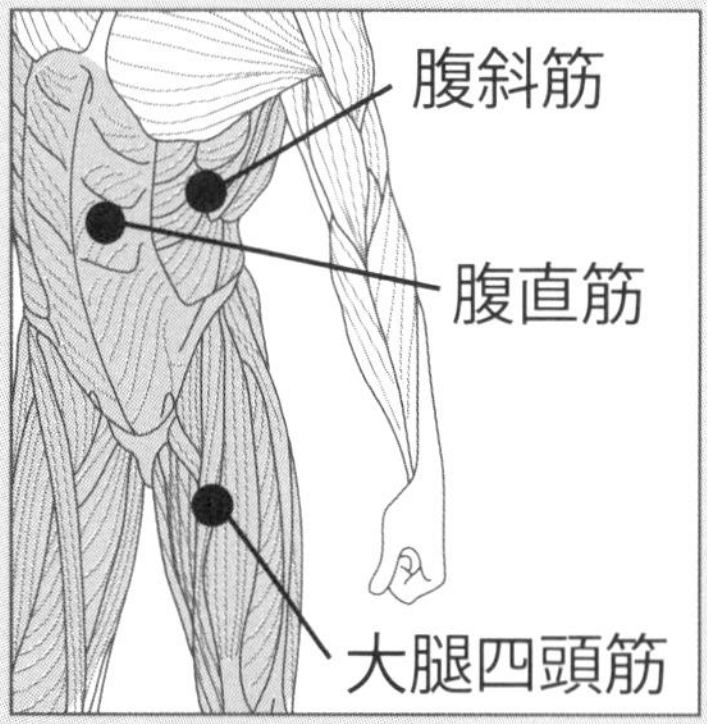

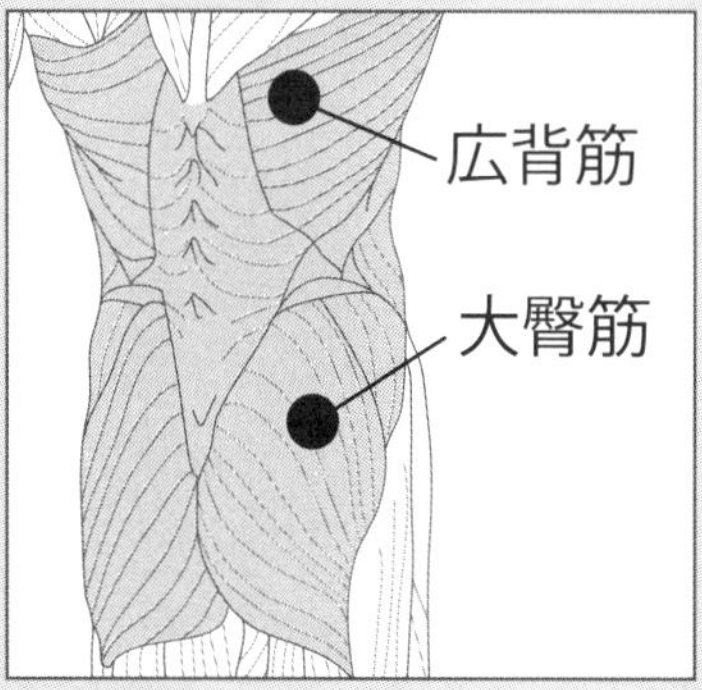

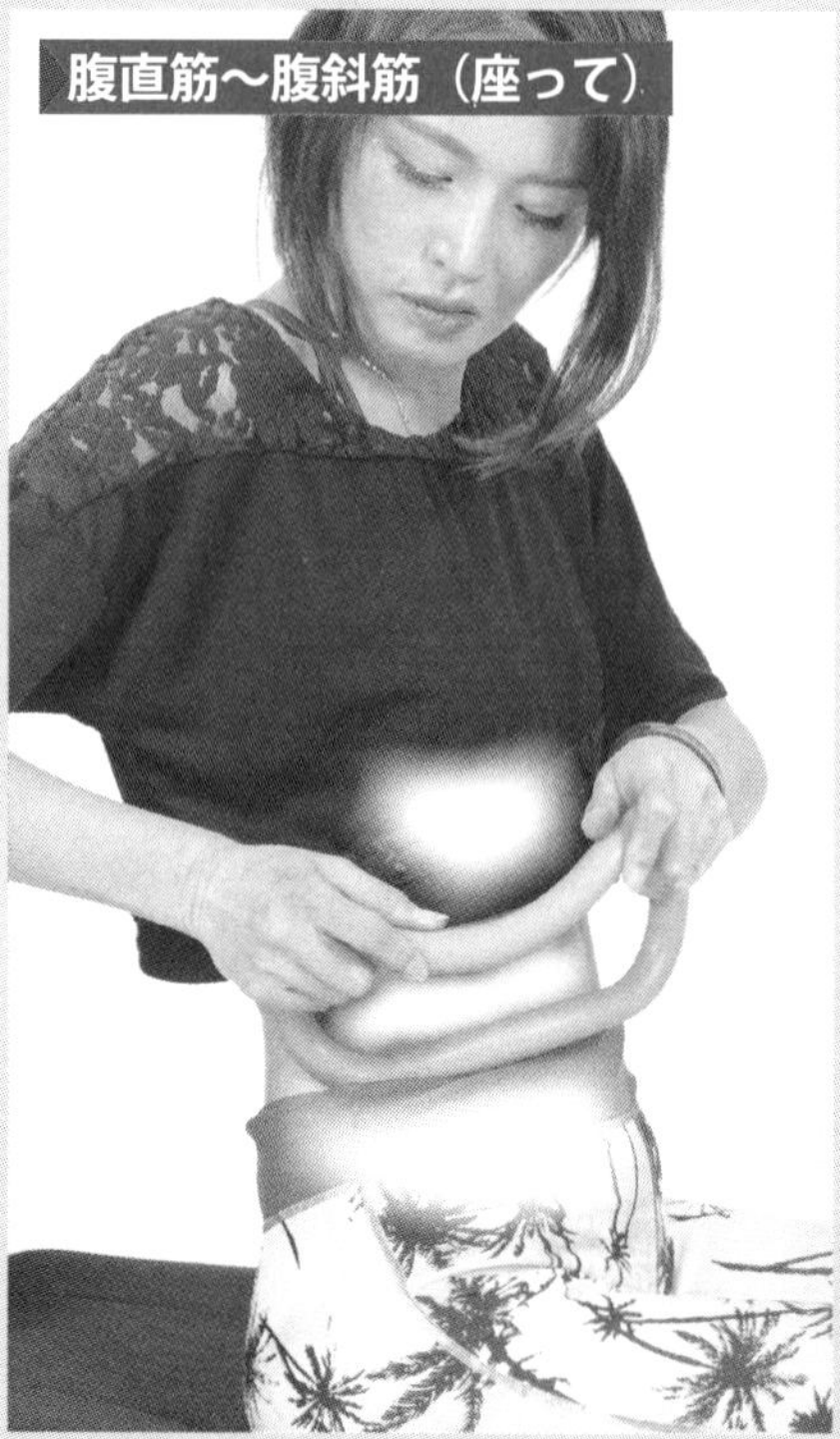
腹直筋〜腹斜筋（座って）

腹直筋〜腹斜筋（仰向けで）

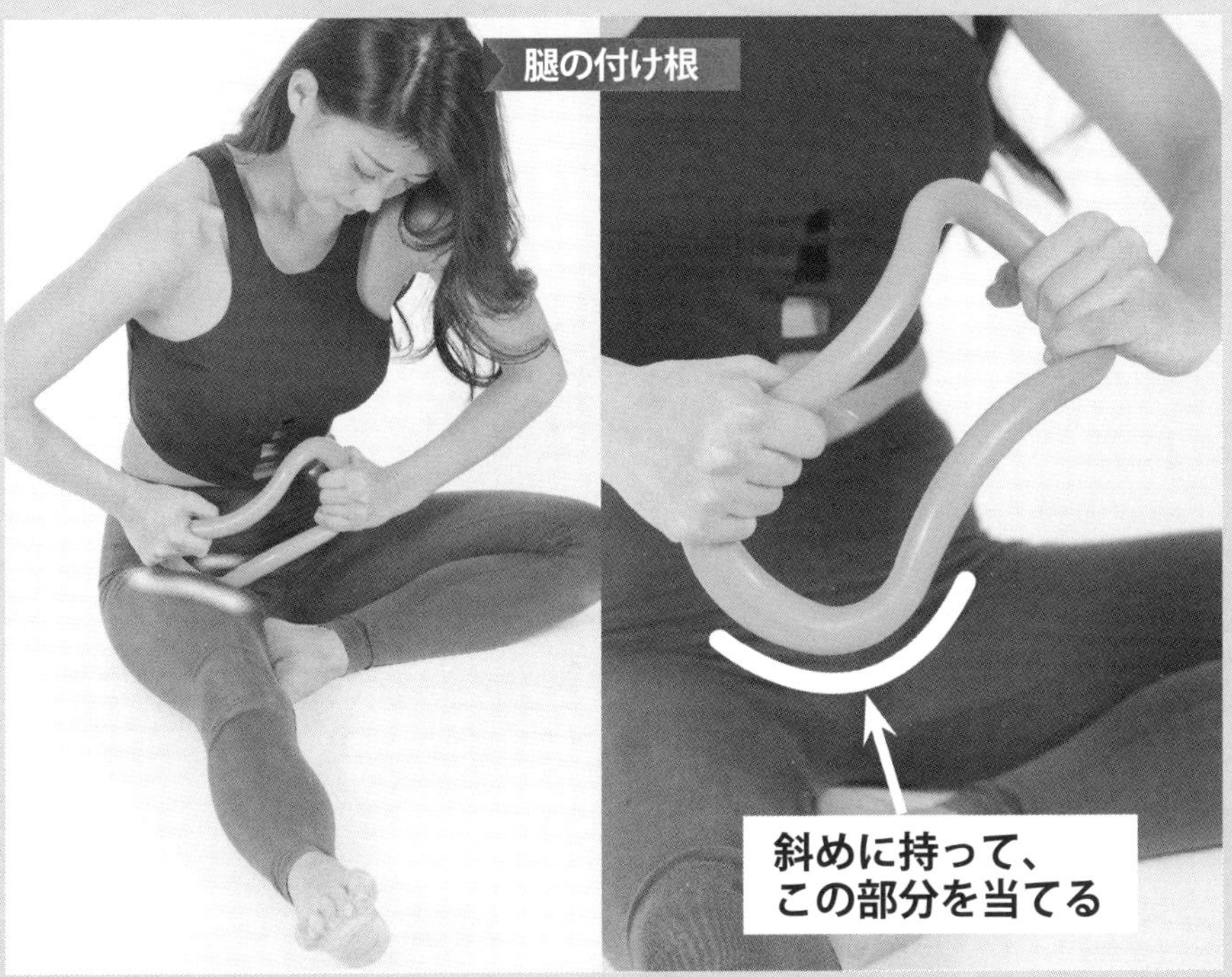
腿の付け根
斜めに持って、
この部分を当てる

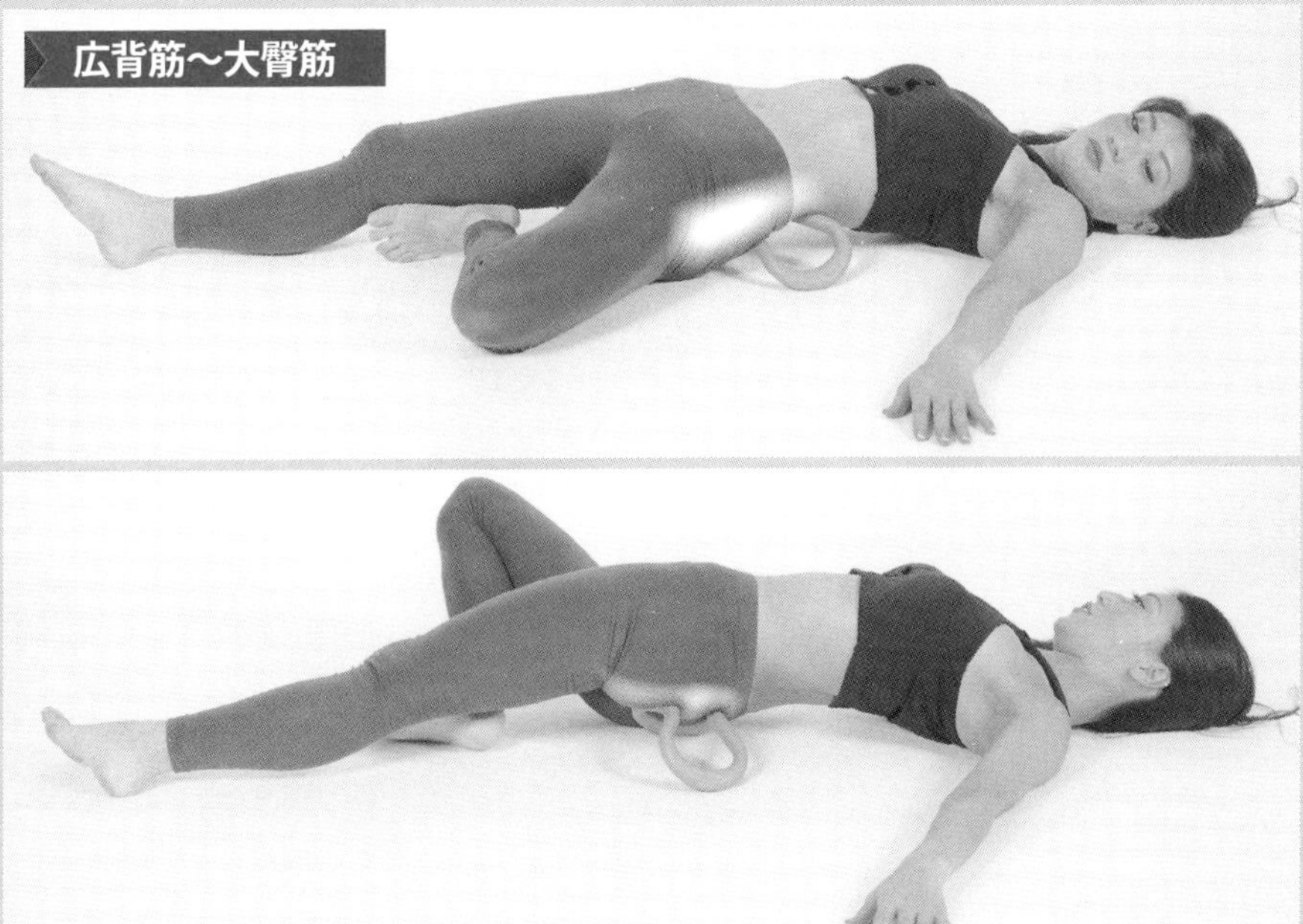
広背筋〜大臀筋

腹腔リリース（腿部）

筋膜連鎖系を考えると、腹腔の自由度を拡げるためには、脚部のリリースも重要な意味を持ちます。リングのアーチを活かして、各部位に適した当て方でリリースします。

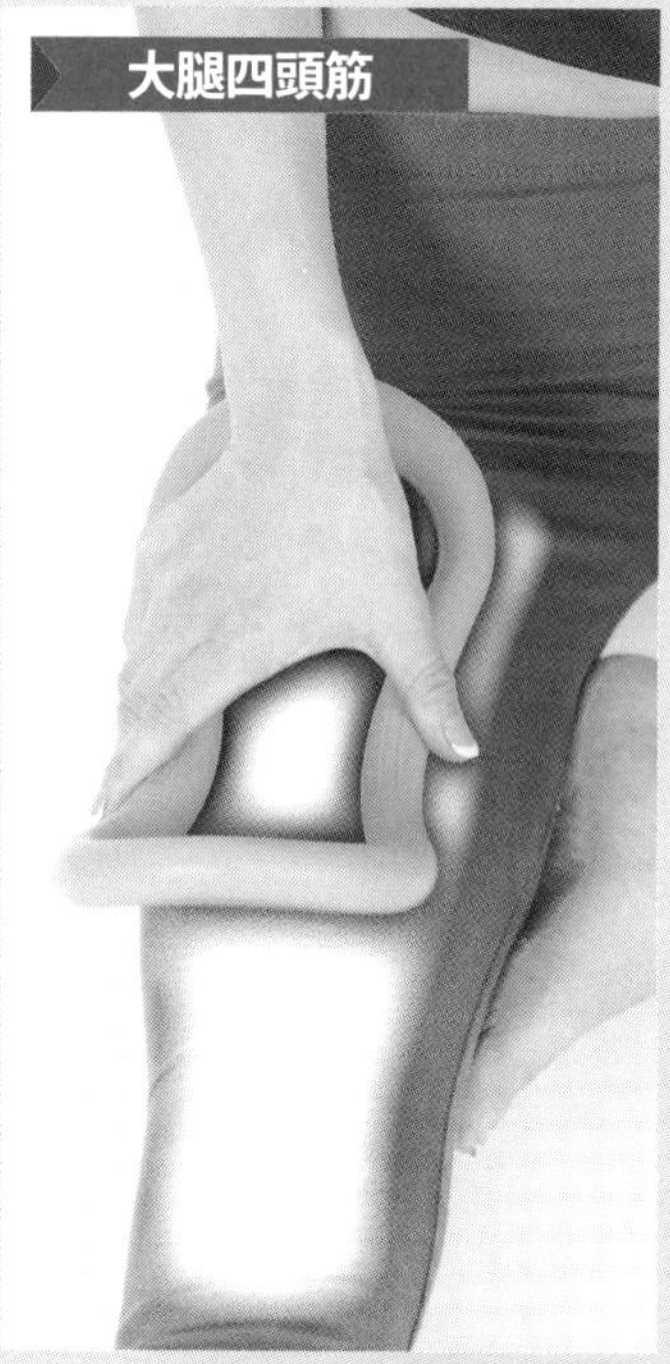

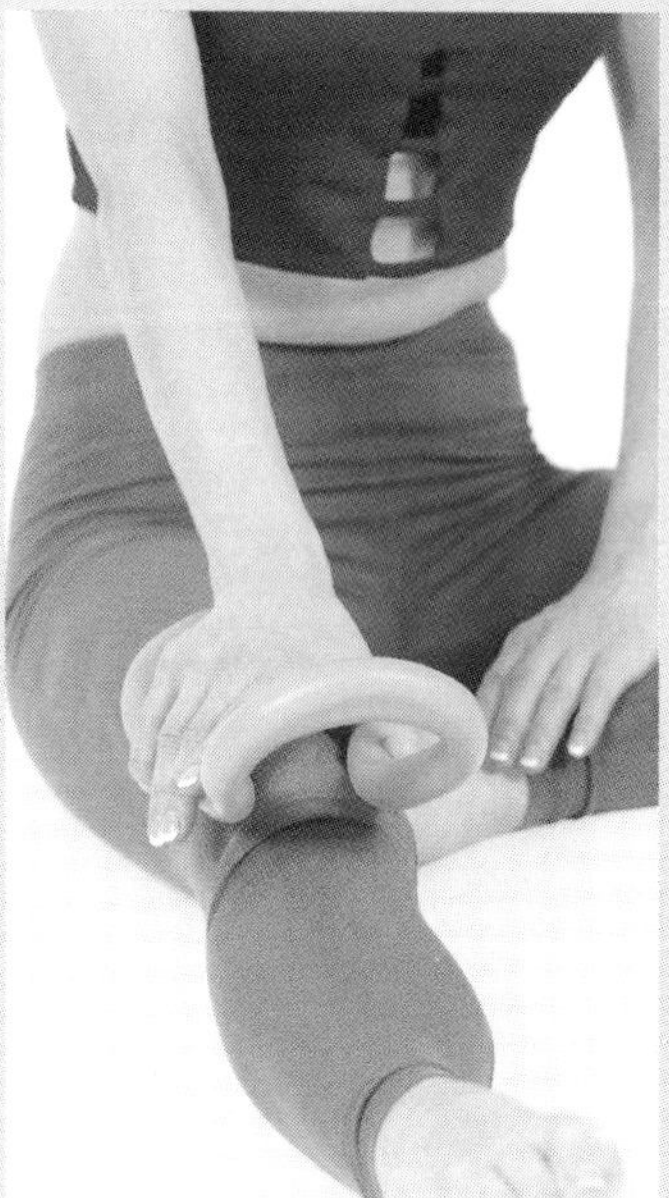

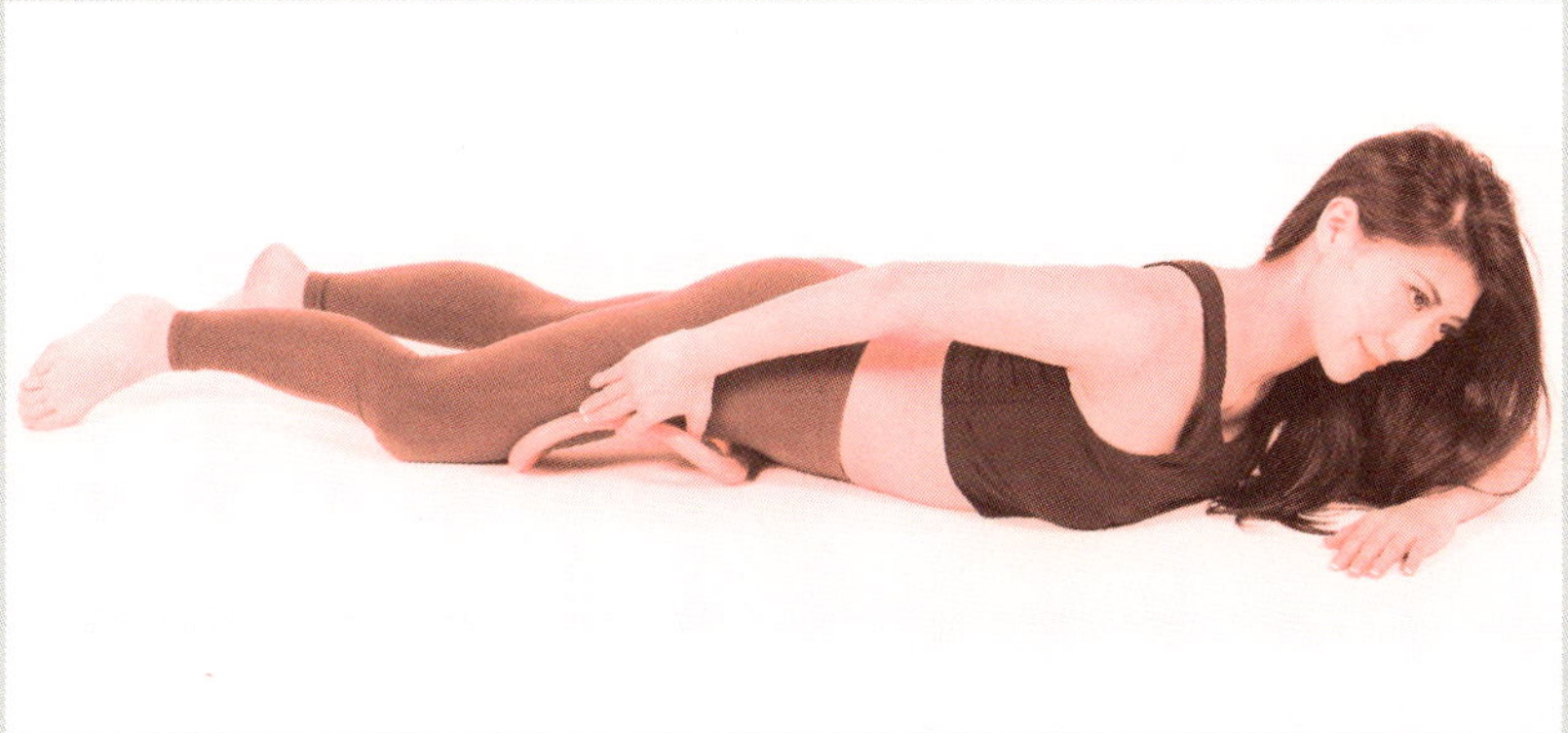

位置を少しずつずらして、大腿四頭筋全体をまんべんなくリリースしていく。リングの向きは部位によって凸面下向きも凸面上向きも有効になる。身体のカーブに合わせて工夫を。

3

口腔リリース

口腔拡張性の向上

胸や首周りが硬縮、癒着していると口腔の自由度は確保できません。とくに首周りは固まっている人が多いので、ていねいにリリースしていきます。

筋膜リリース用の持ち方の一例

掌を縦にして差し入れ、くびれ部を越えたら横にして握る。

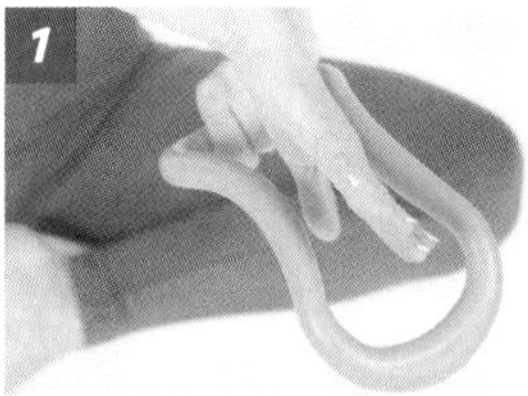

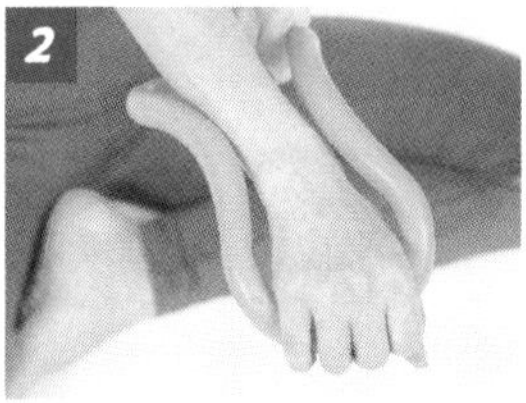

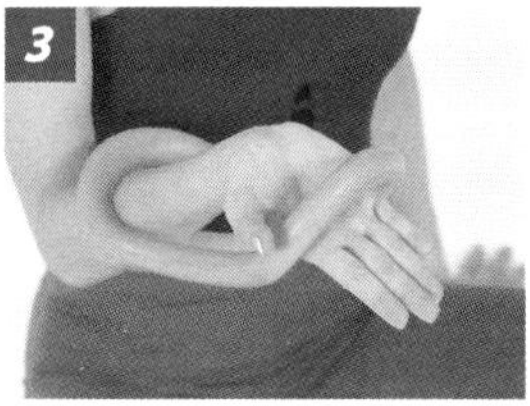

大胸筋・小胸筋

大胸筋・小胸筋（仰向けで）

胸鎖乳突筋

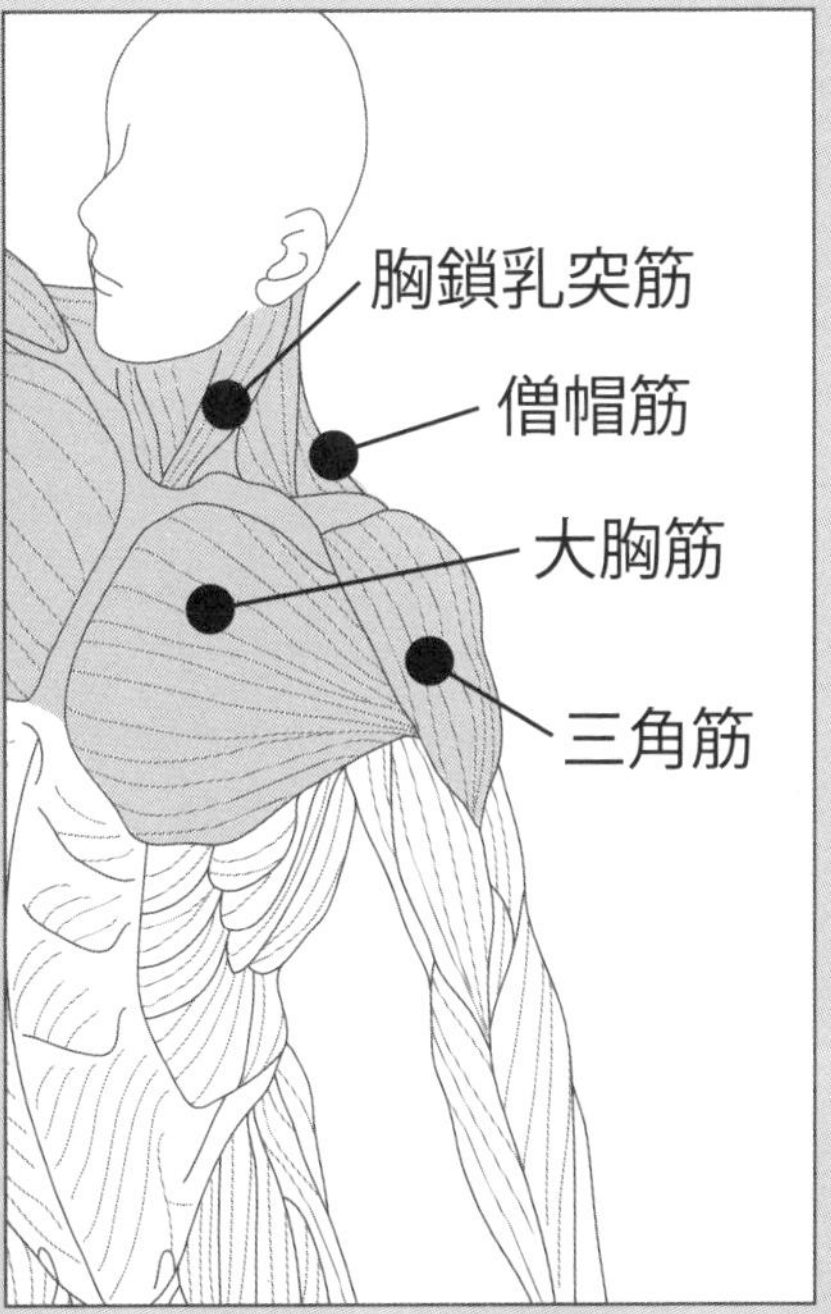
胸鎖乳突筋
僧帽筋
大胸筋
三角筋

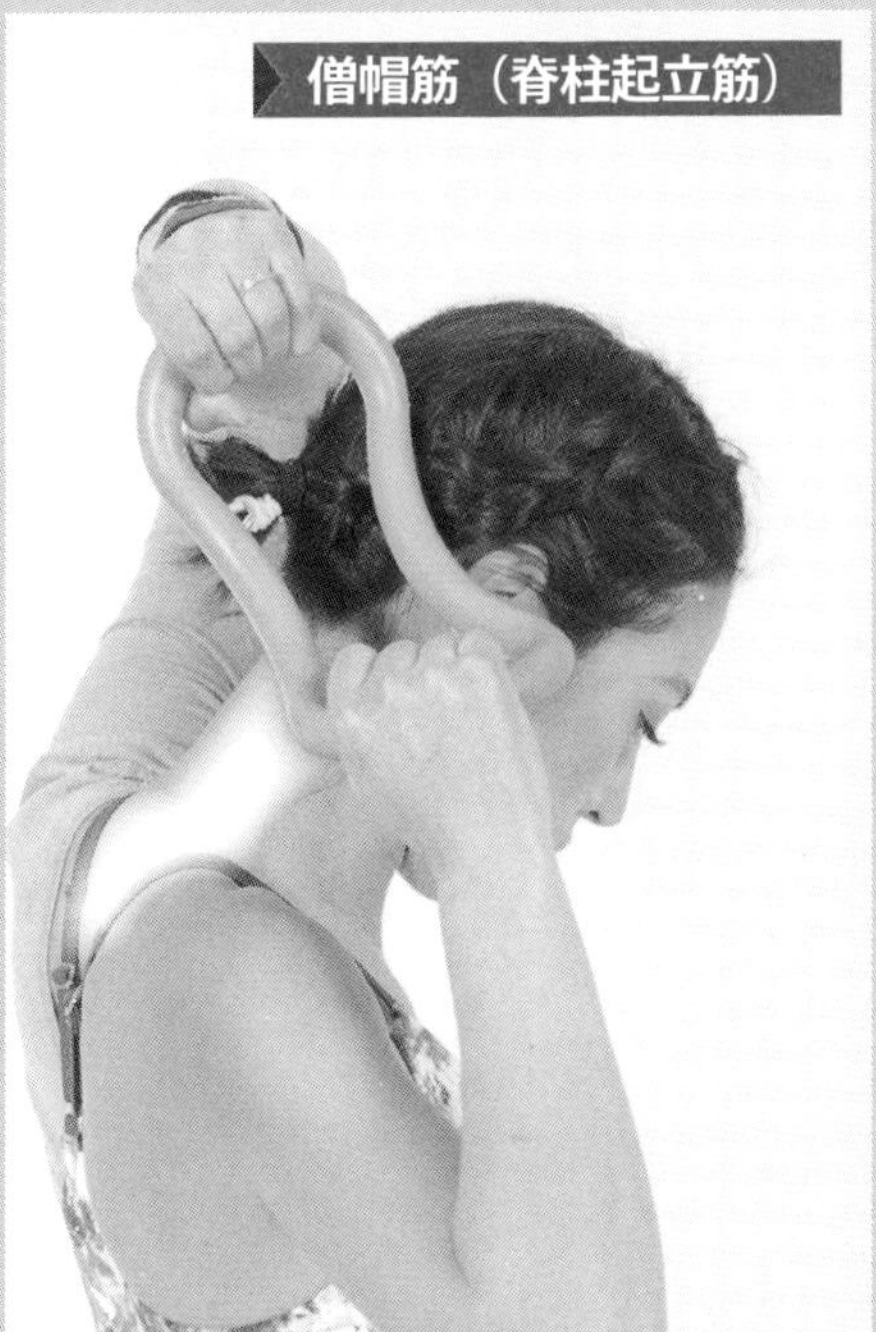
僧帽筋（脊柱起立筋）

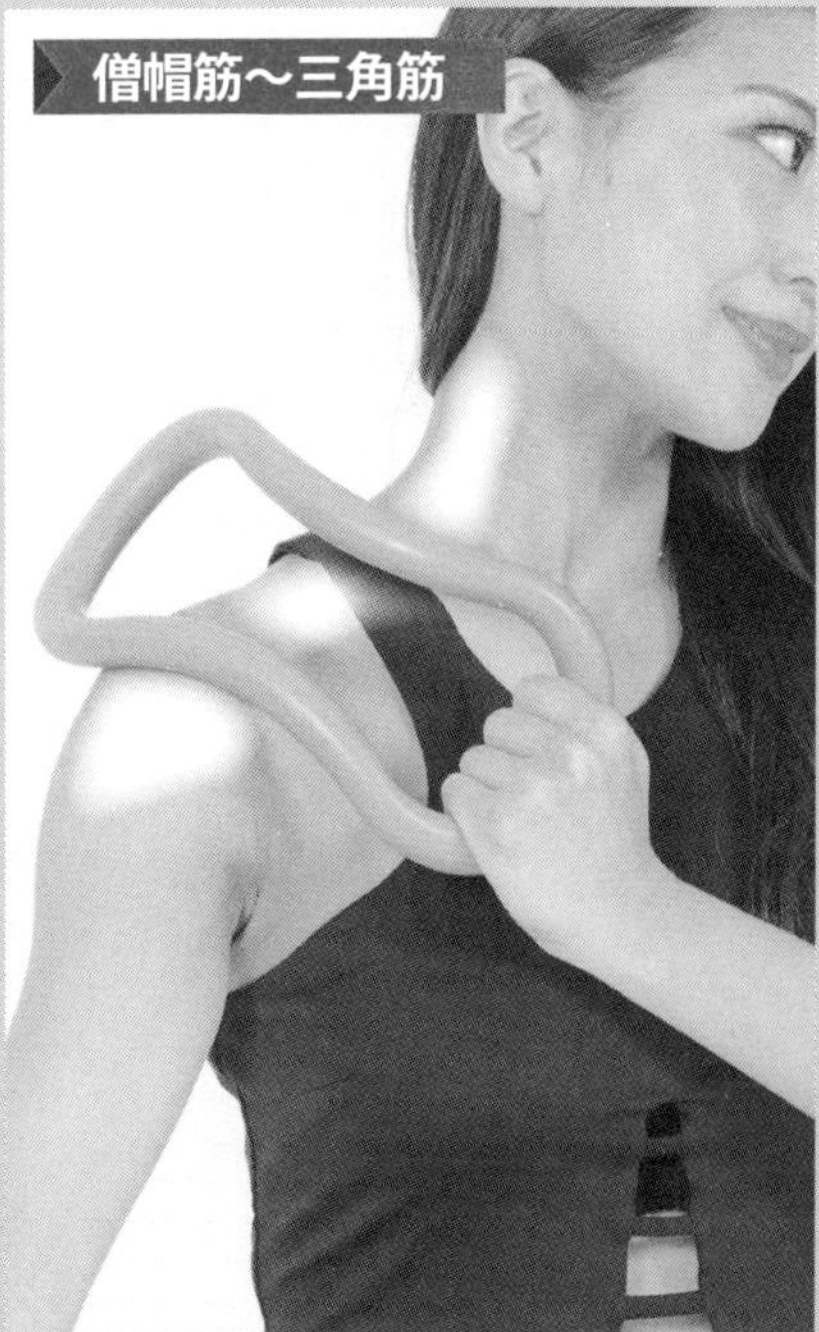
僧帽筋〜三角筋

4 胸腔ストレッチ

胸腔拡張性の向上

リングを両手親指と人差し指の間でただ挟むように持ち、片足に体重をかけながら両手を頭上へ伸ばしつつ、体重をかけていない足側へやや傾けて大きなアーチを作ります。顔も体重のかかっていない足側へ向けます。（肩甲骨周り～胸郭のリリース）。

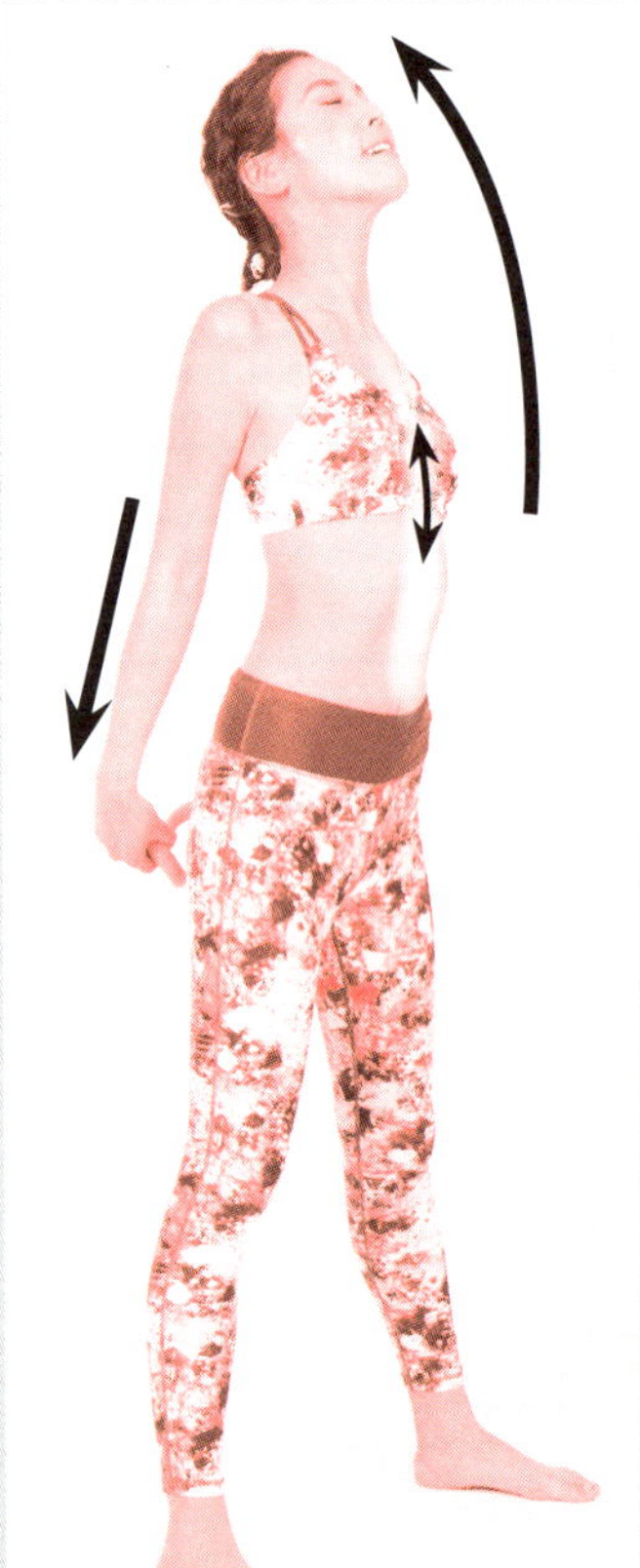

リングを両手で後ろ手に持ち、下方へ押し下げるようにして胸を伸ばします（胸部のストレッチ）。

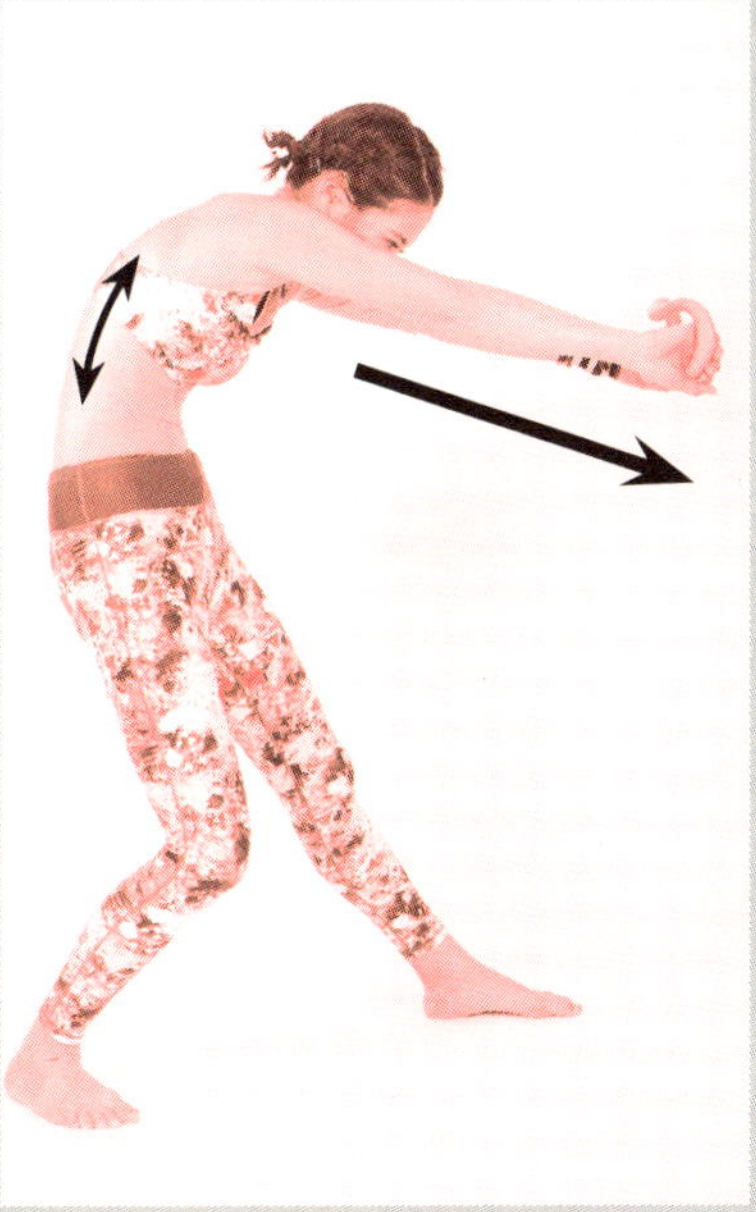

足を前後に開き、後ろ足に体重をかけ、その反対側の足の方向へ両手で持ったリングを背中を丸めるようにして伸ばします。（左右背部のストレッチ）

両足をそろえ、真正面方向へ両手で持ったリングを背中を丸めるようにして伸ばします。（背部のストレッチ）

5 腹腔ストレッチ

腹腔拡張性の向上

両手で持ったリングを左右に引っ張りながら、「胸腔ストレッチ」よりも低く、〝丹田〟の高さまで下ろし、骨盤を後傾させるようにして背中を丸めつつ、腕を伸ばします。

6 口腔ストレッチ

口腔拡張性の向上

リングを凸面下向きにして両手で持ち、アトラス（第一頸椎：位置は後頭骨の丸みが終わる下端のあたり）に当てます。その当たった部分を後方へ水平に押し込みます。

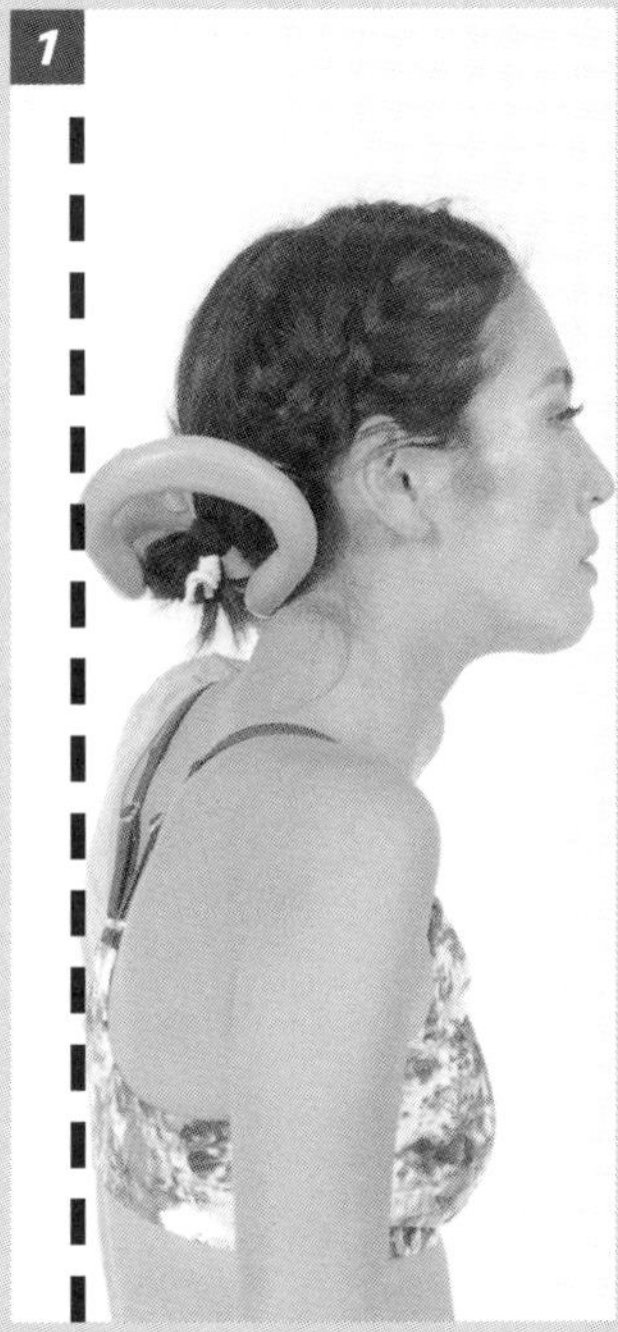

1

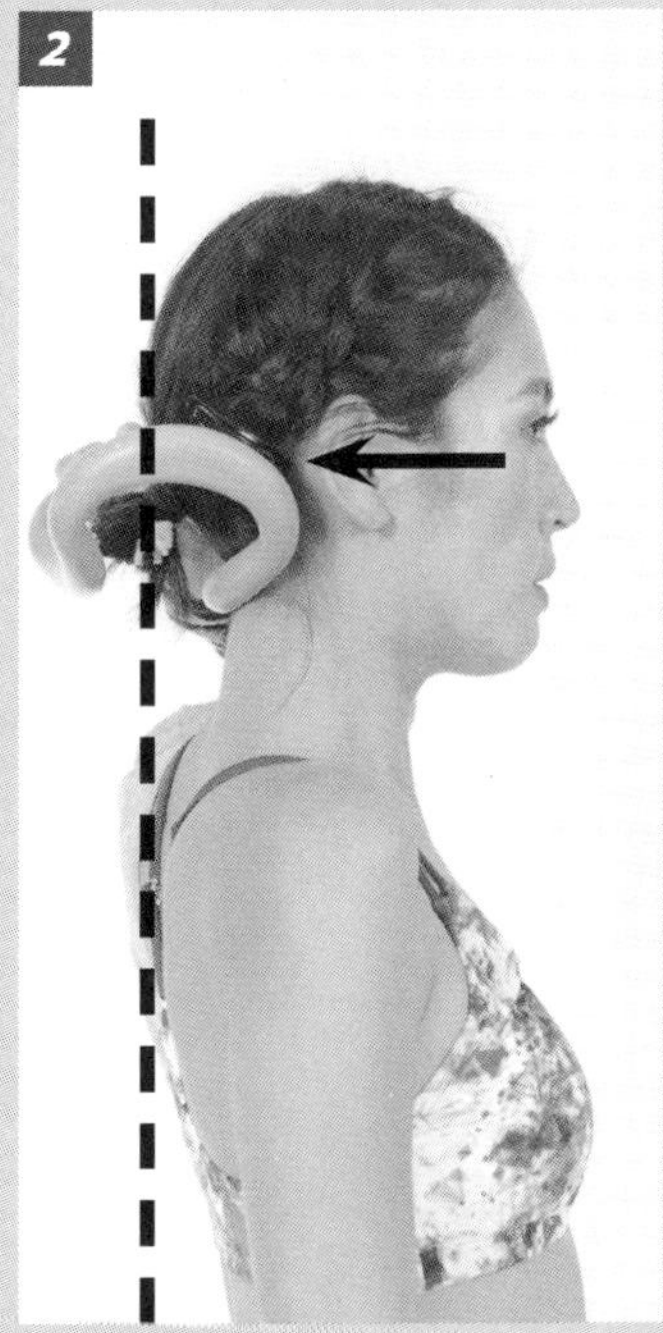

2

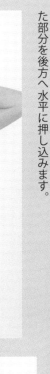

7 背中ゆらリラ

背中・肩甲骨まわりのほぐし、リラックス

1 リングを凸面上にして床に置き、そこに背中の上部を当てるようにゆっくり身体を倒していきます。

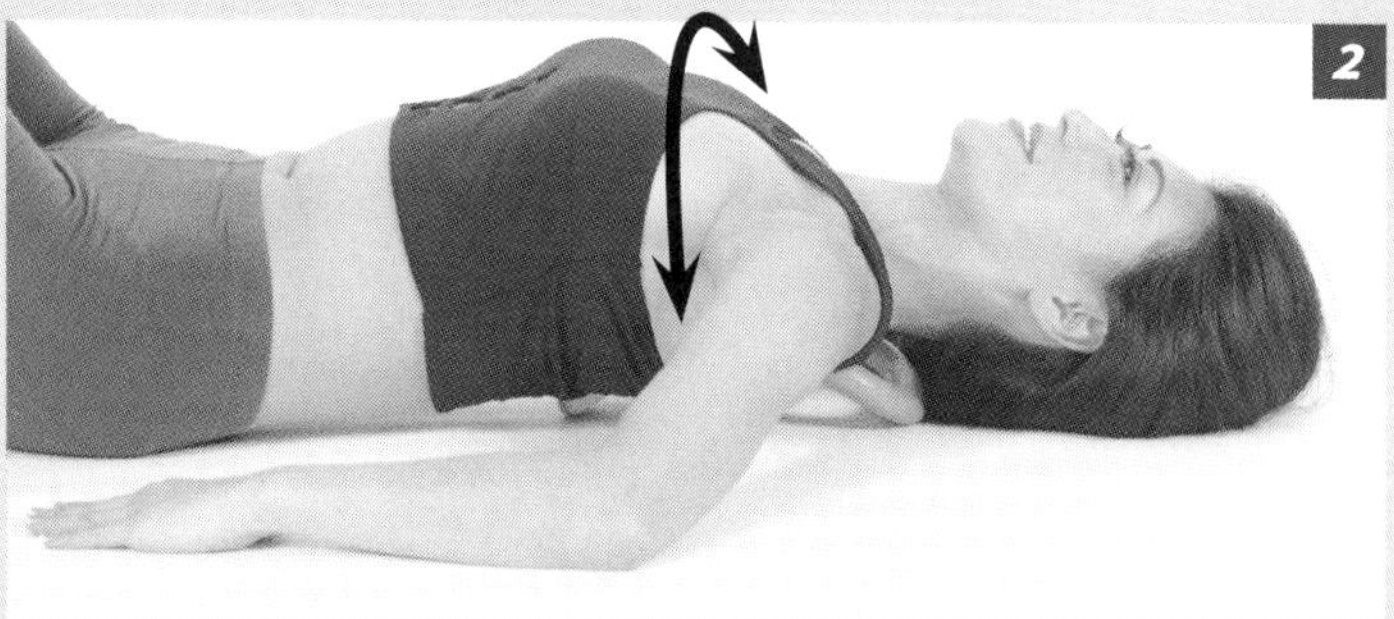

2 背中に無理がなければ、ゆっくりと仰向けになり、ゆすります。

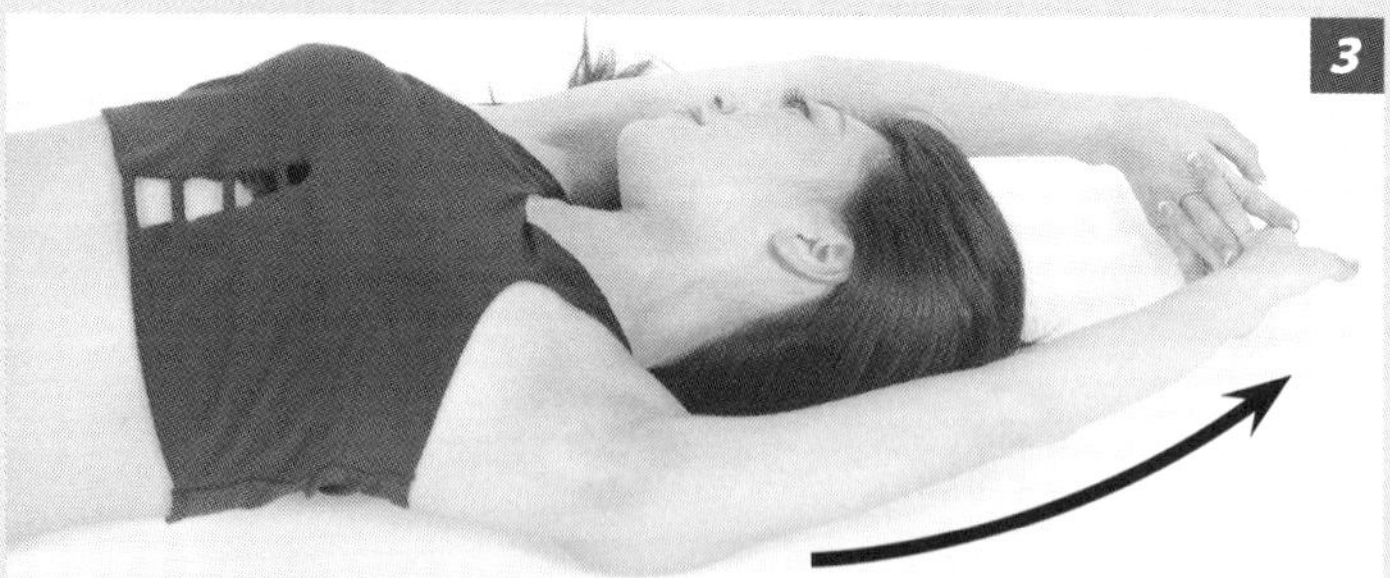

3 **肩甲骨まわりのほぐし**
腕を伸ばし、大きく背伸びをしながら、肩甲骨を動かします、

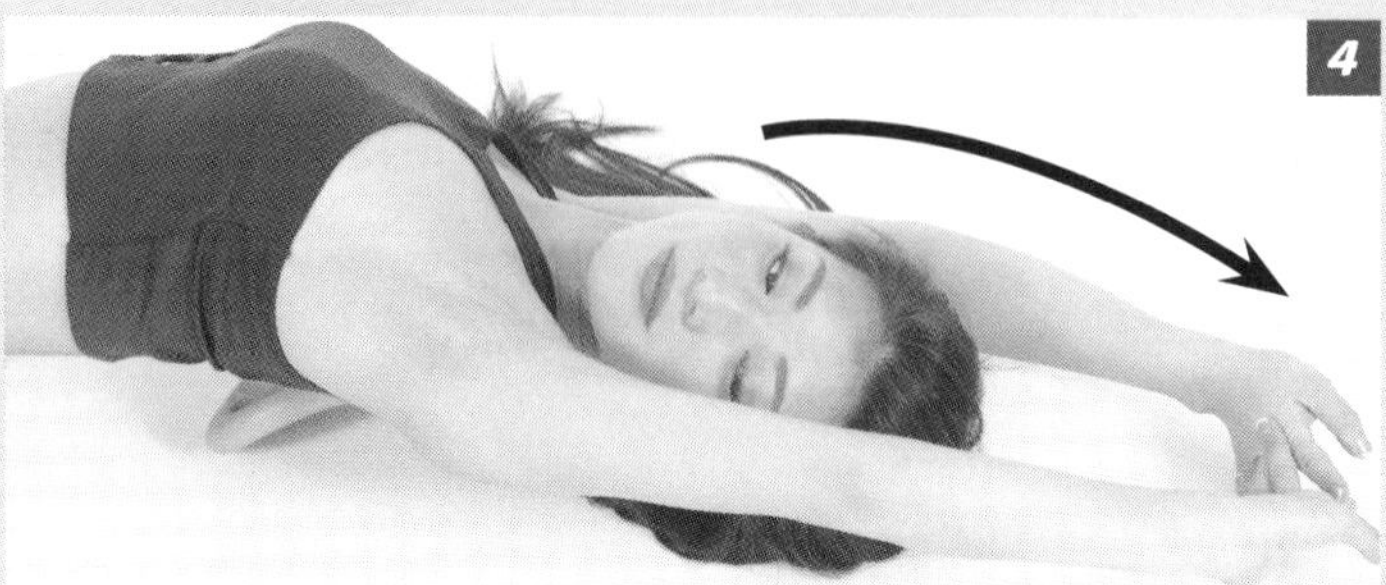

4

肩甲骨ほぐし（サポート）

サポート相手の両手首を外側から持ちます。

1

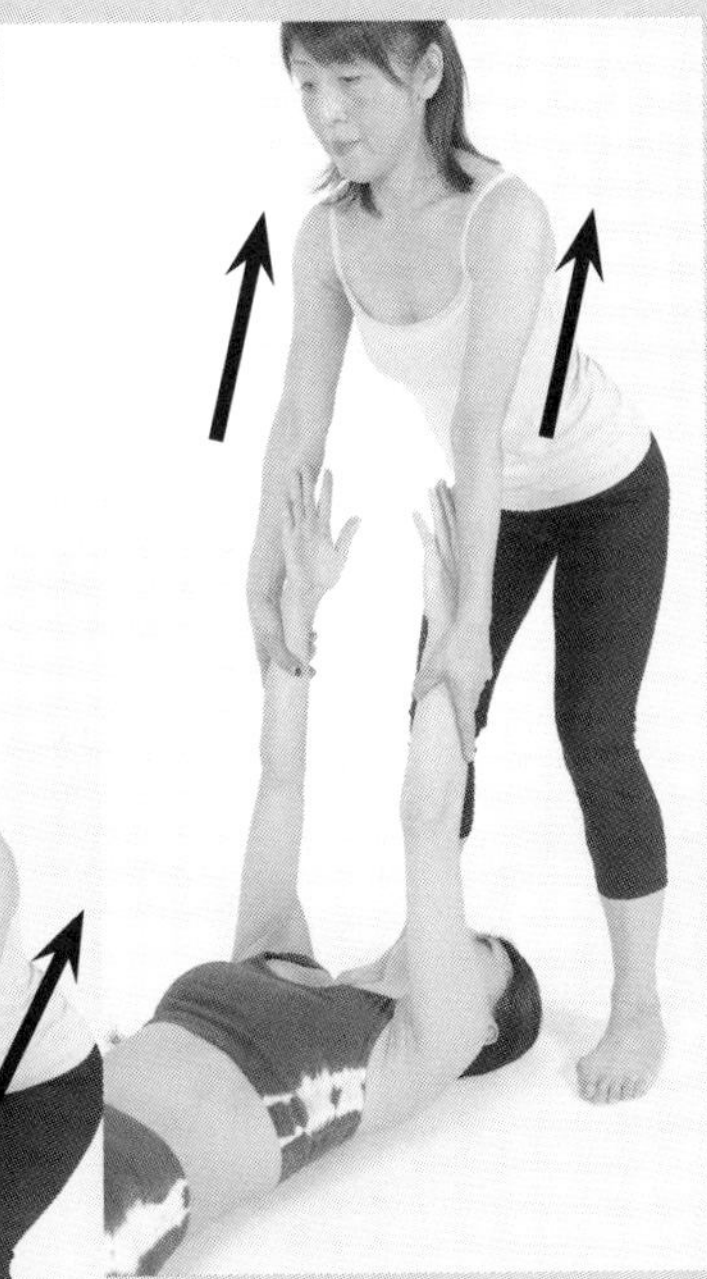

2

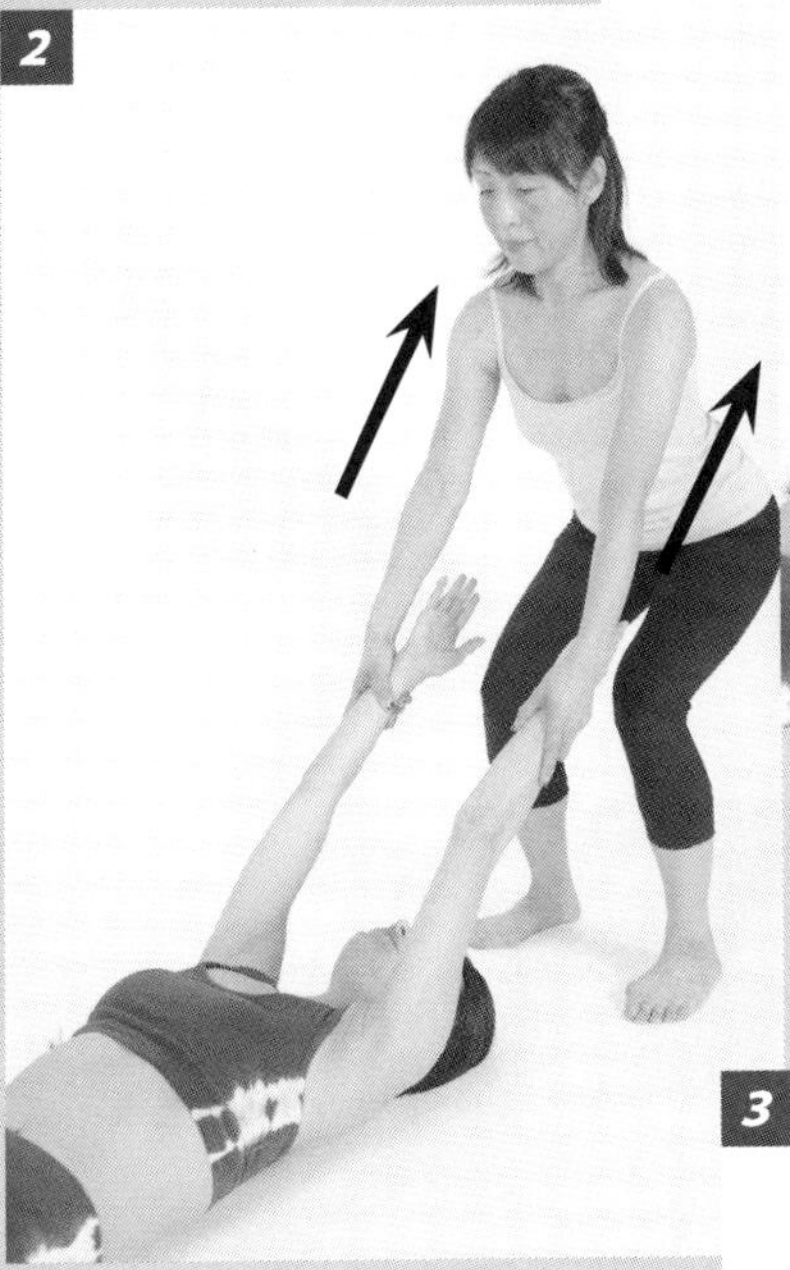

交互に腕を引っ張り、肩甲骨の動きを誘導します。
徐々に角度を変えていきます。

3

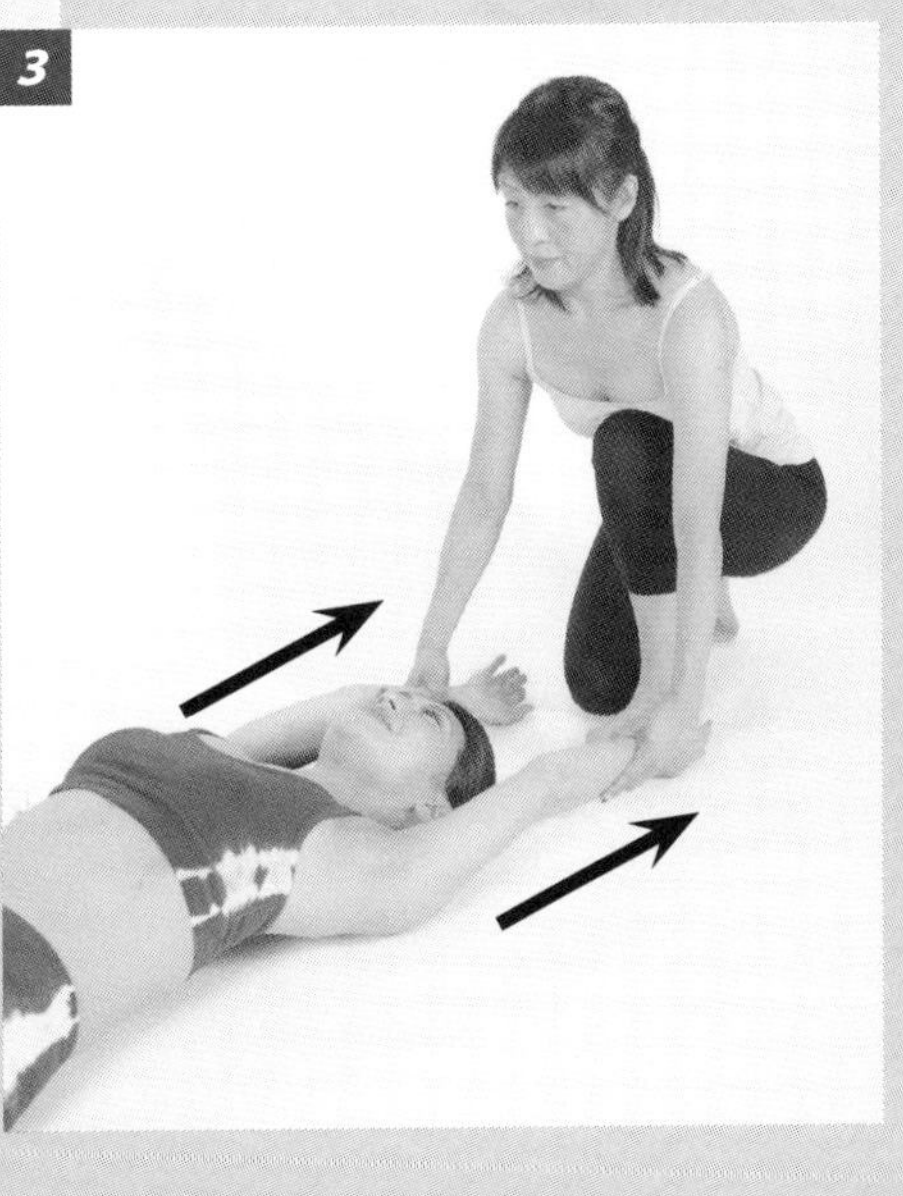

耳の横まで腕が上がったら、肘に持ち替え、さらに肩甲骨の動きを誘導します。リングのエッジが僧帽筋に当たるように肩先を地面に近づけながら行なうと効果的です。

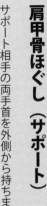

8

肩甲骨回旋しながらの引き出し（サポート）

肩甲骨まわりのマッサージ、肩甲骨上方回旋

1

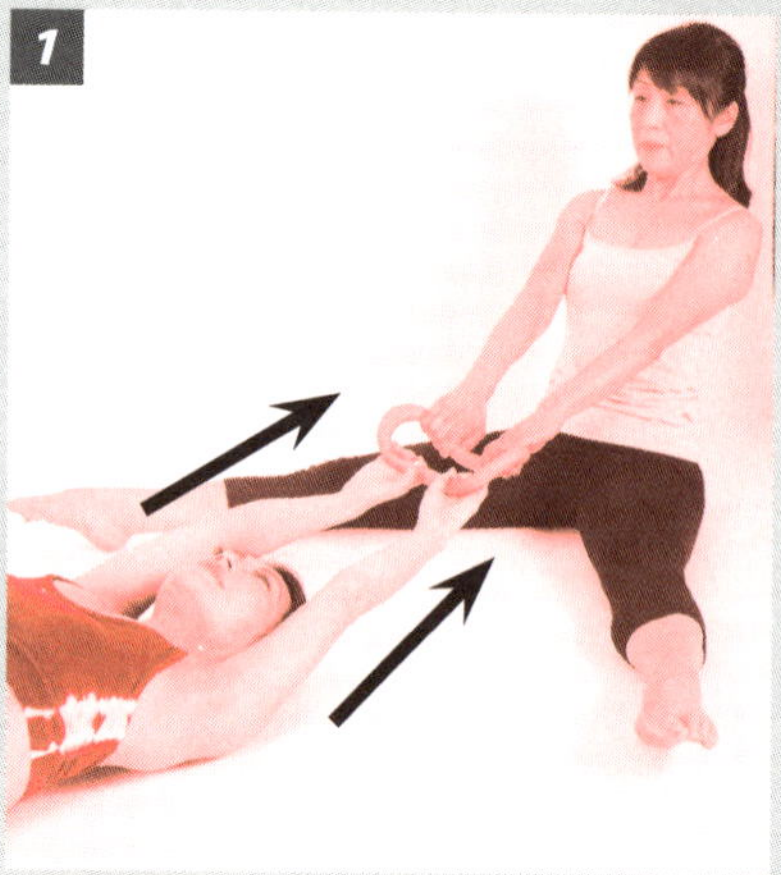

肩まわりのチェック。「背中ゆらリラ」（肩甲骨ほぐし　前ページ参照）の要領で、サポート相手の腕が伸びるように引っ張り、パッと離します。

2

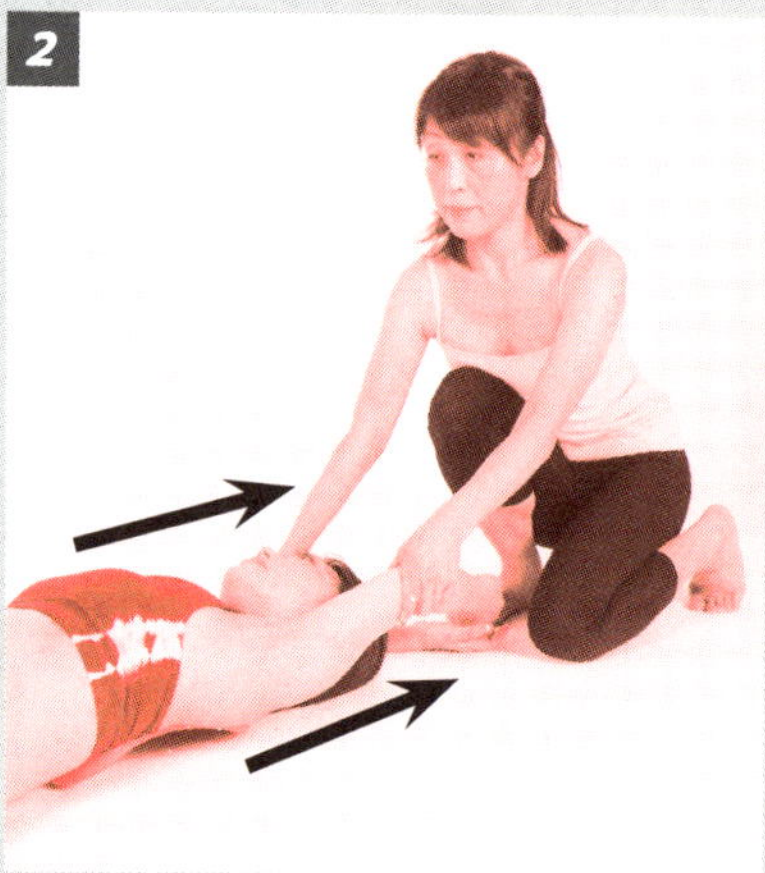

僧帽筋のあたりがリングから離れないように、できるだけ床と平行に腕を引っ張ります。

3

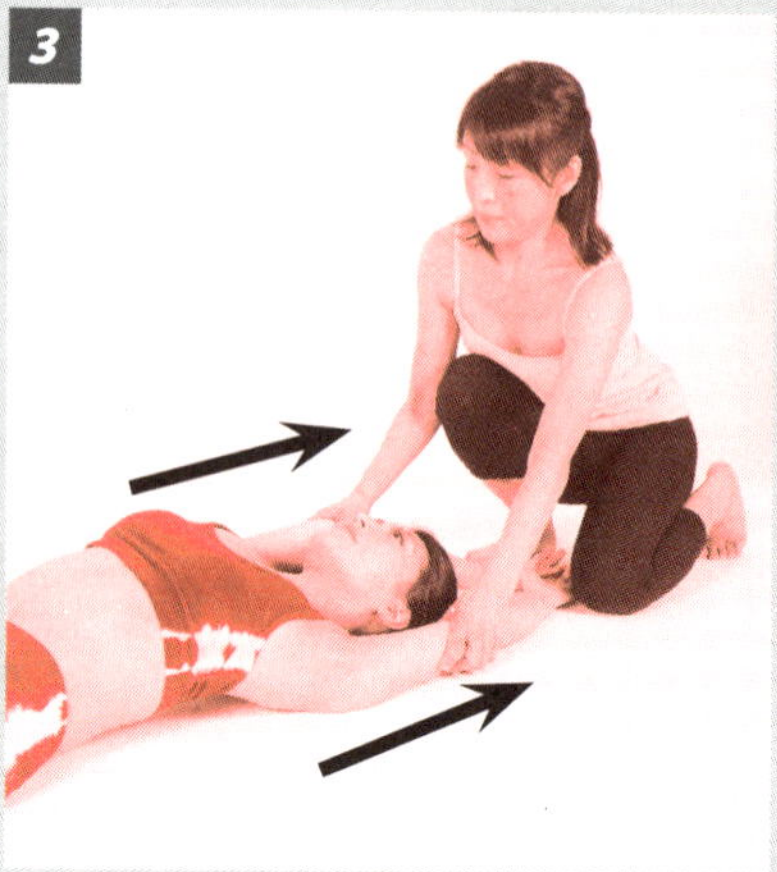

4

サポート相手の頭上に位置取り、エクササイズを行なう側の腕をまたぎます。またいだ脚と同じ側の手で上腕（肘のあたり）を持ちます。

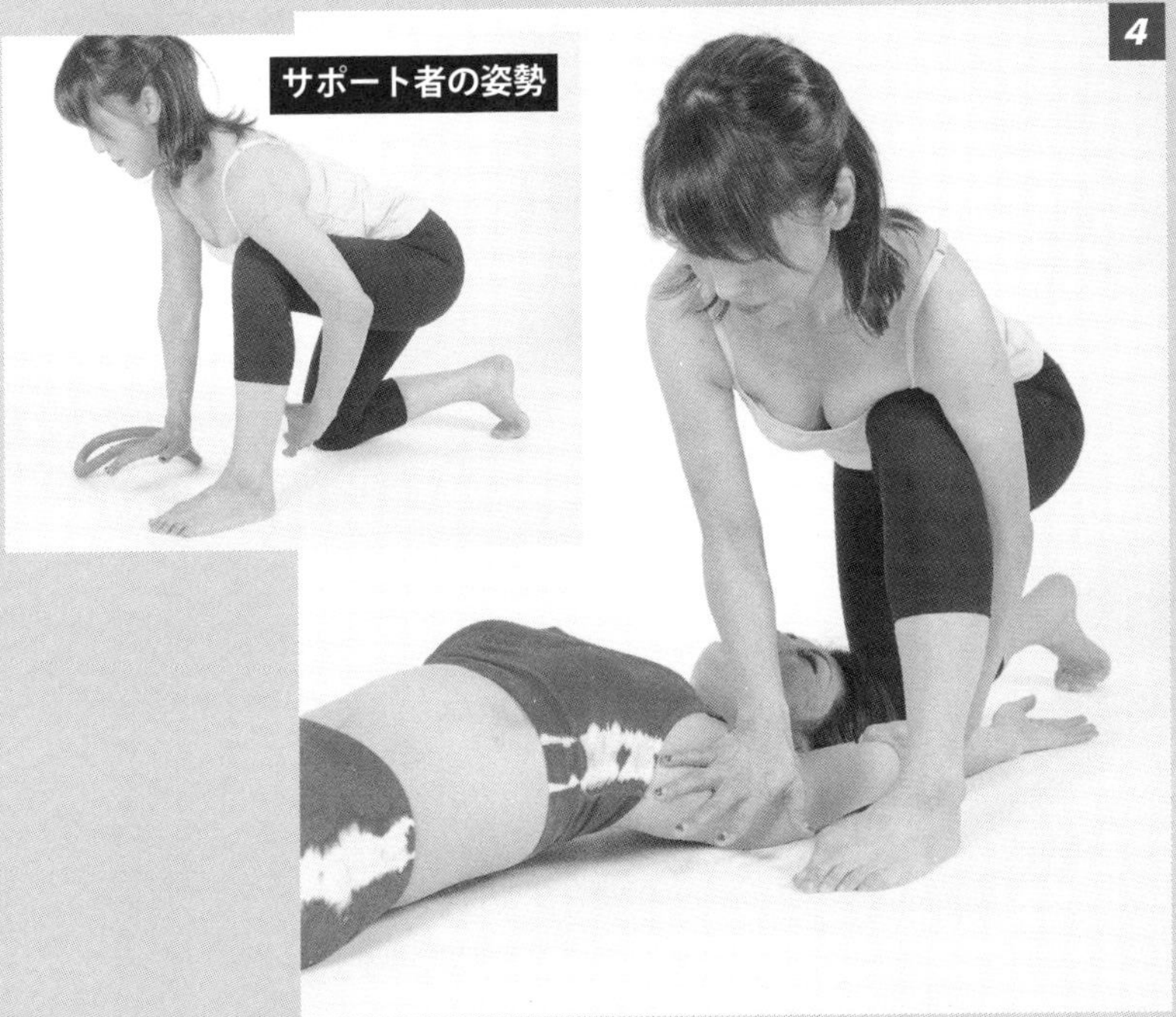

5

肩甲骨の上方回旋をきっかけに、腕を引き出します。少しずつ角度を変えながら、肩まわりに刺激を入れていきます。3〜5回程度。反対側も同様に。

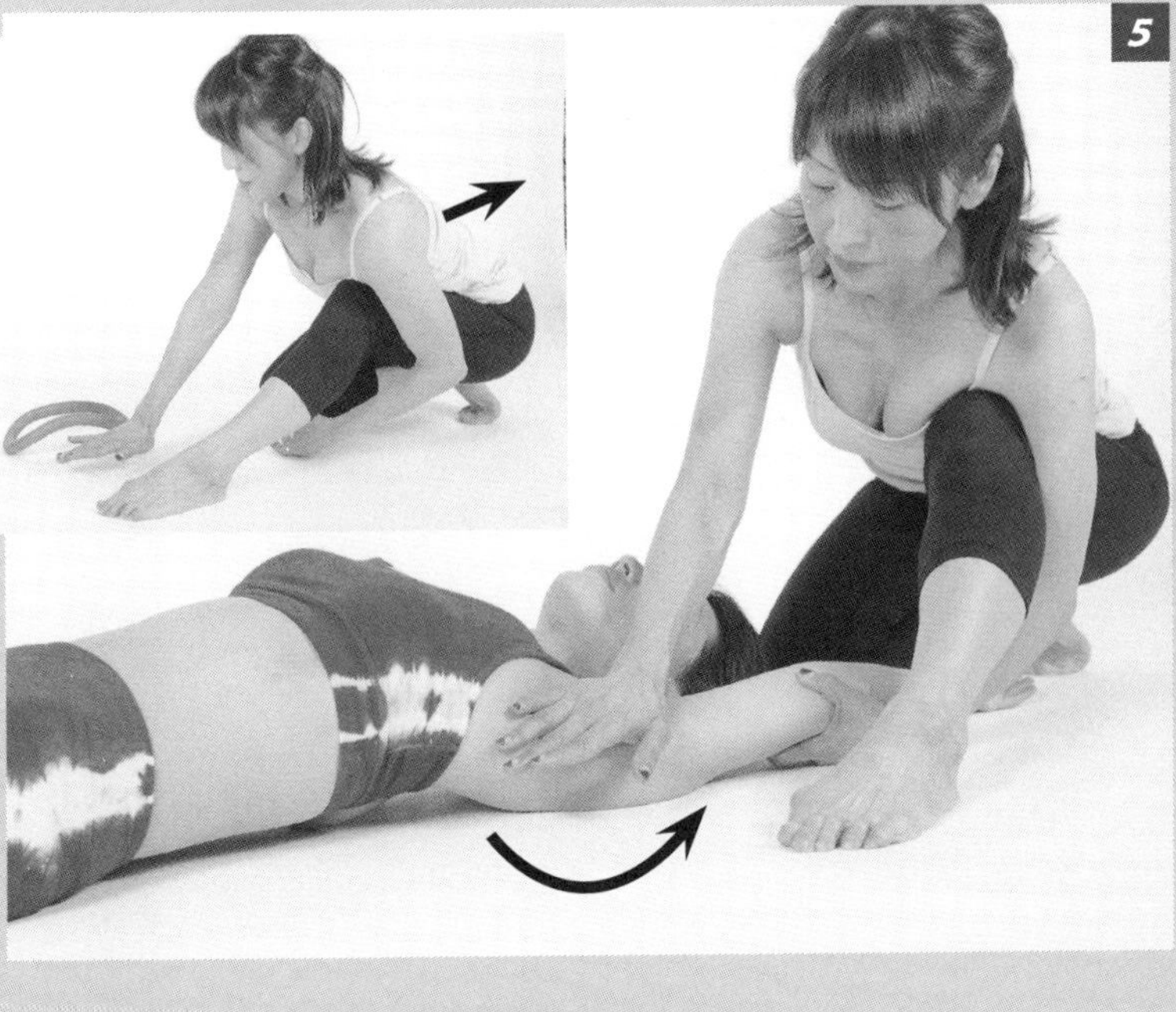

9 アトラスゆらリラ

アトラス・首まわりのほぐし

※硬いリングを使用すると痛みを伴う場合があるため、タオルを巻くか、ソフトリング〝メロン〟〝レモン〟をご使用下さい。

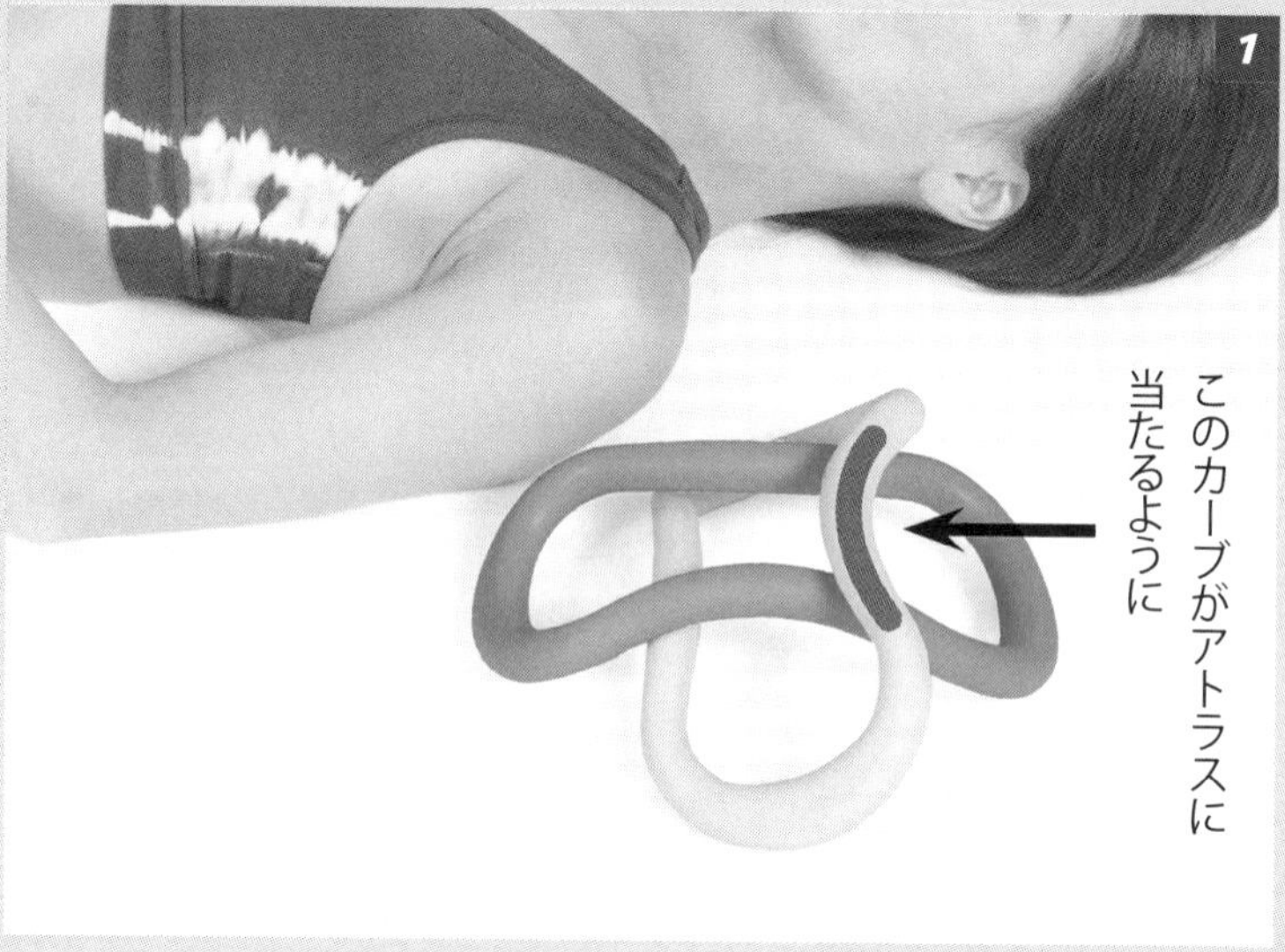

リングを２つ、上の写真のように組み合わせ、図示した部分がアトラス（第一頸椎）に当たるように、ゆっくりと仰向けに乗ります。

アトラスを中心に、ゆっくりとゆすります。

10

腋の下からゆらリラ

肩関節・肩甲骨周辺のほぐし

1

腋の下から肩甲骨の辺りにかかる位置に凸面が当たるようリングをセットします。

2

肘をつき、頭を支えたポジションで様子をみます。

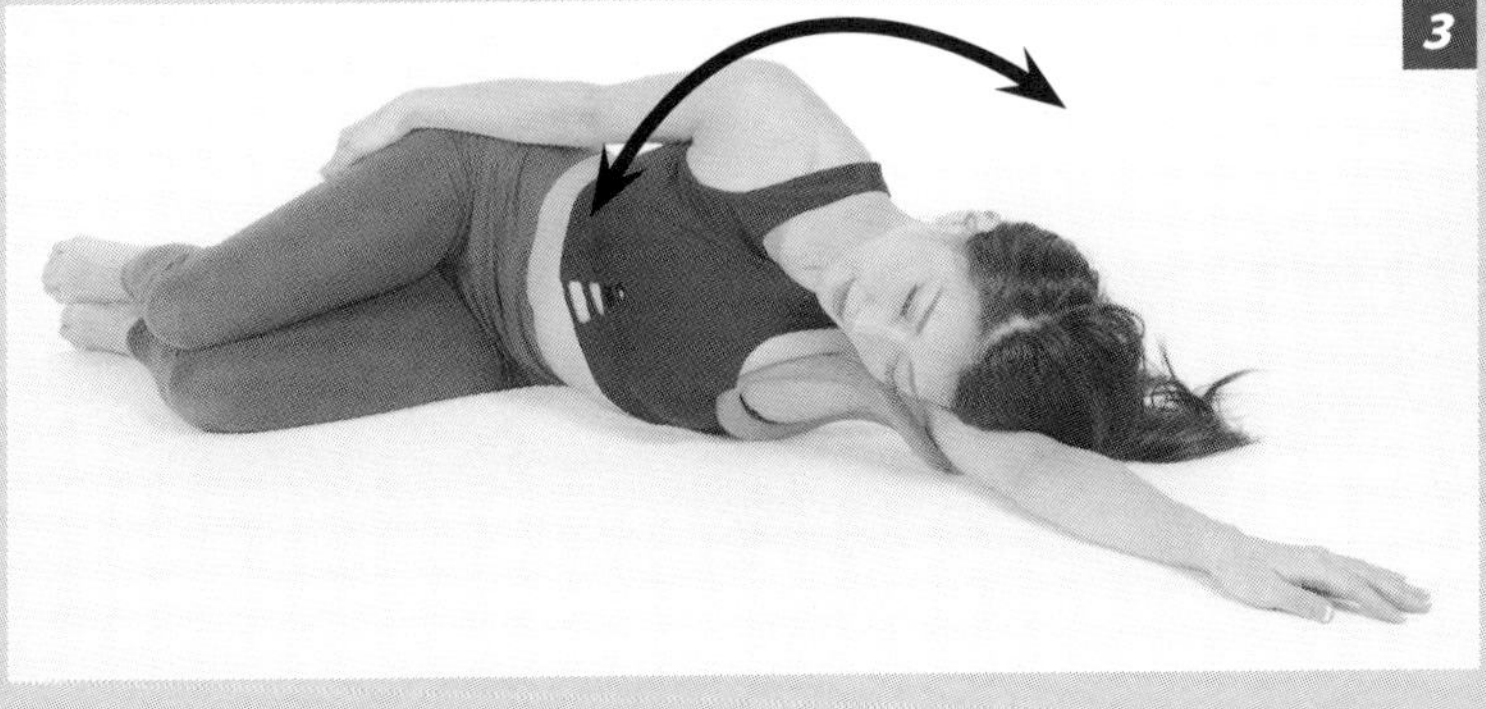

3

違和感がなければ肘を伸ばし、頭の重さも加えながらゆすります。

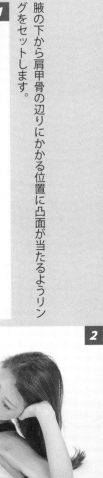

11

サイドゆらリラ

身体の側面ほぐし

※肋骨部分には十分注意の事。少しでも痛みを感じたらリングの位置をずらして下さい。

1

ウエストから腋の下

リングを凸面下向きで2本並べ、腸骨稜の上辺りにリングが当たるように乗ります。

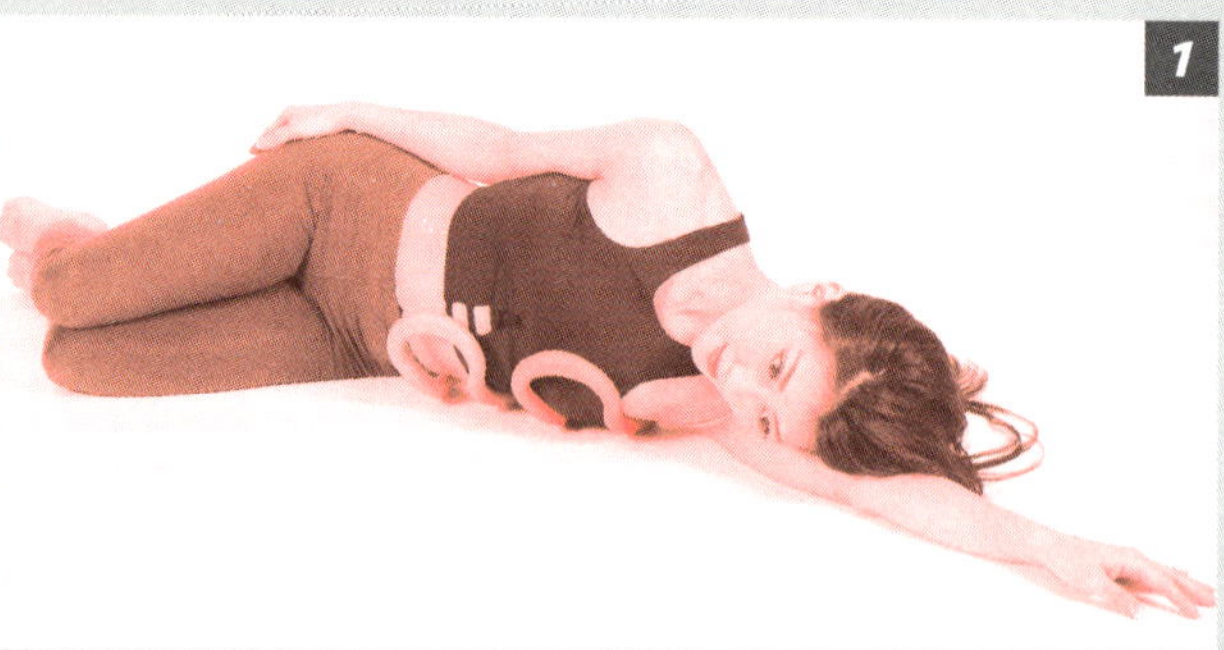

2

乗ったところでゆすります。

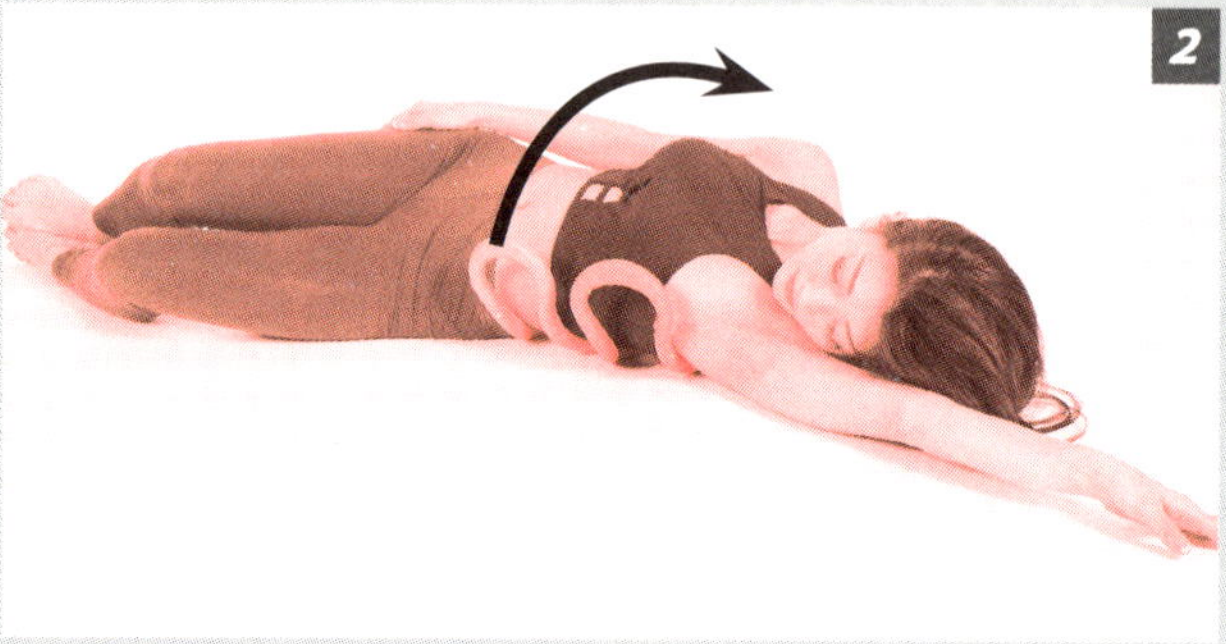

3

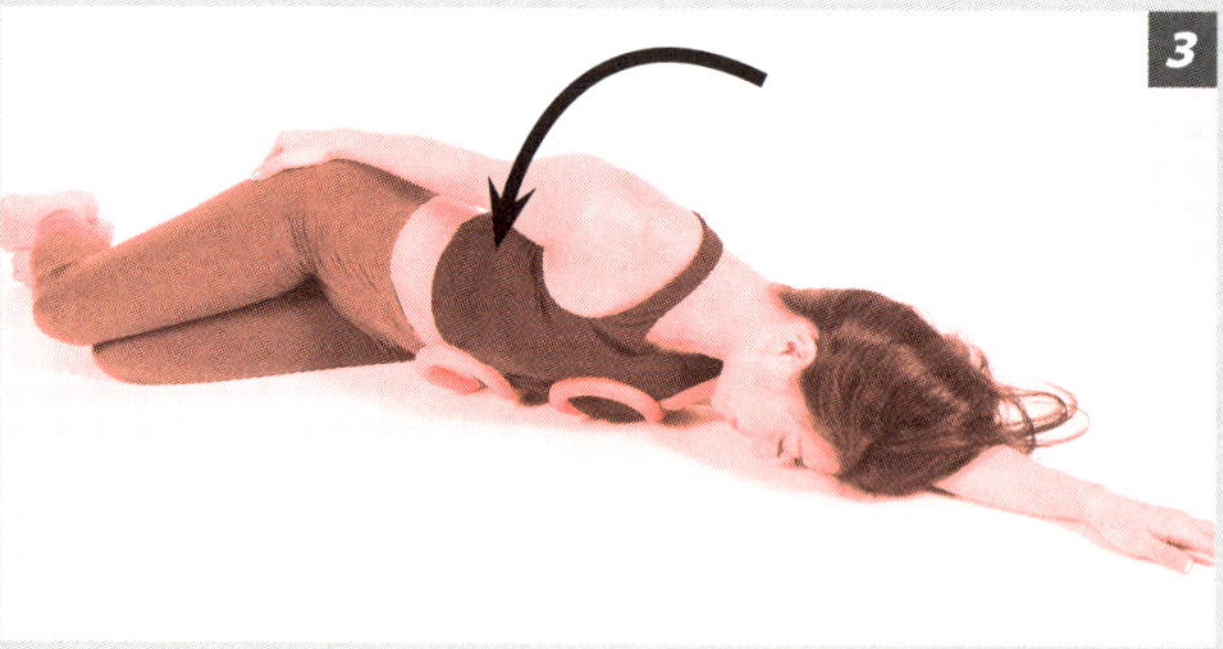

骨盤から大腿部にかけて

片方のリングが大転子の辺りに当たるように乗ります。乗ったところでゆすります。

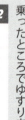

12 お腹ゆらリラ

腹部のほぐし、マッサージ

凸面が腹部に当たるようにリングをセットします。

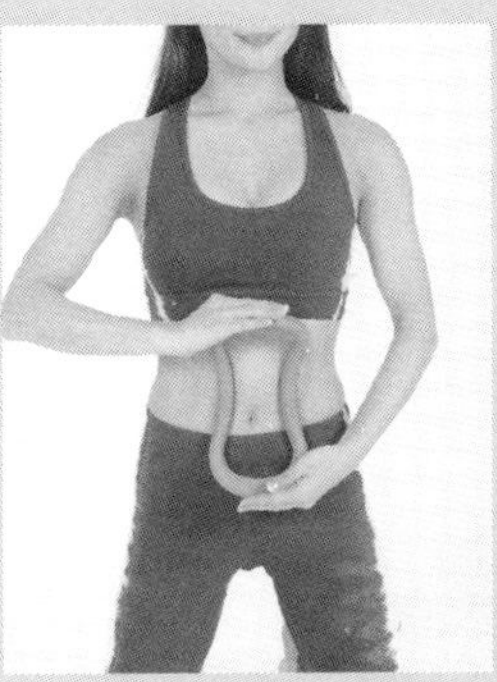

腹這いになり、ゆすります。ゆれながら前後にゆすり、腹筋を全体にほぐします。

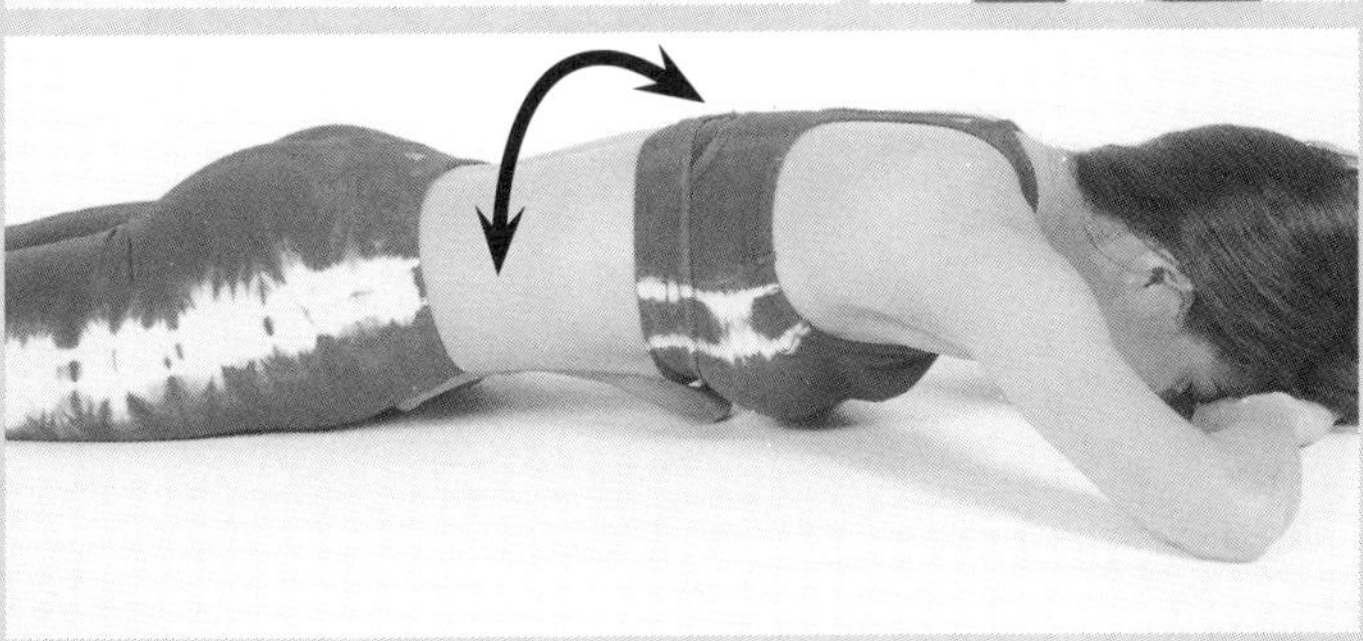

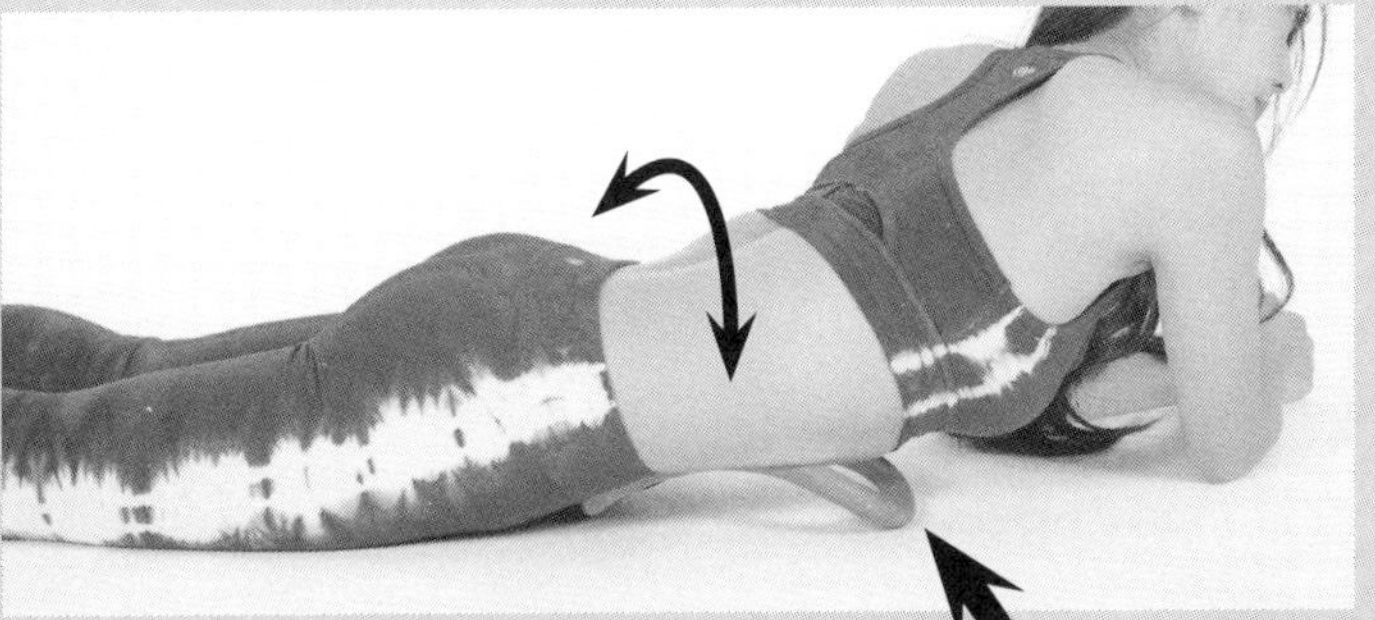

脚を動かさずに上半身のみカーブさせ（脊柱側屈）、腸骨内側をほぐします。

上前腸骨棘内側にリングが当たるように。

1　腹筋全体
↓
2　上半身を左へカーブ
（右側、上行結腸）
↓
3　上半身を右へカーブ
（左側、下行結腸）
↓
4　腹筋
（ほぐれ具合の確認もこめて）

の順番で行ないます。

13

腰と背中のゆらリラ

脊柱起立筋のほぐし

※痛みがある時は行なわないで下さい。腰部の硬縮がある場合は、「お腹ゆらリラ」(p.95)を先に行なうとほぐれます。

1

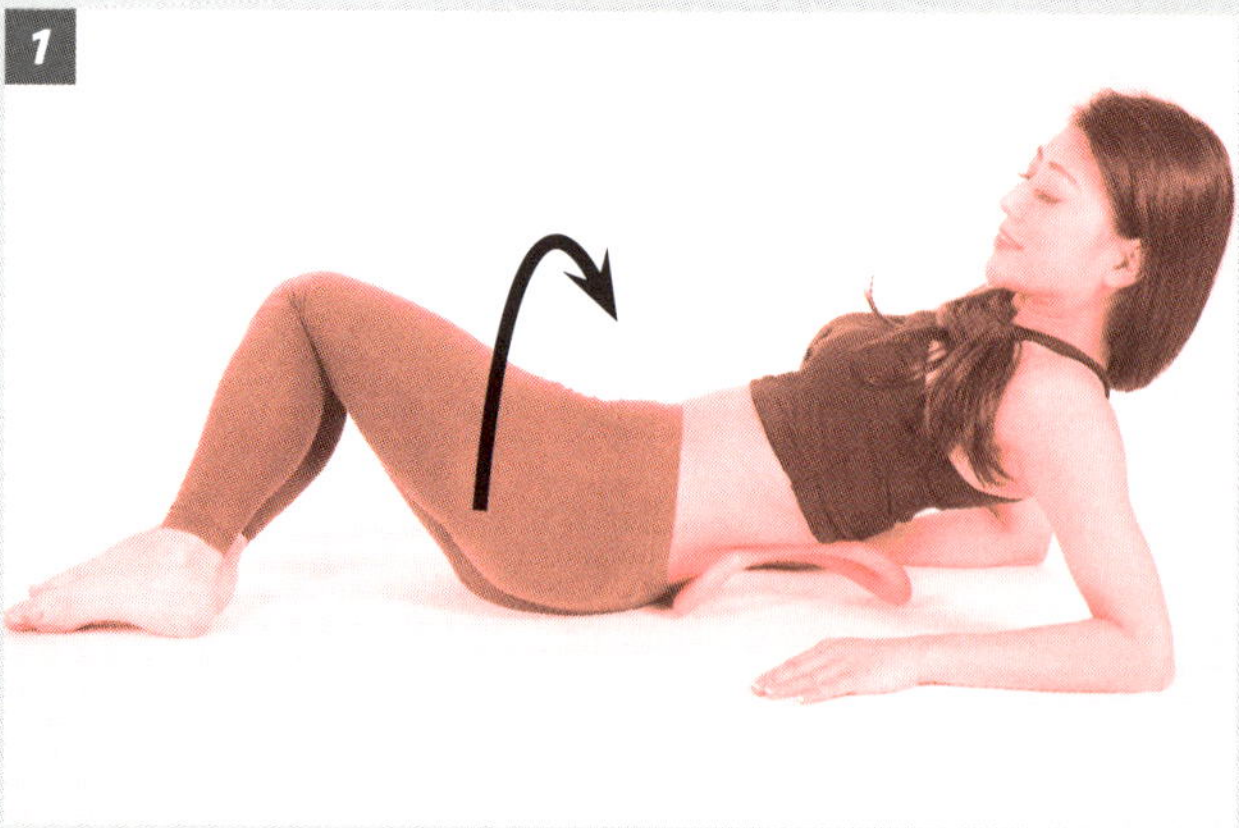

リングを凸面上縦向きに床にセットし、膝を曲げてその上に乗りつつ、リングからずり落ちるようにお尻を向こう側へ着地させます。

2

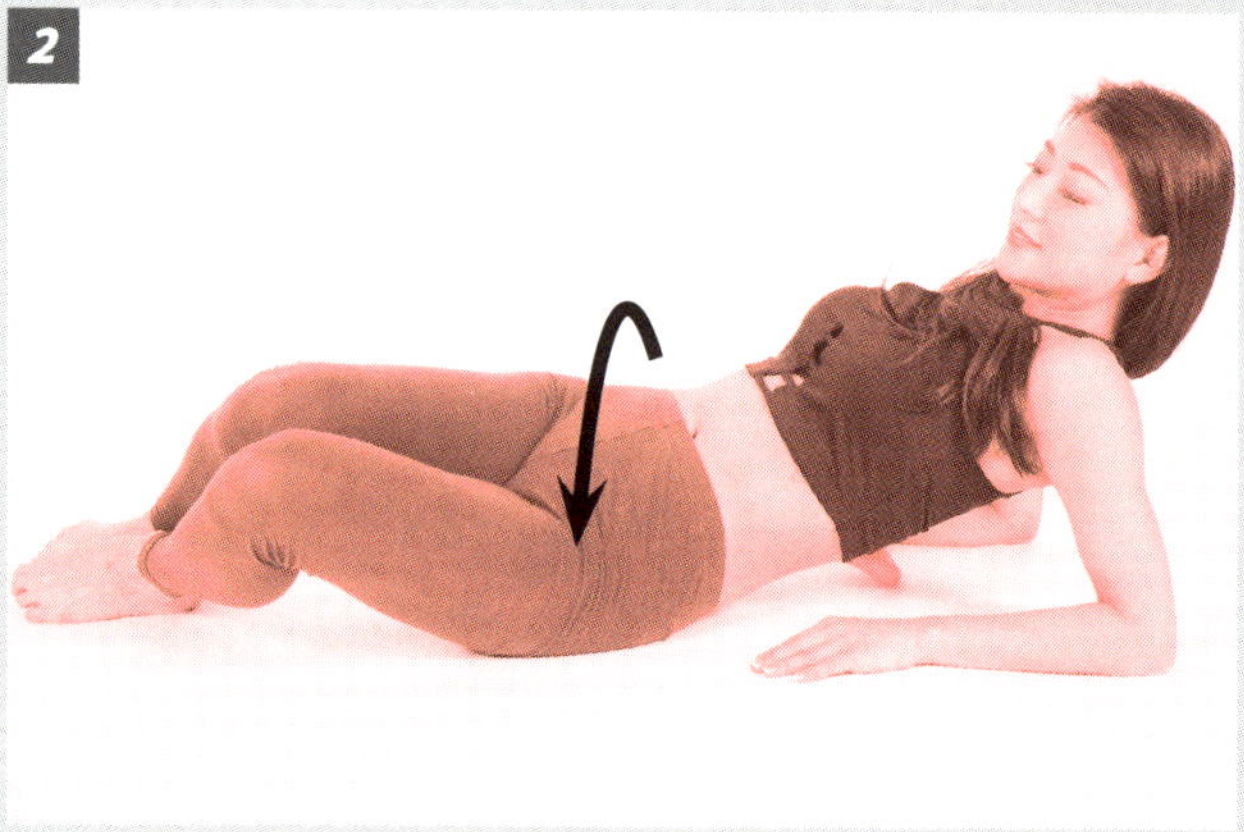

ゆれながら脊柱起立筋をほぐします。脊柱がリングに当たらないようにします。

3

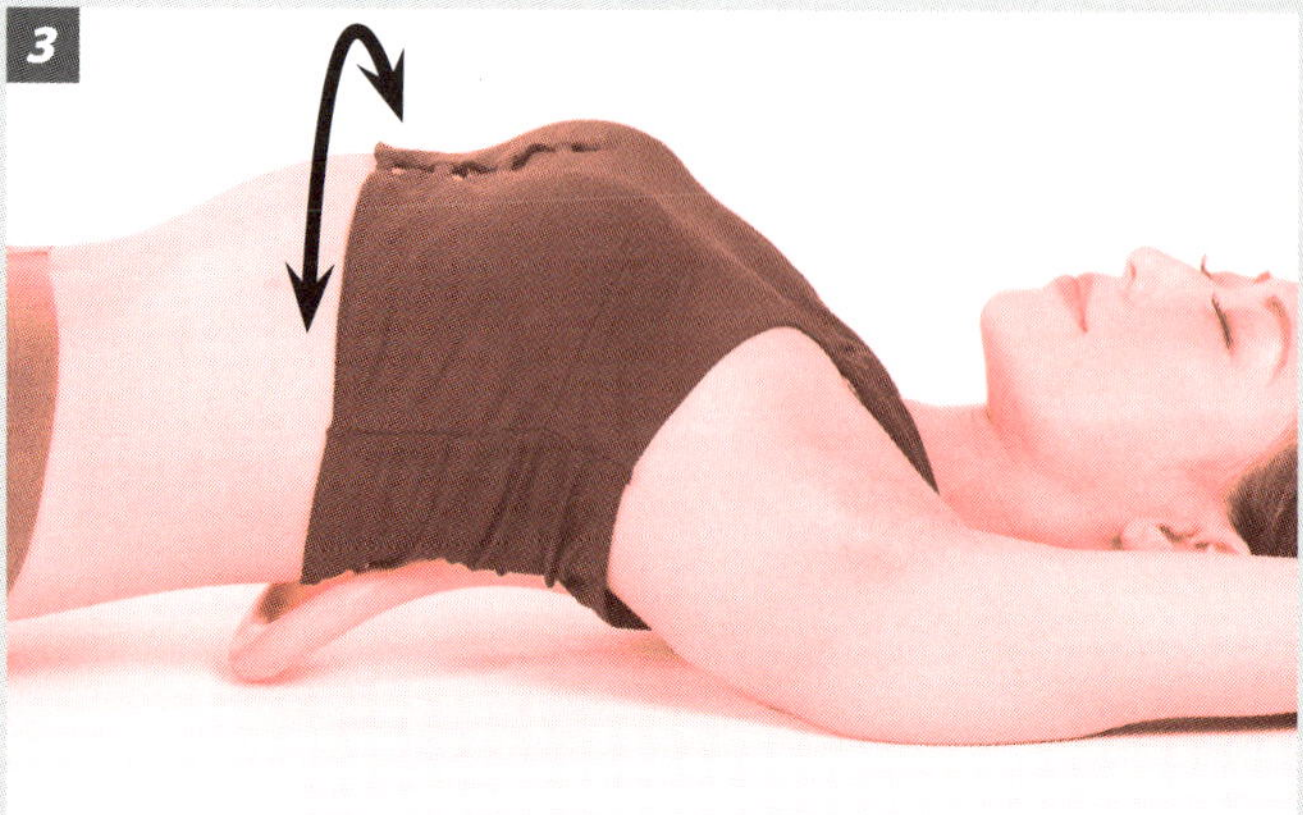

リングの上を擦るようにしながら位置を変えていきます。腰に違和感がなければ、脚を伸ばしてもけっこうです。

14

仙骨ゆらリラ

仙腸関節まわりのほぐし

写真①のように凸面上向きの2つのリングを組み合わせてセットし、お尻を乗せる。

軽くゆする。

※痛みがある時は行なわないで下さい。硬いリングを使用すると痛みが伴う場合があるため、ソフトリング〝メロン〟〝レモン〟をご使用下さい。

1

2

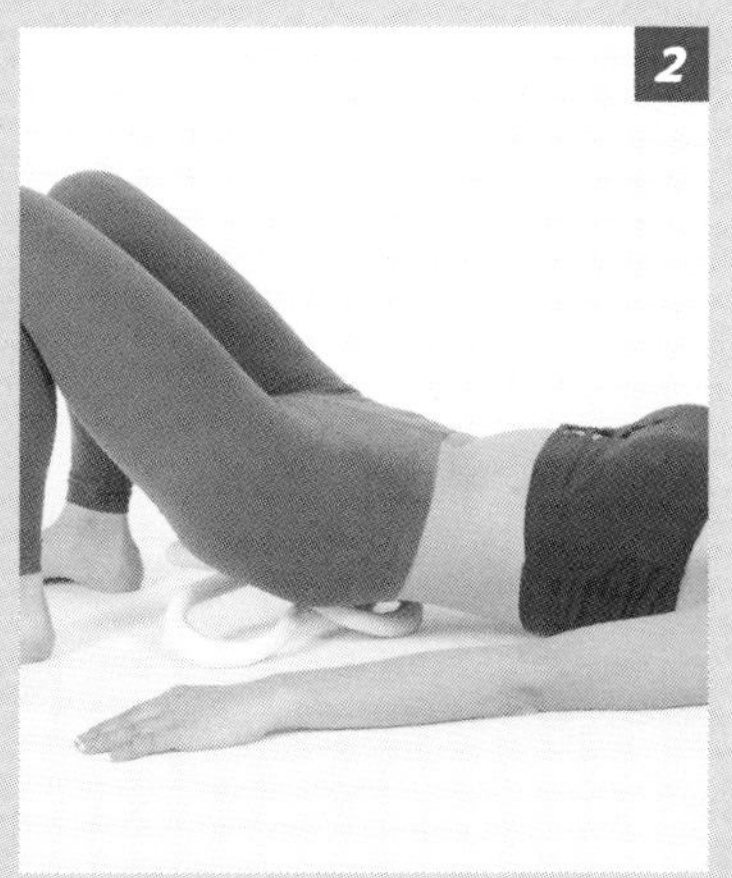

3

4

15

骨盤前後ゆらリラ

骨盤の前後傾、骨盤から脊柱・肩甲骨の連動

リングを凸面下、縦向きに2つ並べてセットし、凹面に腰掛けるようにして乗ります。

膝を曲げ、手の小指を膝蓋骨にひっかける。リングの転がりに合わせて骨盤前傾（写真③）と骨盤後傾（写真④）を繰り返します。手で膝をひっかけるようにすると、動作をサポートする事ができます。

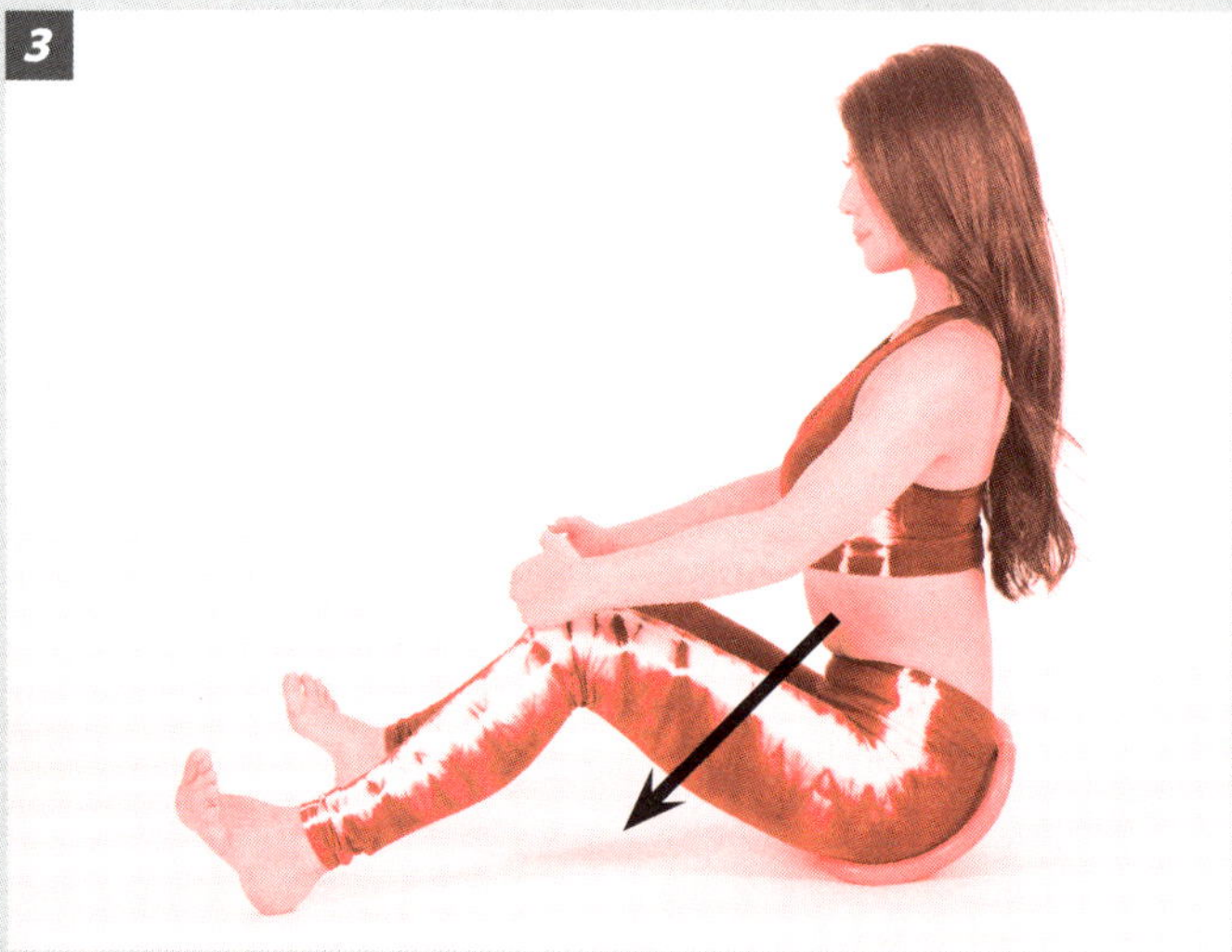

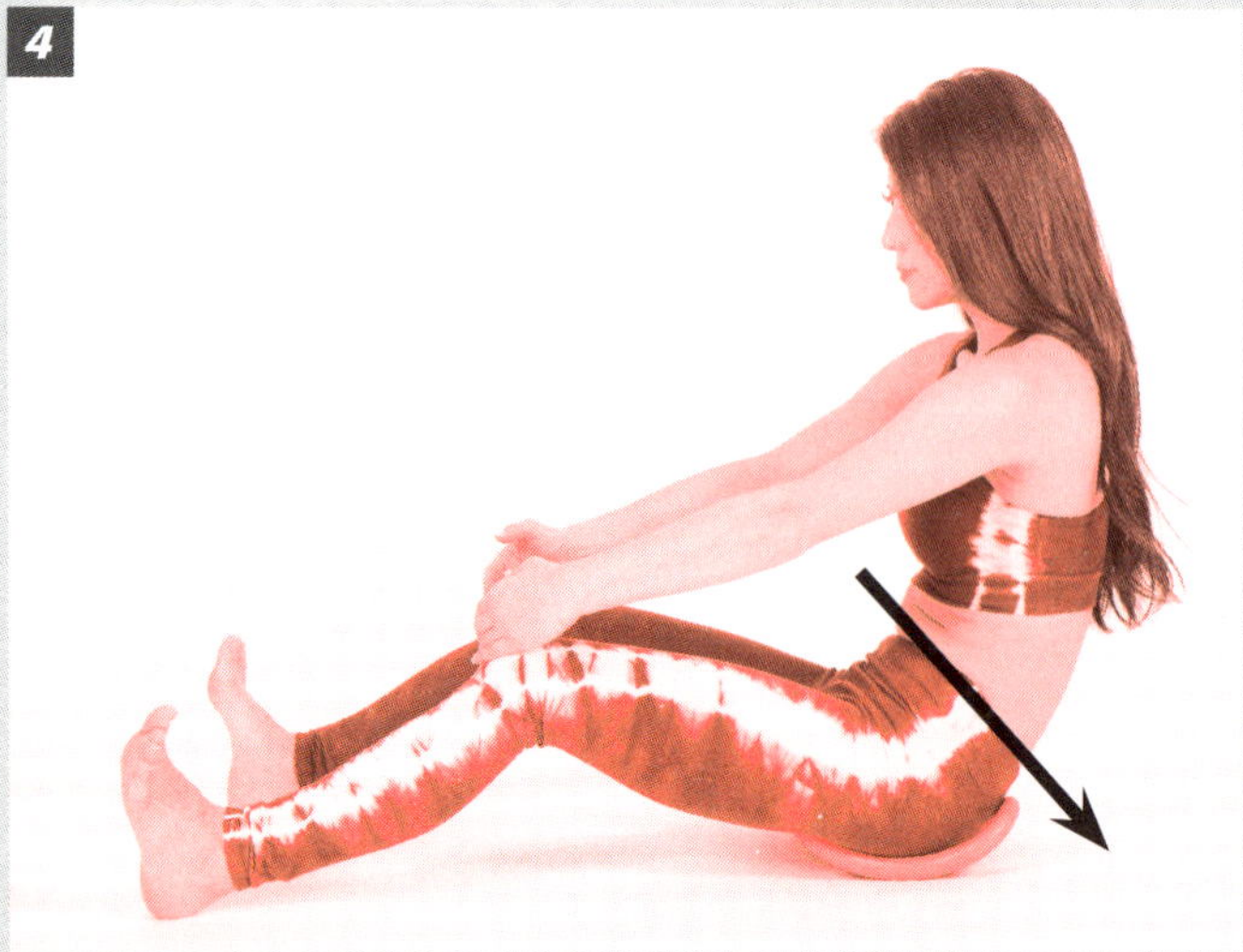

肩甲骨との連動

膝を軽く曲げた状態で額の斜め上方で中指を合わせ、そのまま骨盤を後傾させます。

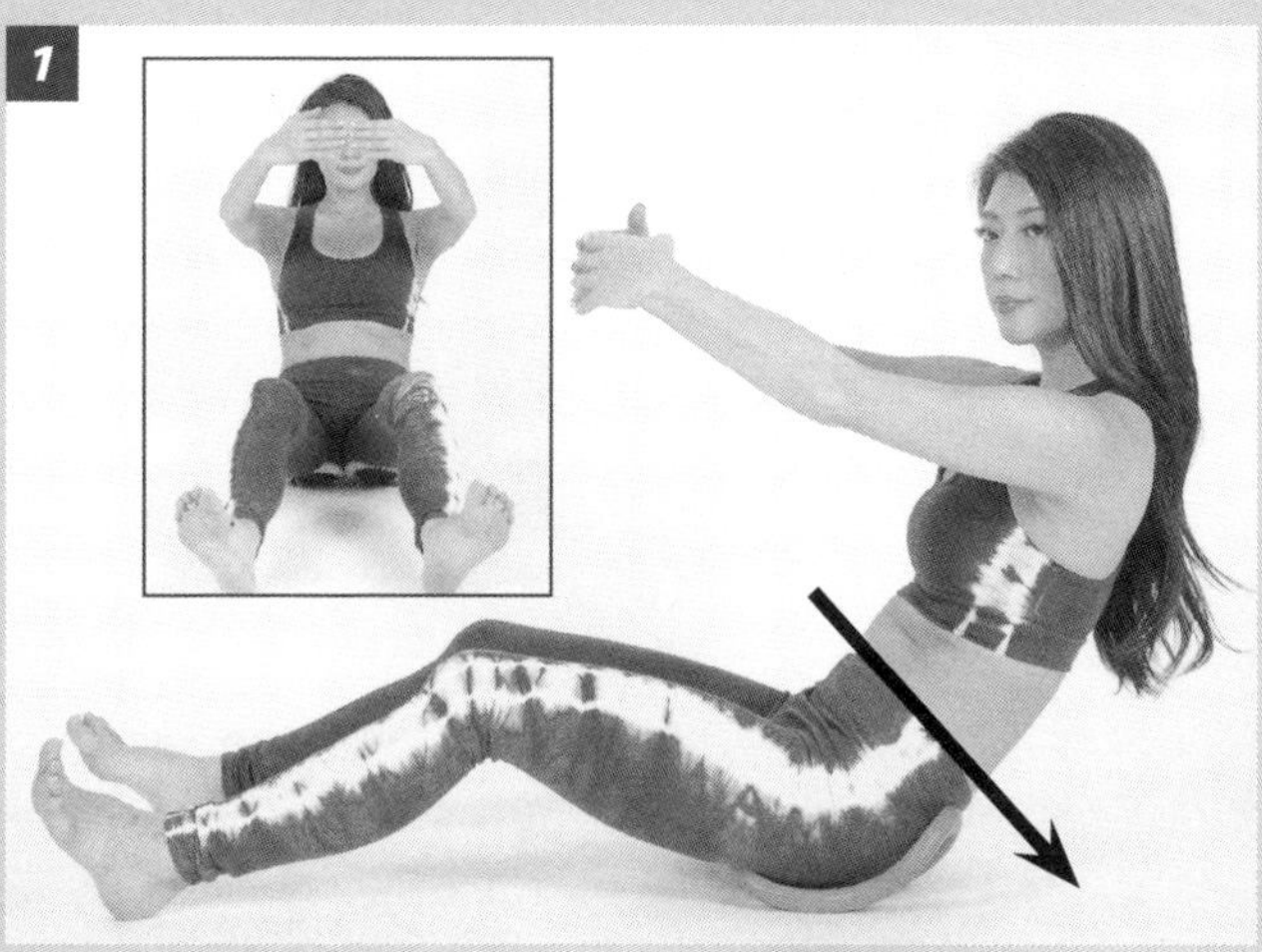

手のひらを外に張るようにしながら、肩甲骨を内転させ、骨盤を前傾させます。この後傾～前傾を連続して行ないます。

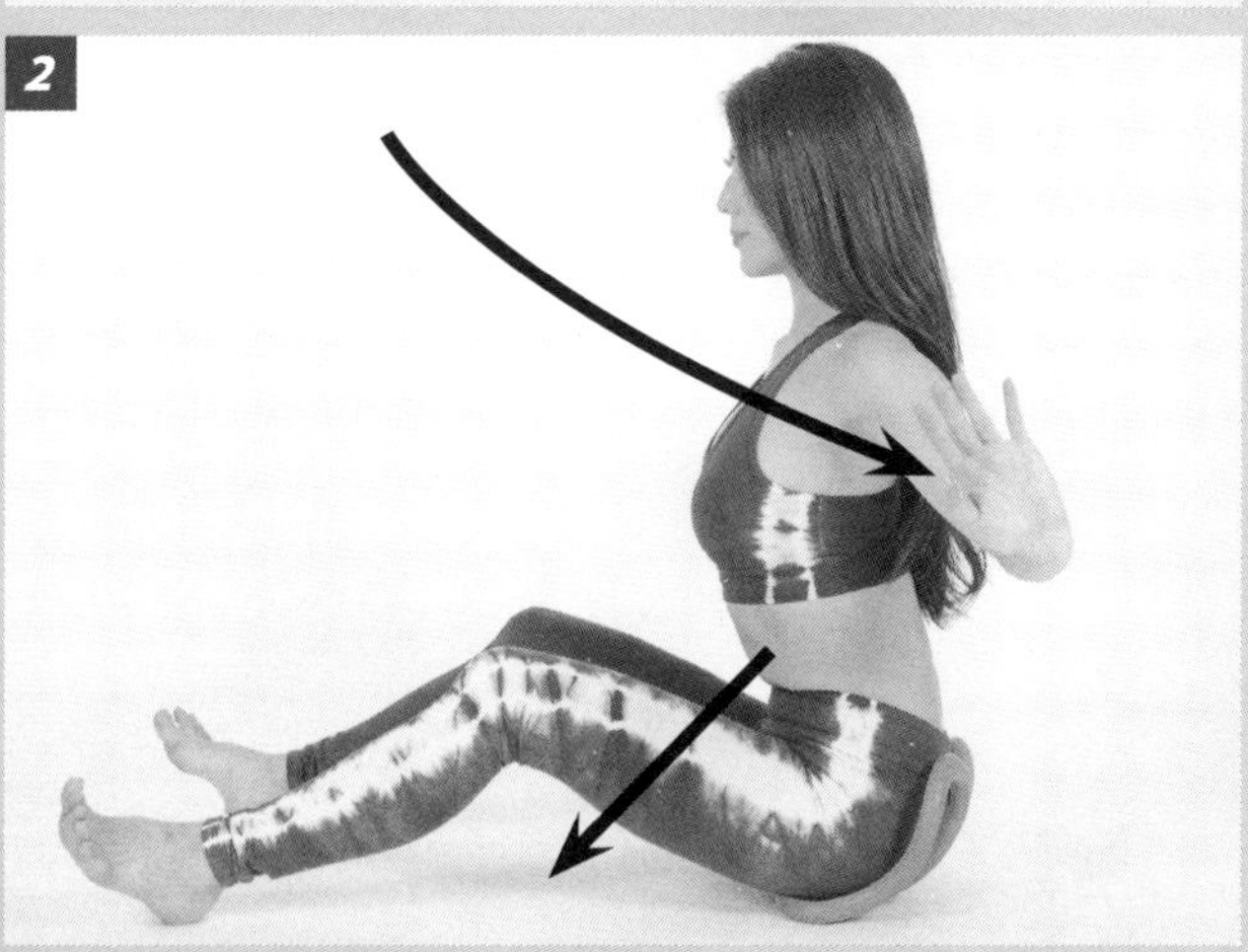

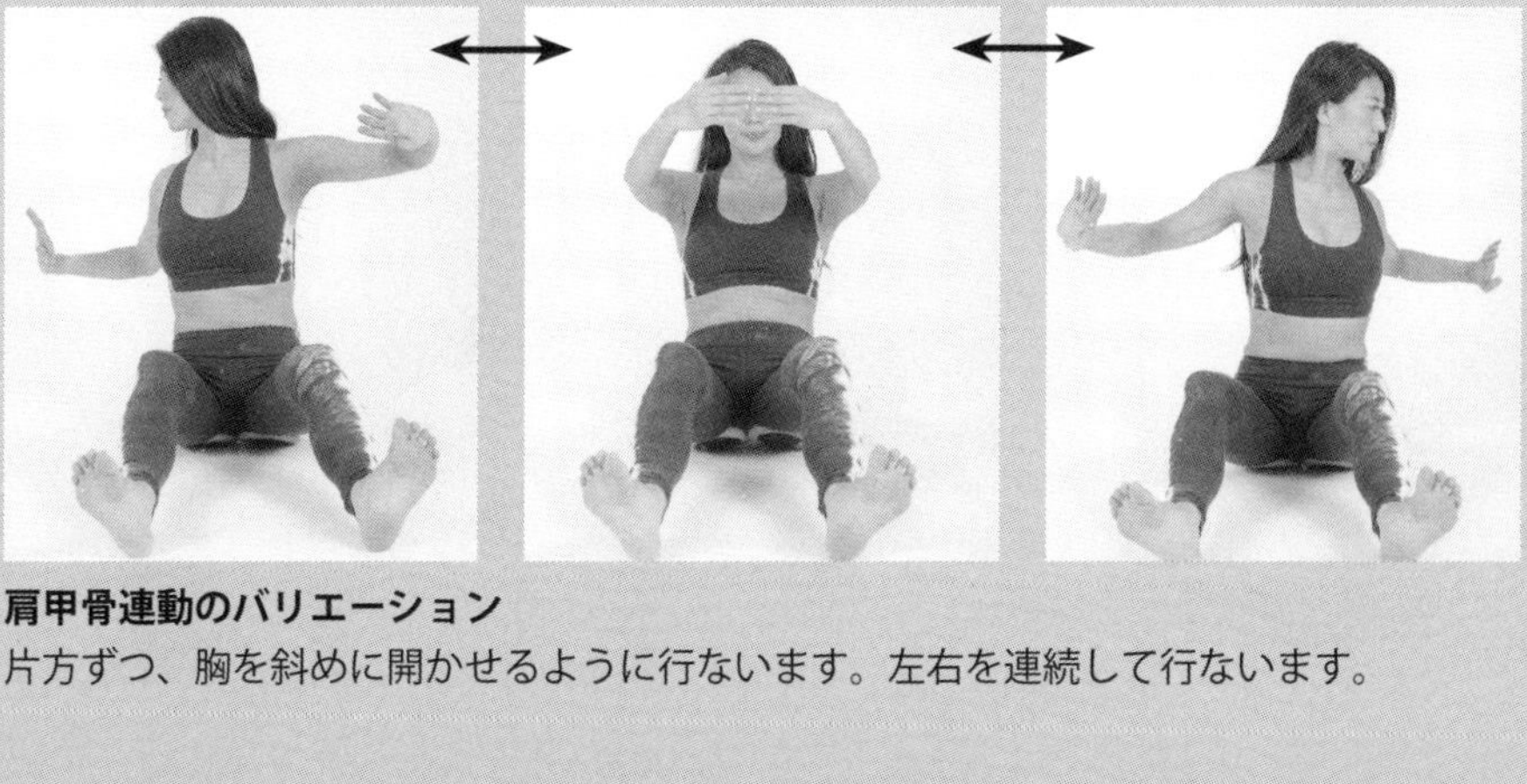

肩甲骨連動のバリエーション

片方ずつ、胸を斜めに開かせるように行ないます。左右を連続して行ないます。

16

ふくらはぎ～太腿～お尻ゆらリラ

ふくらはぎ・腿裏・臀部のほぐし

1

リングを凸面上に横向きに床にセットし、両ふくらはぎを乗せてゆすります。

2

リングを凸面下向きにして、膝裏～腿裏にかけてをほぐしていきます。

3

最後に凸面下向きのリングにお尻を乗せ、ほぐします。

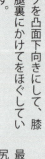

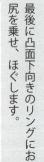

臀部をほぐす際の調節

足裏を合わせるようにして股関節を外旋させたり、手をついたポジション〜仰向けのポジションなどと体勢を変える事によって、リングに当たる面も変化します。

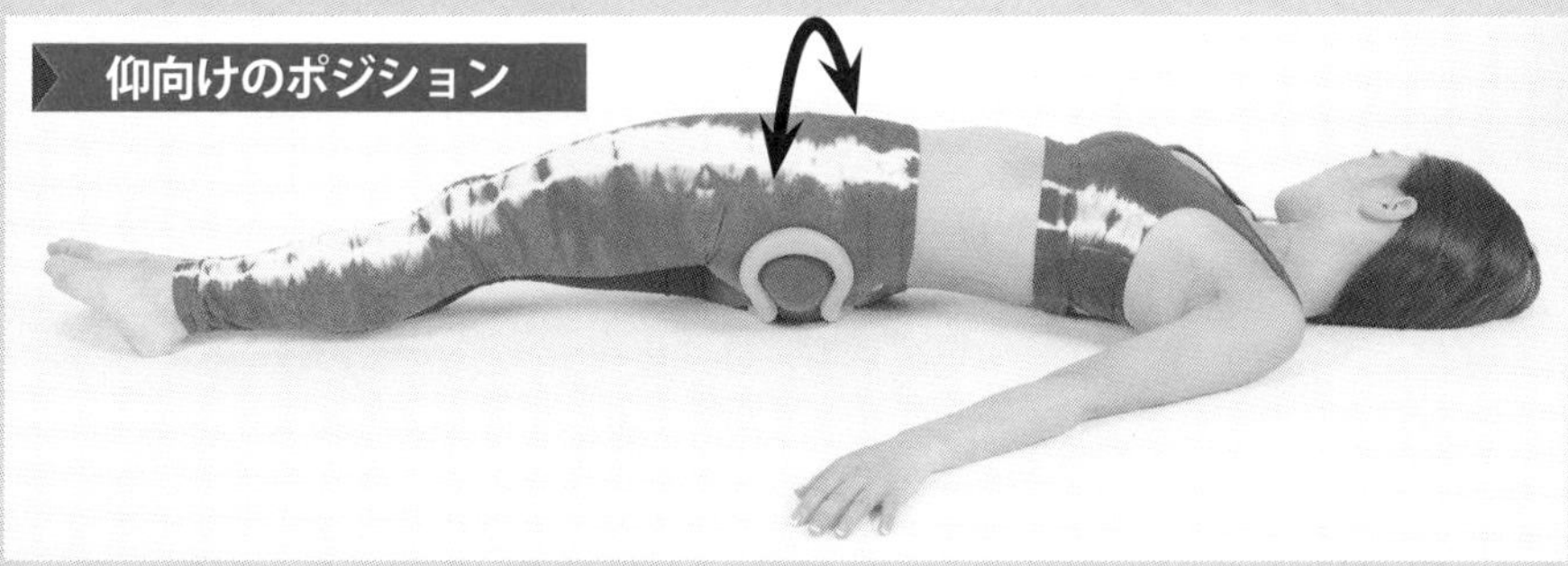

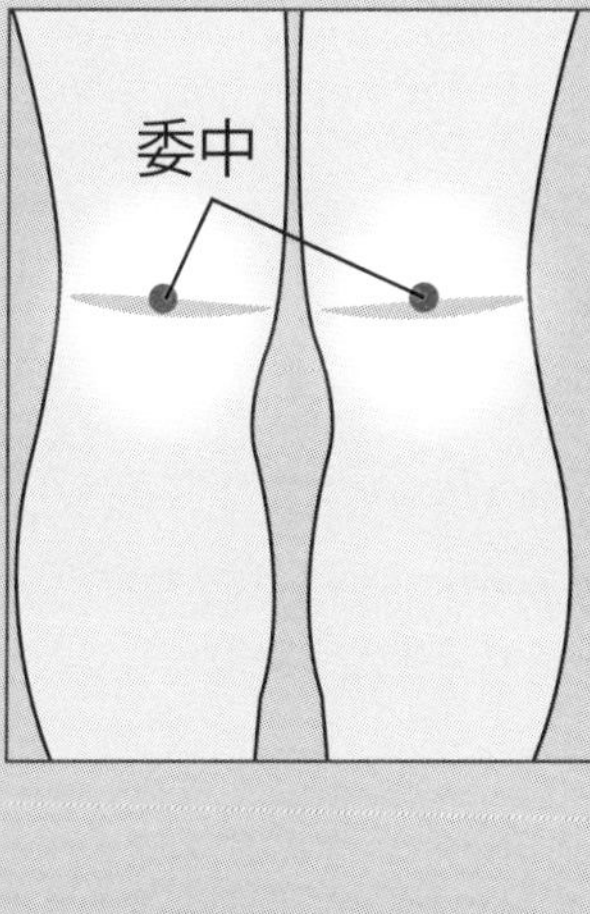

膝裏への刺激

リングを立てて、膝裏にあるツボ〝委中〟の辺りを狙うと、脚のむくみや脚・腰の疲れに効果的です。

17

ふくらはぎゆらリラ

ふくらはぎのほぐし、股関節の連動

1

リングを2個用意して凸面上向き縦に置いてふくらはぎに当てます。

2

3

長座位で、ゆすりながら、心地よいポジションやゆれを探しつつほぐしていきます。ゆする動きに連動した股関節も同時にゆるんでいきます。

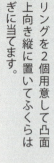

18

そけい部〜内転筋ゆらリラ

そけい部・内転筋群のほぐし

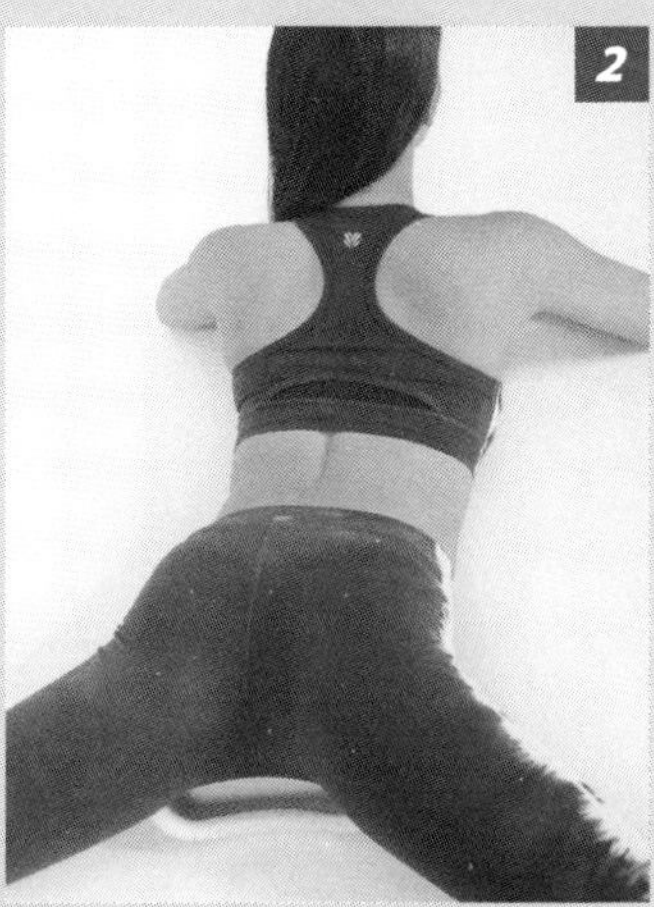

リングを凸面下向きにそけい部に当て、うつぶせの姿勢でゆすります。少しずつ膝の方に向かってリングの位置をずらし、内転筋もほぐしていきます。

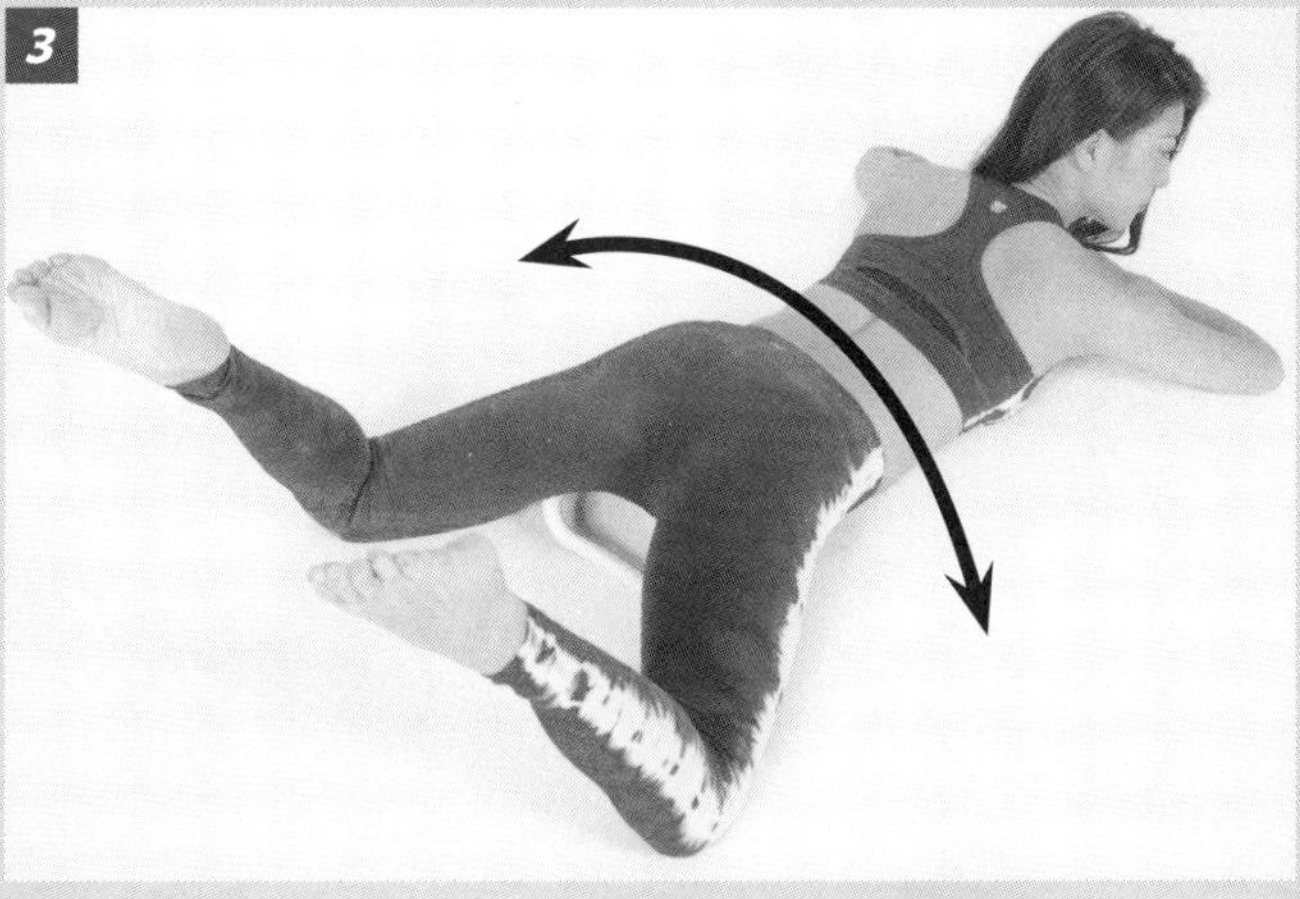

内転筋をほぐす時は、リングの端が内転筋に引っ掛かるくらいの位置にセットし、股関節外旋位にします。

凸面下向きでリングが当たりにくくなってきたら、凸面上向きに変えます。

19

足底スキャニング

足底アーチ刺激、足の反射区刺激、足裏・足指のほぐし

足裏アーチへの刺激

足趾でリングをつかんだり、放したりを繰り返す。その後、踵のアップ&ダウンを5セット。5セット目に踵を上げた状態で保持。

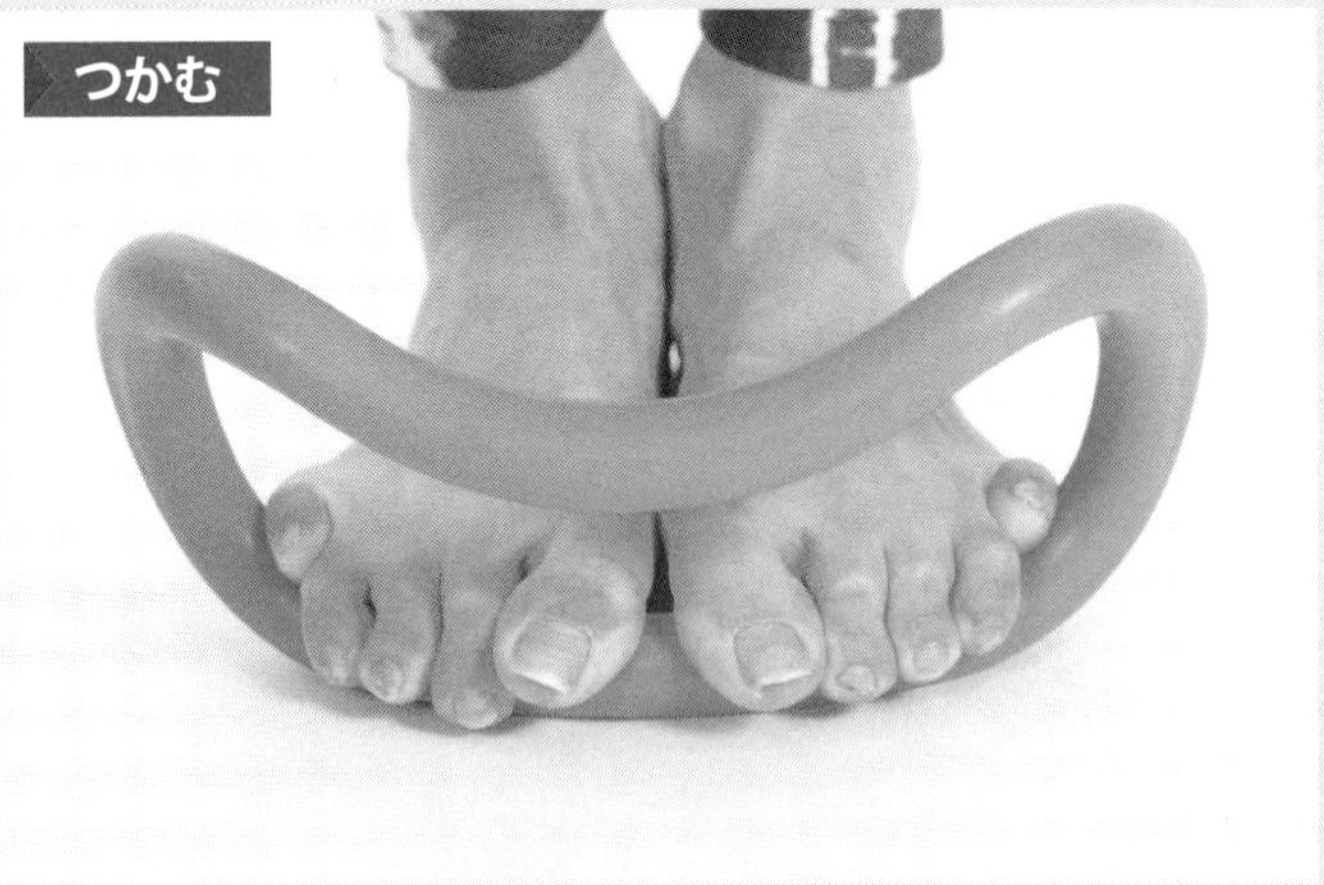

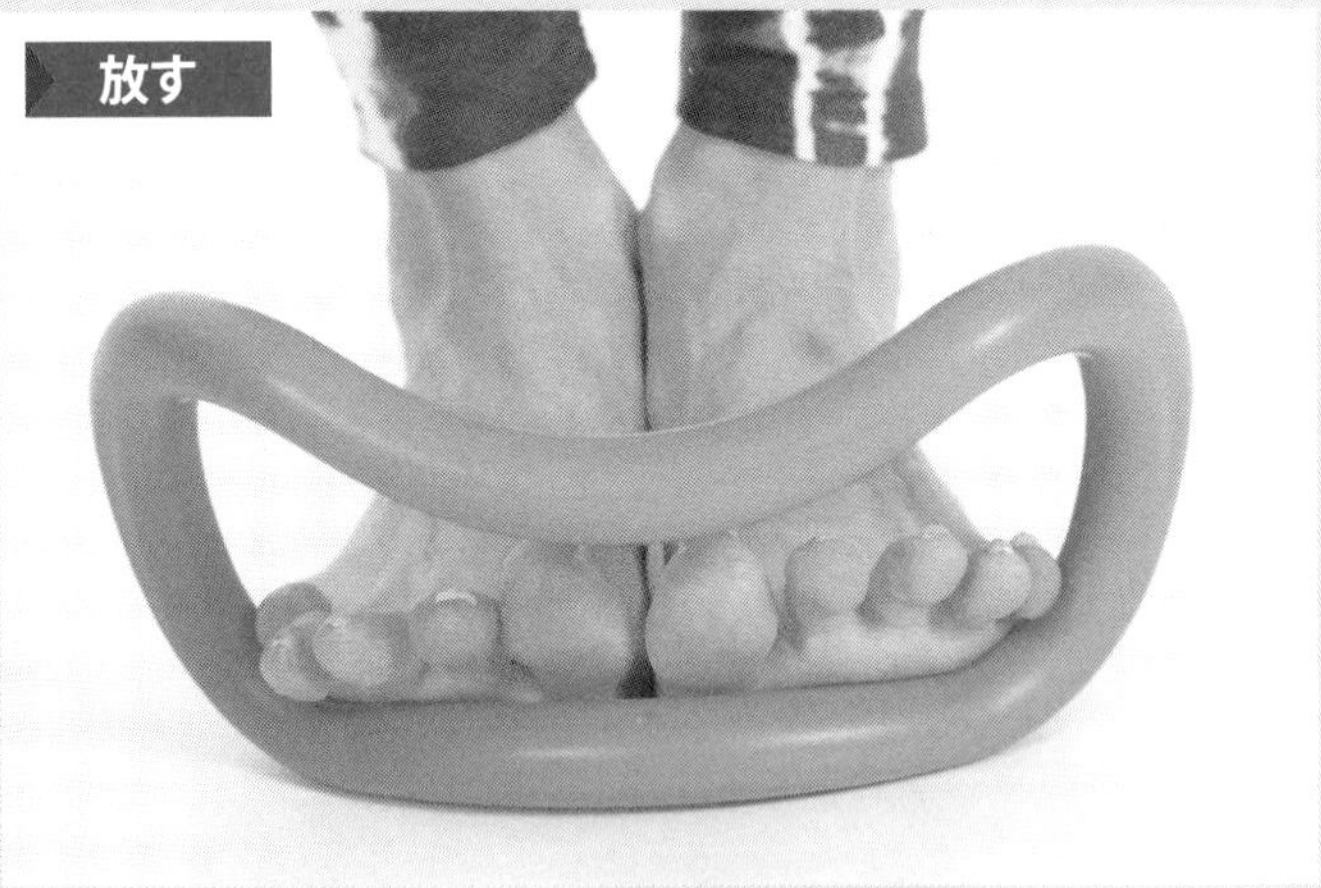

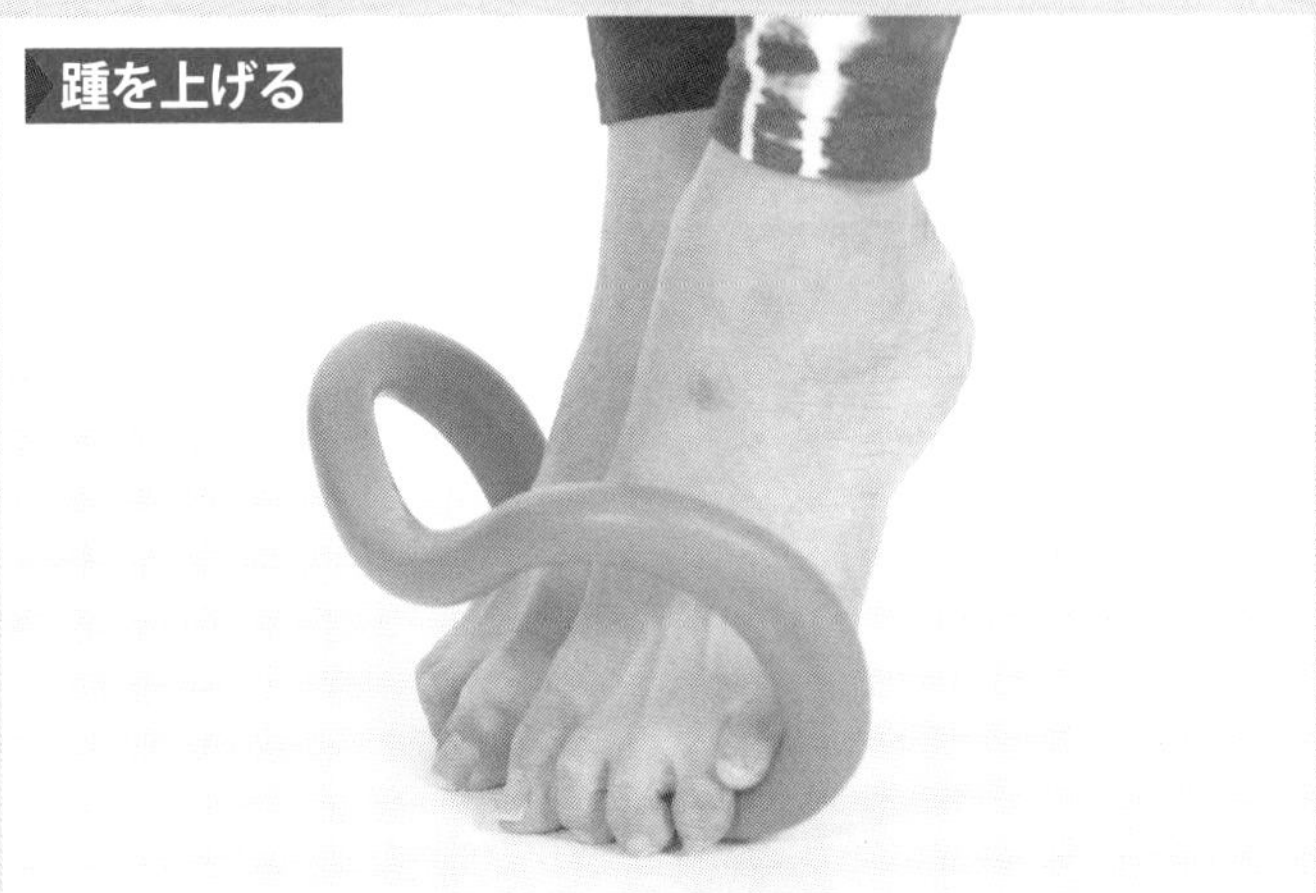

踵への刺激

リングに踵を乗せ、足踏みをしながら、両足の間隔や角度、つま先の向きなどを変えたりして、刺激する部分や角度を変えていきます。

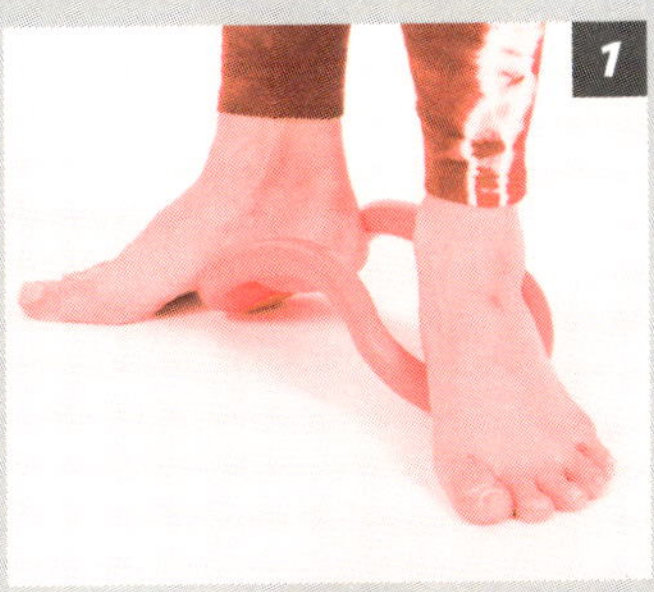

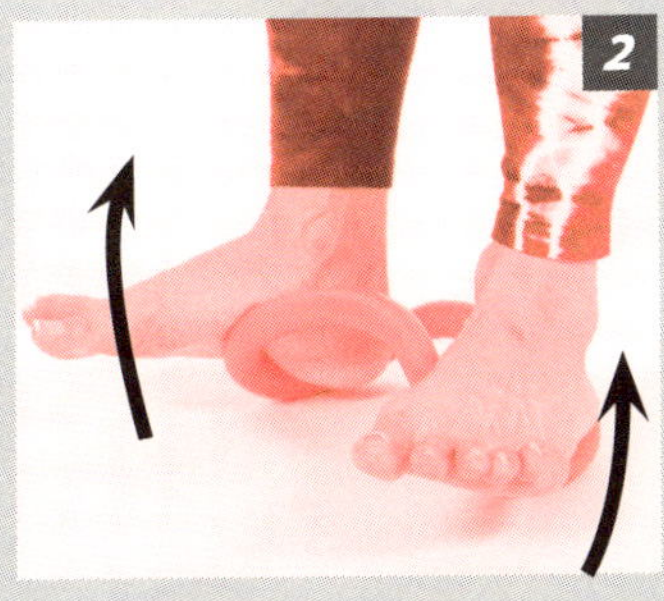

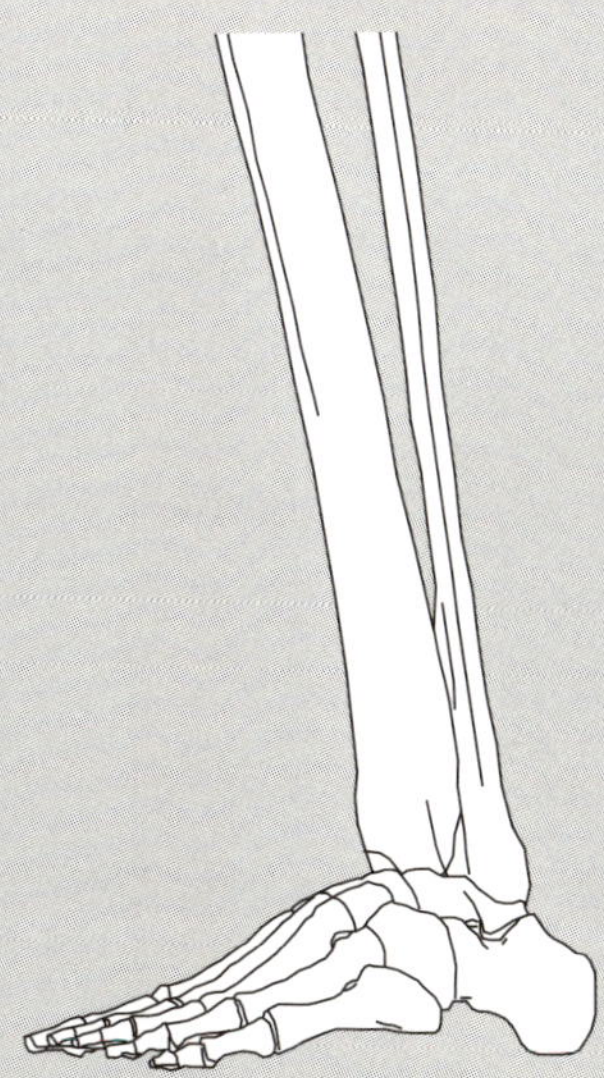

足指間の刺激

リングの一番くびれているところに親指と人差し指の間を差し込み、外側に開く力を使って指の間を開かせます。

アーチをたどりながら後ろに下がり、リングを立てます（写真②）。足踏みをしながら指の間に刺激を入れていきます（親指〜人差し指間→人差し指〜中指間→中指〜薬指間→薬指〜小指間、と移動させていく。写真②〜⑤）。

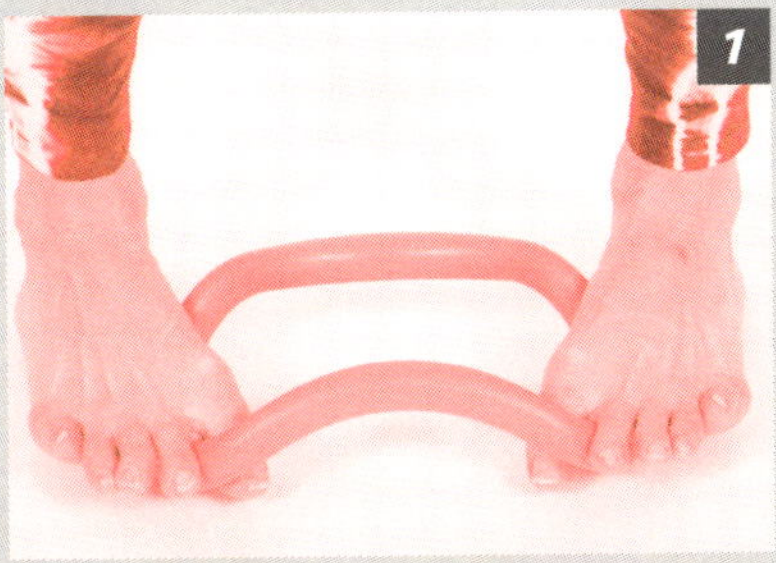

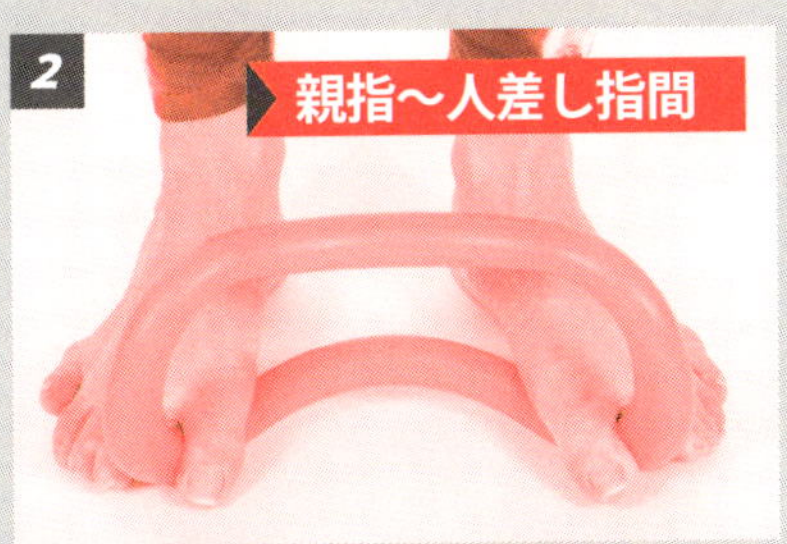

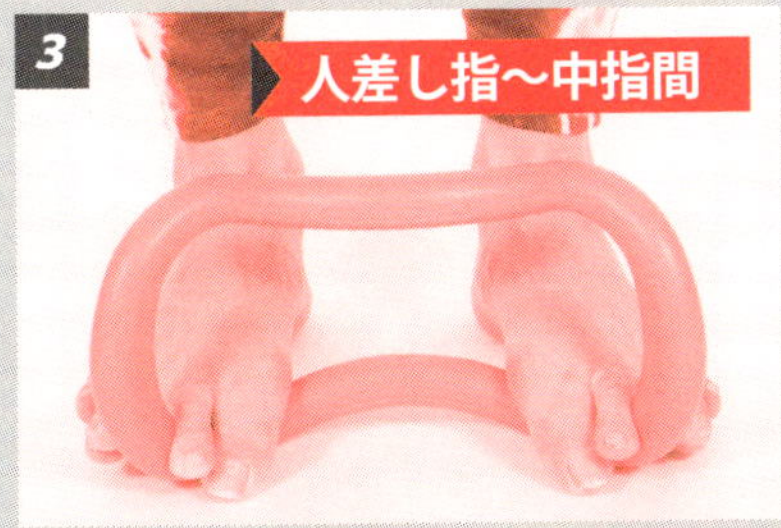

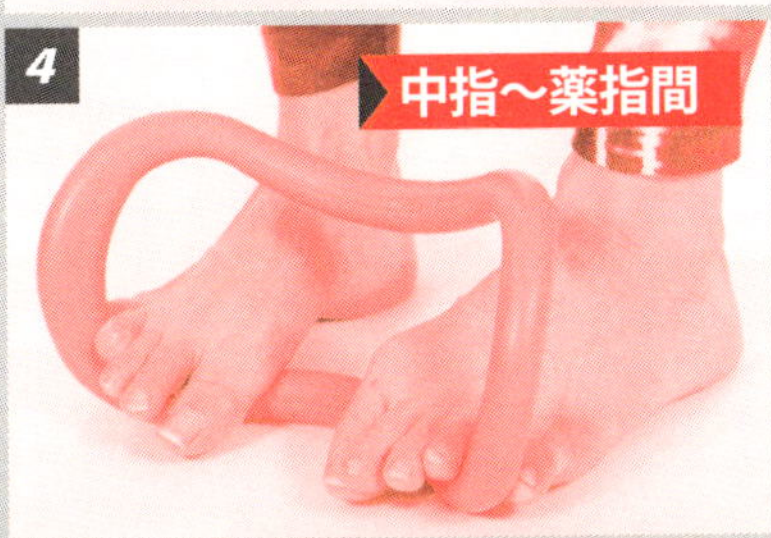

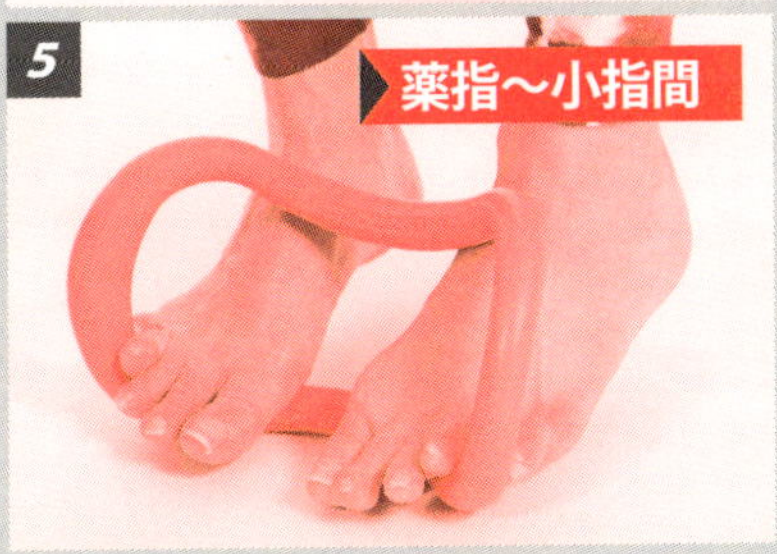

20

足裏横アーチリメイク

足底アーチ刺激、背足骨間筋のほぐし

2本のリングを写真のように組み合わせて、足裏を乗せます。リングを当てた部分の両側を手で押し下げ、背足骨間筋（足指の間の筋肉）をほぐしていきます。リングの当たる所を親指〜人差し指間→人差し指〜中指間→中指〜薬指間→薬指〜小指間…と移していきます。自分で押し下げる方法の他、写真のようにサポート者に押してもらうのも効果的です。

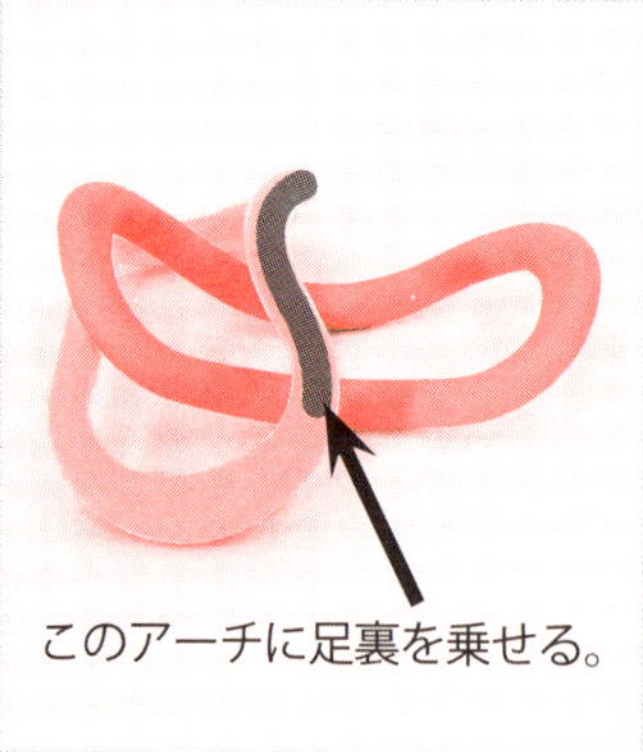

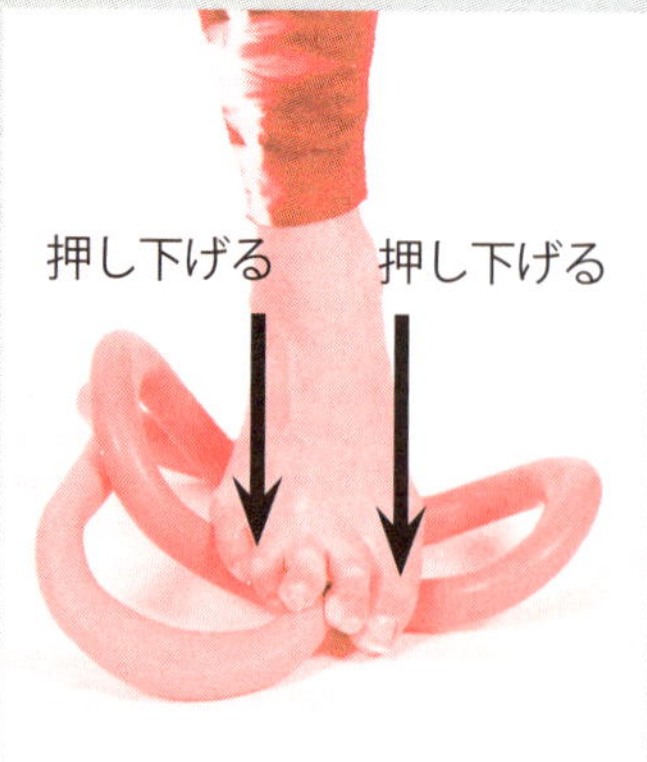

足の骨格は本来趾ごとの基部までバラバラに動く構造になっていますが、靴を履く習慣によって固着している人がほとんど。固着した骨格ではアーチはままなりません。

足裏横アーチが形成されると足裏のインサイド・エッジ（親指～内側のライン）に乗る身体遣いができるようになり、中心軸が形成され、体幹が使えるようになります。また、内転筋のスイッチを入れ、スクワットで内転筋が使えるようになってジャンプ力がアップします。

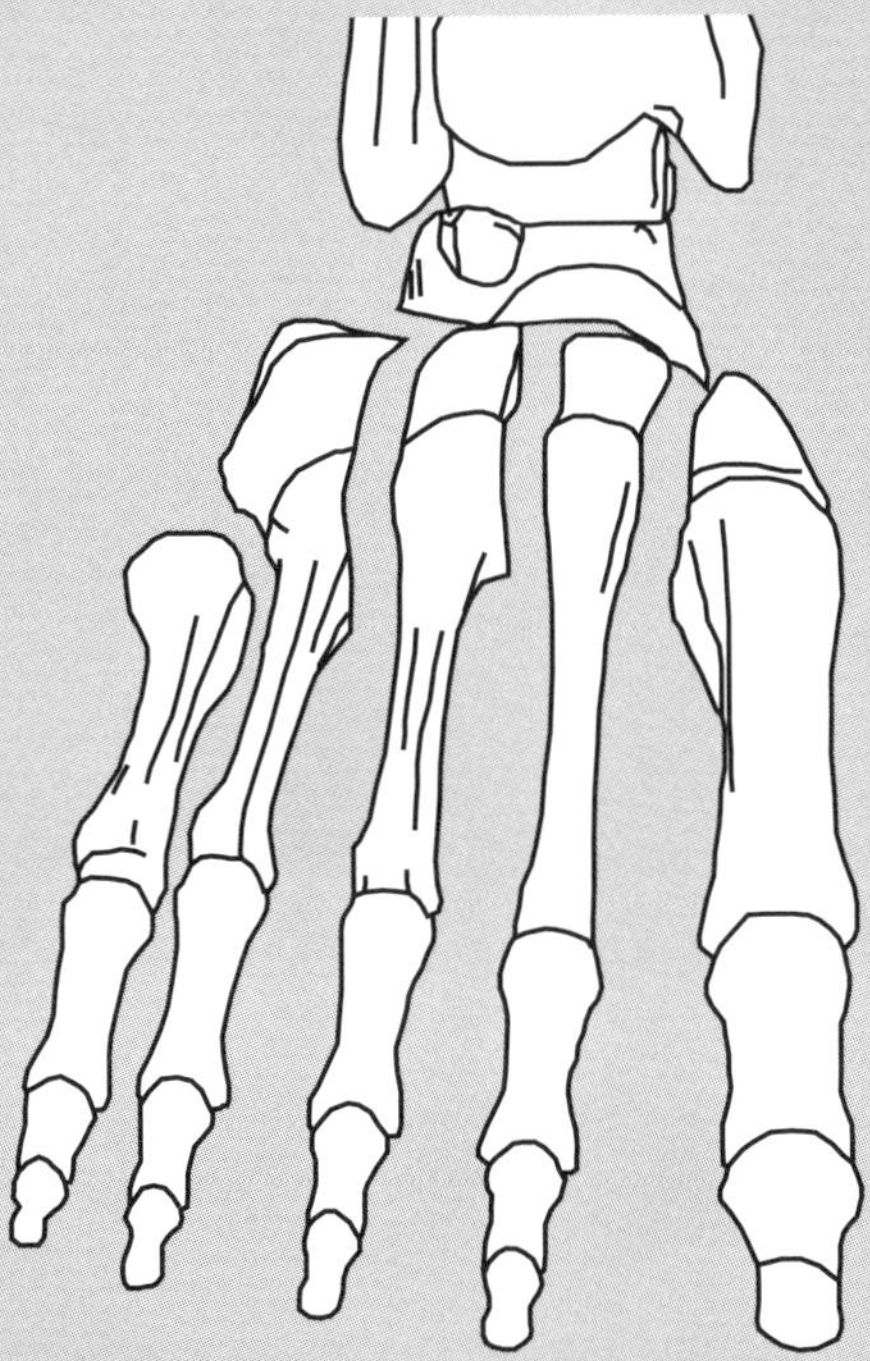

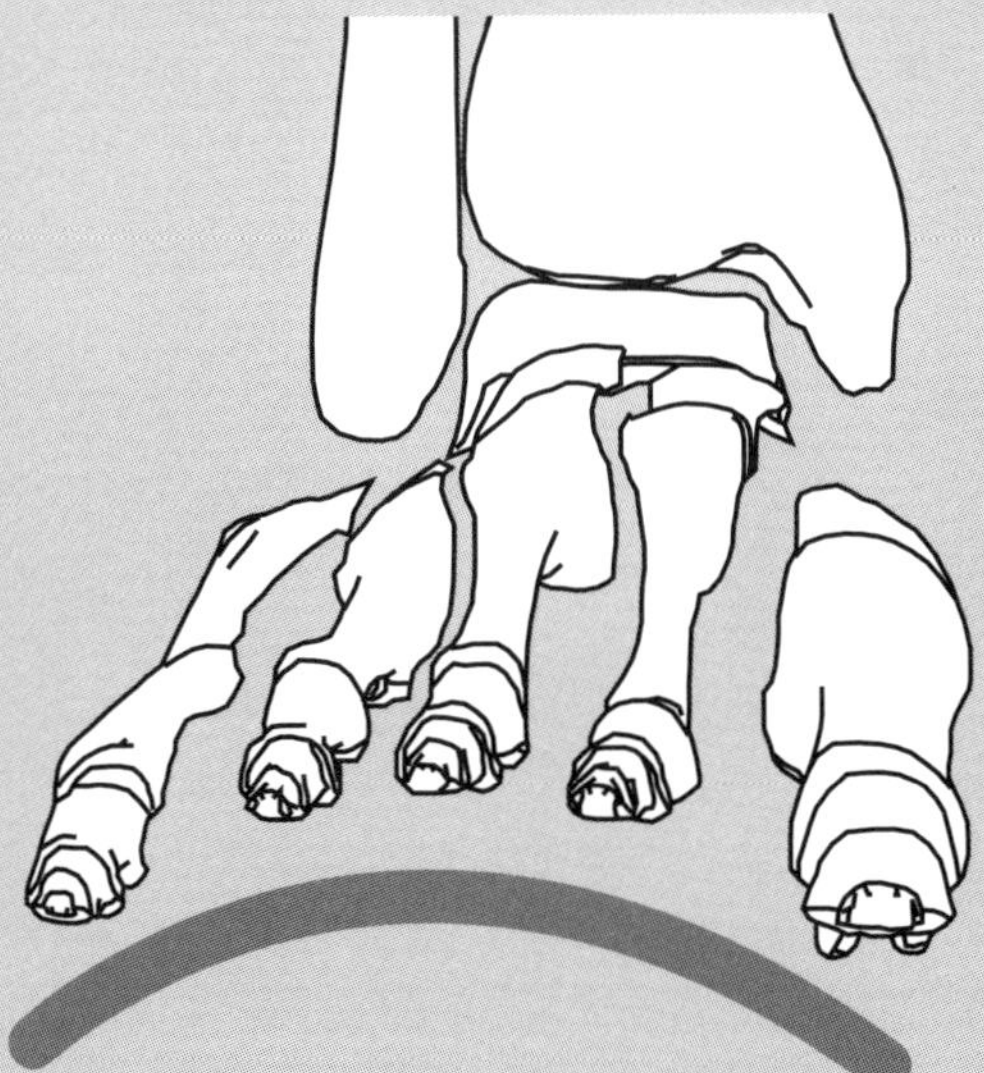

21

腰部アーチリメイク

脊柱のS字カーブを引き出す。インナーマッスルを機能させ、腹式呼吸を意識づける

腰椎のカーブに合わせてリングをセットし、仰向けになります。

1

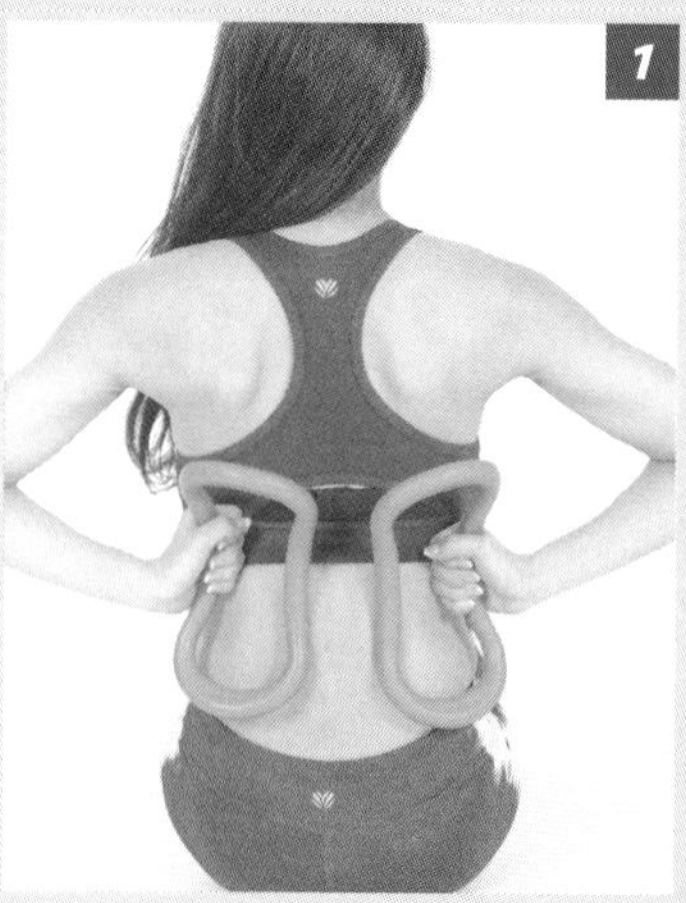

2

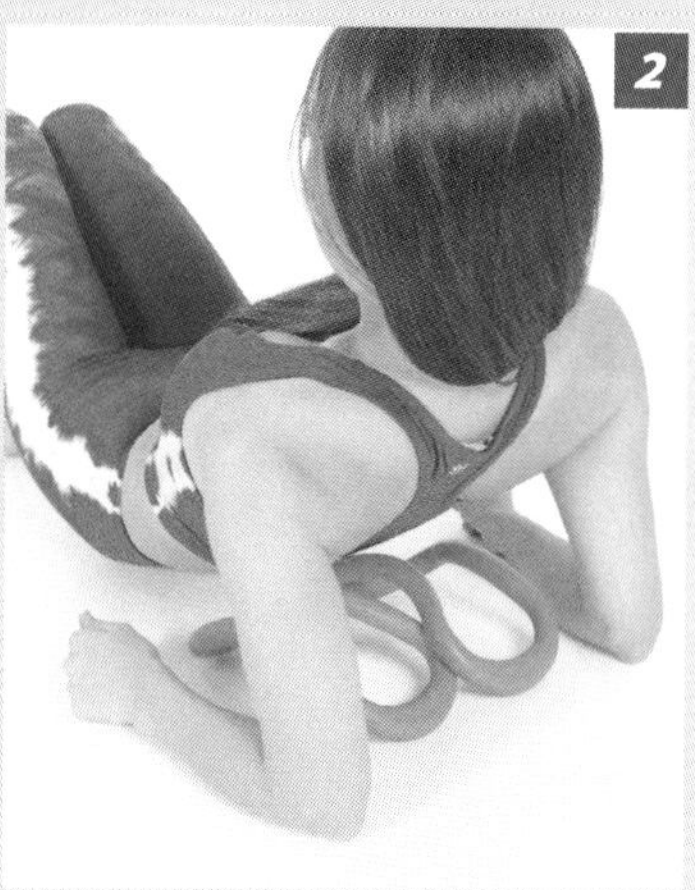

3

腰のカーブに合わせ、リングの位置を調整します。

4

右手薬指の付け根を臍の上、左手親指の付け根をその上に置きます（腹筋を縦に伸ばすイメージ）。腹式呼吸を5～8回行ないます。

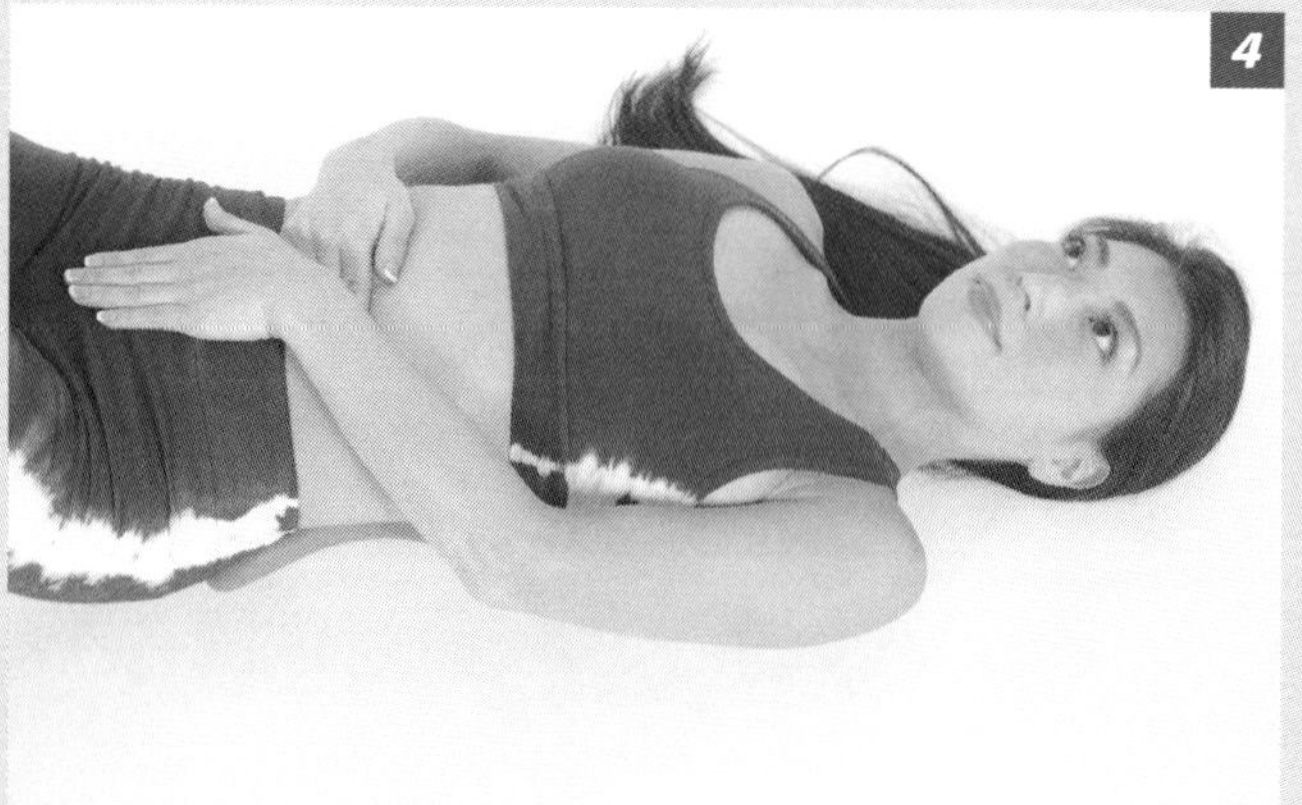

22 腰部アーチリメイク（サポート）

1 腰のカーブや体格に合わせ、リングの位置を調節します。

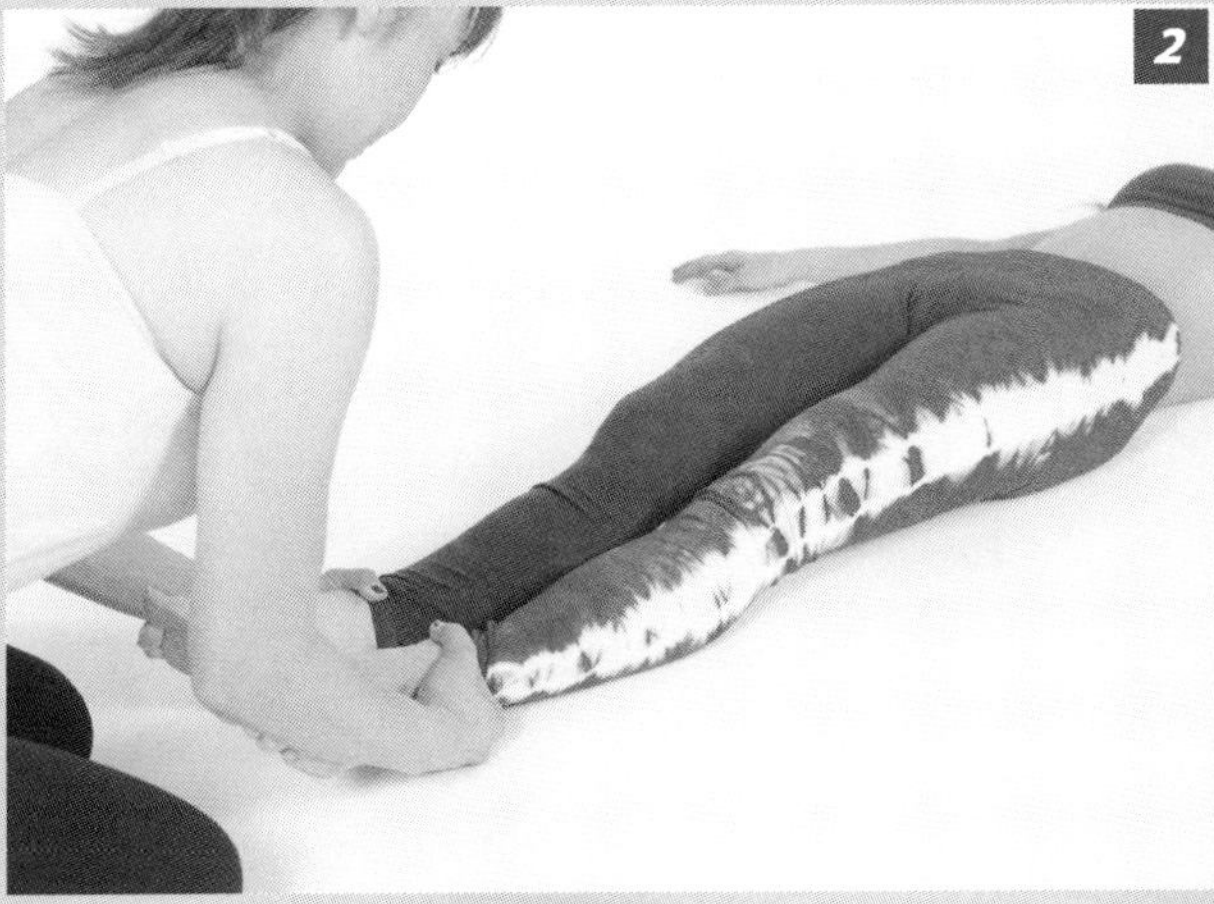

2 サポート相手の足首を持ち、腹直筋が伸びるように引っ張ります。重心移動も使い、床に対して平行に引くようにします。

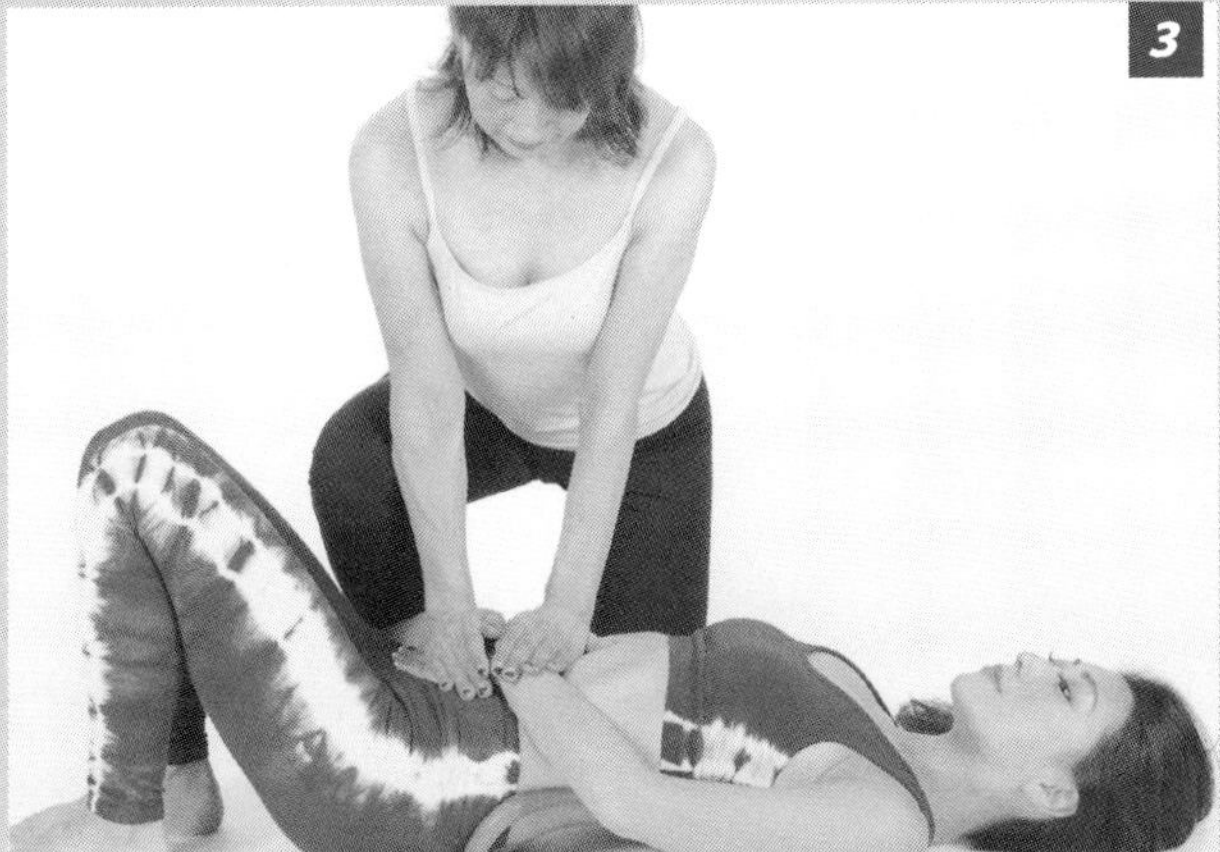

3 前ページ写真④と同様に手を置かせ、腹式呼吸を行ないながらサポートを行ないます。5〜8呼吸を目安に。

23 胸部アーチリメイク（サポート）

脊柱のS字カーブを引き出す。胸部のストレッチ、腹圧を高める

1

リングが肩先から少し出るくらいの位置にリングをセットします。鳩尾の辺りを緩め、床の方に近づけた時に2～3センチの隙間ができる位を目安に、リングの位置を調整します。

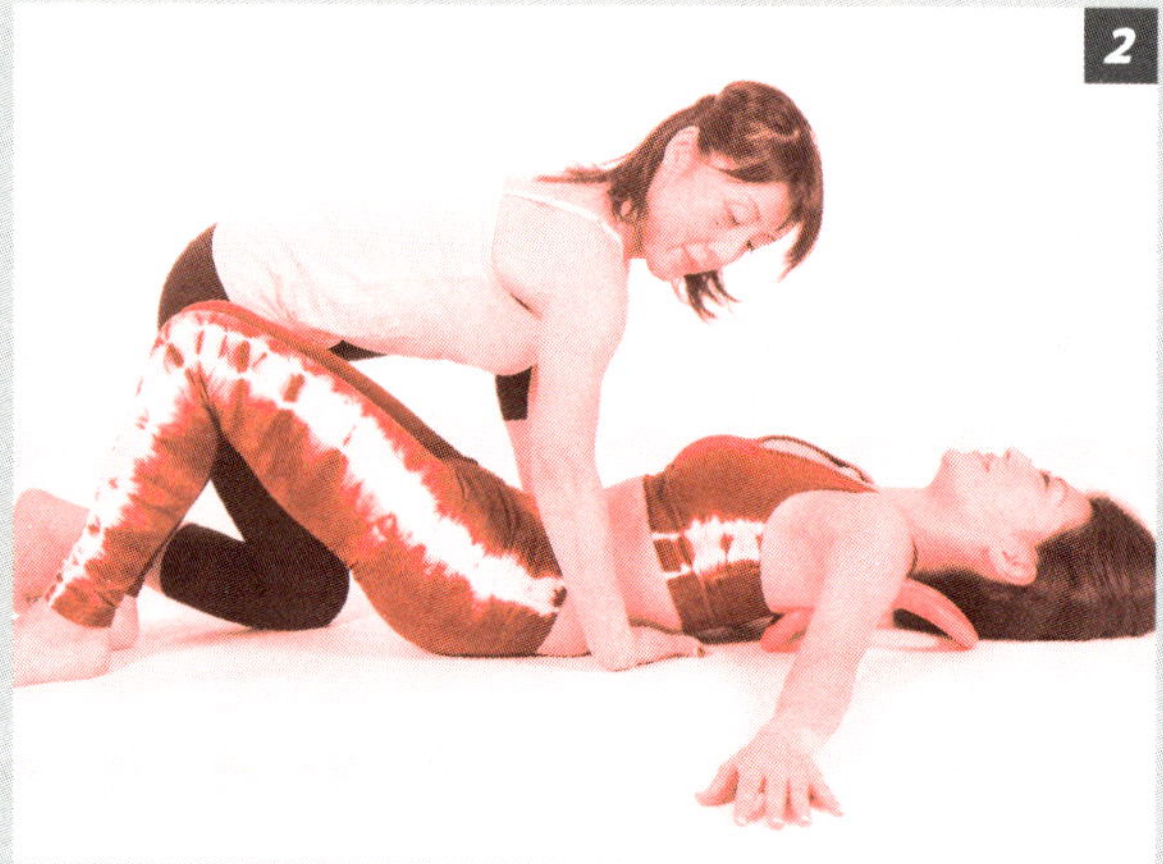

2

腹部、腰部をほぐします。腰部の緊張を緩めるとともに、ドローインを行ないやすくします。サポートされる側はサポート者の手を下に押しつぶす意識で。

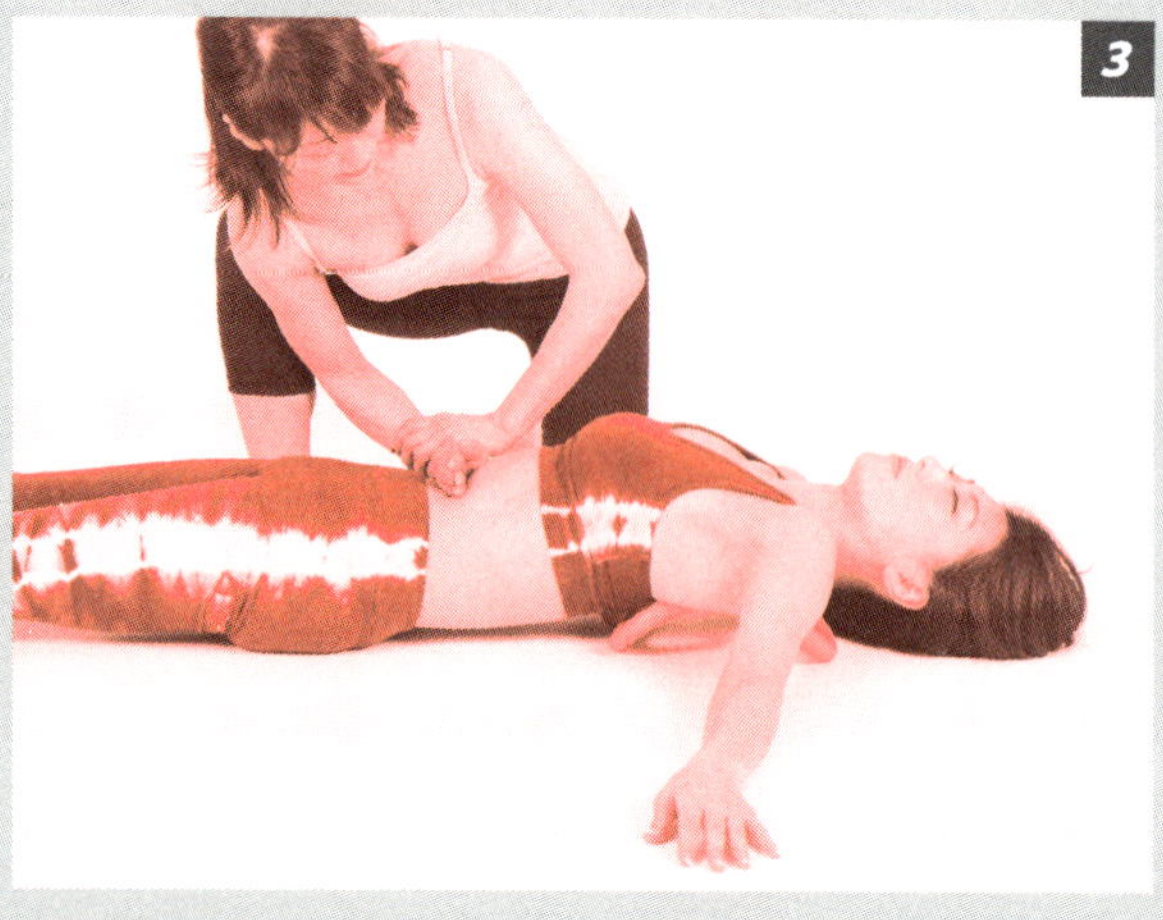

3

ドローインをサポートするように手を当て、胸式呼吸に誘導します。3～5呼吸を目安に。サポートされる側はサポート者の手を押し返す意識で。

24

足首のエクササイズ

足首まわりの刺激、足関節の自動的ストレッチ

足を伸ばして床に座った状態で、凸面上横向きで足先にリングをかけ、左右に少しテンションをかけて安定させます。そして足首の背屈～底屈を繰り返します。

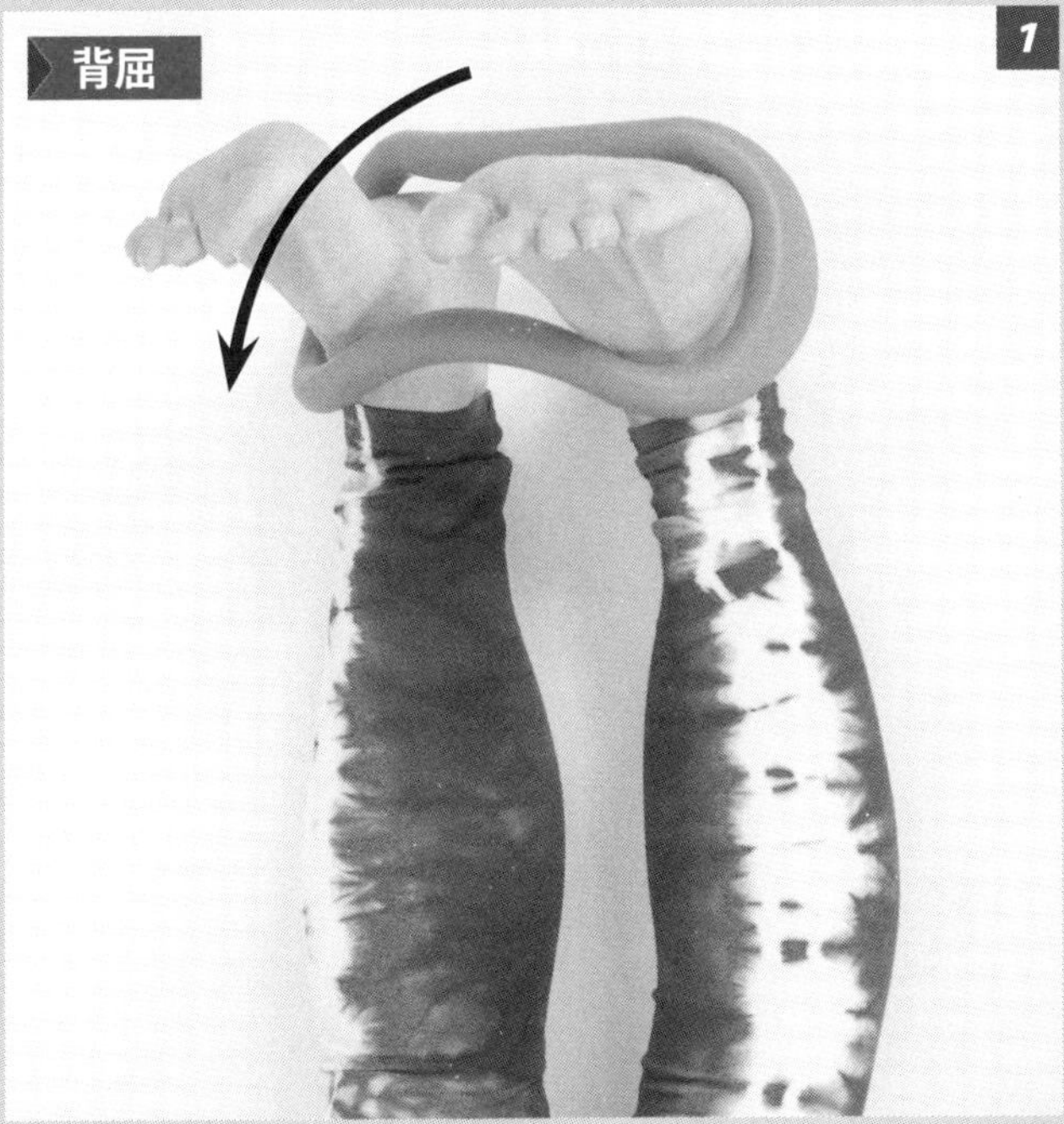

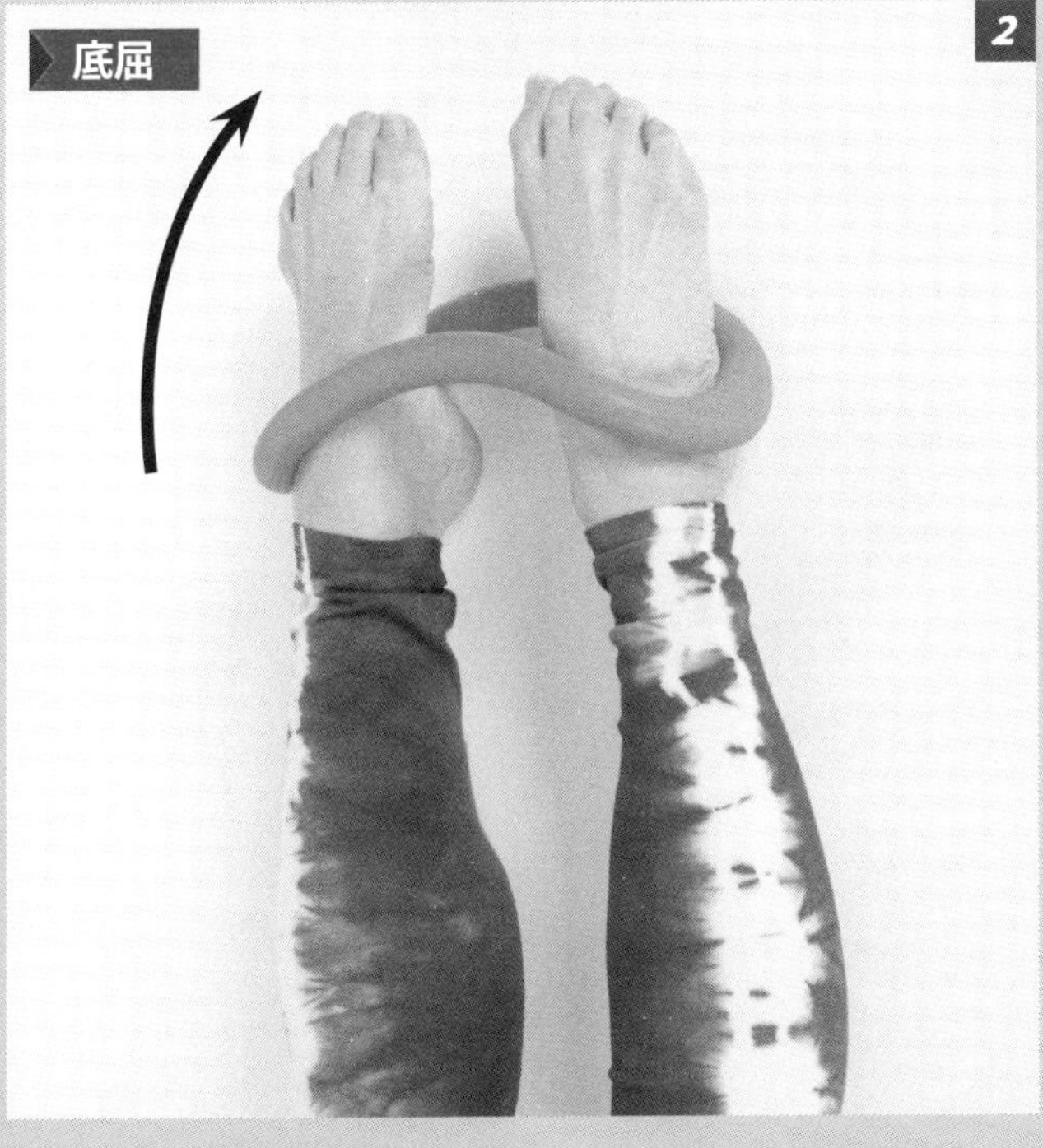

25

チャイルドポーズ

肩まわり、体側、背中のストレッチ

凸面下横向きにリングをセットする。

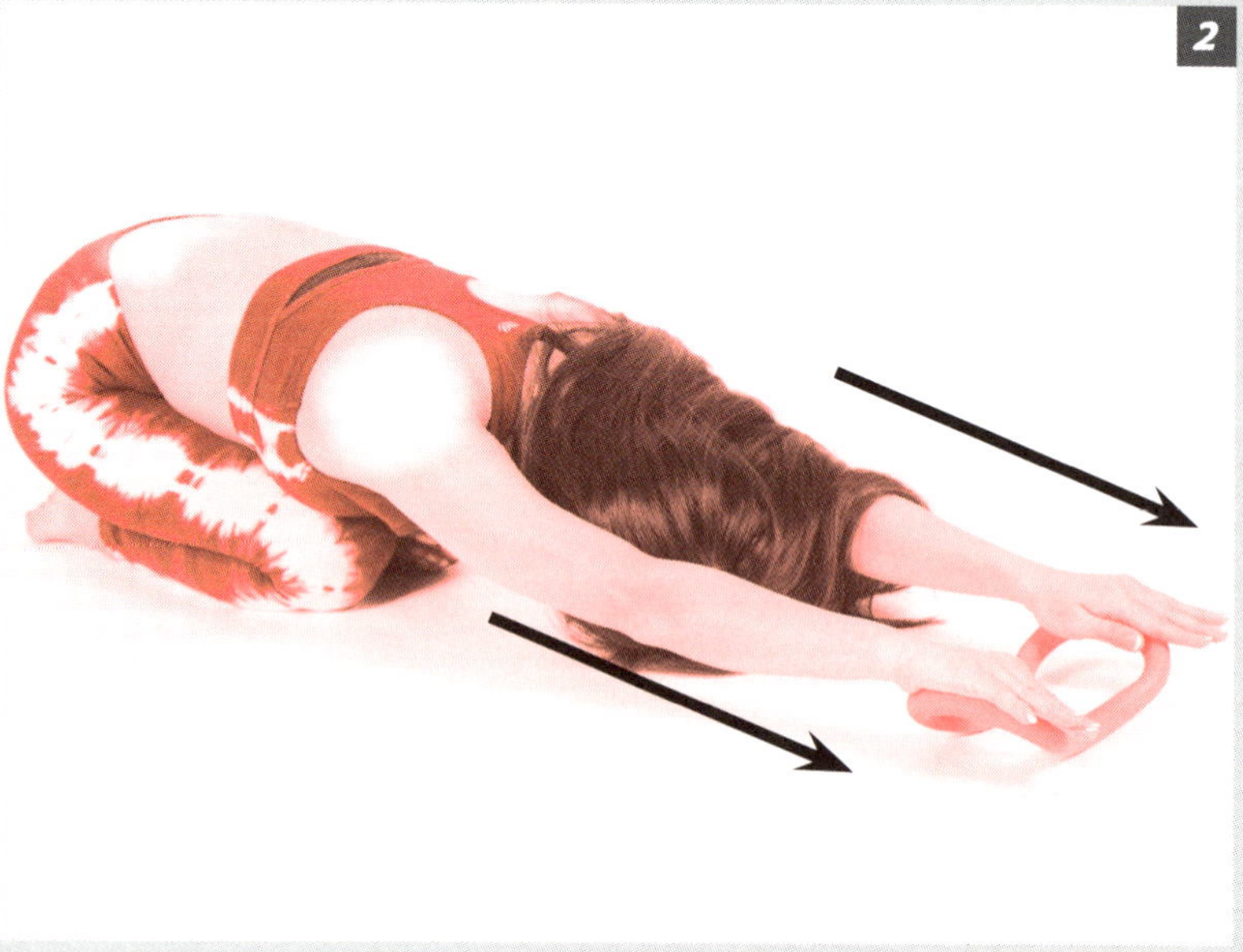

正座した状態から身体を前に倒し、頭を床に近づける。

※「キャットバック」(p.116)を予備運動として行なうと、身体がほぐれやすく、リラックス感を味わいやすくなります。

リングをゆすりながら、肩、肩甲骨まわりを緩める。

26

ウェービング

身体の運動としなやかな動きを引き出す

労宮（手のひら中央のツボ）でリングを包むように持ち、左右の重心移動から徐々にリングの位置を上げていきます。

※足裏のゆらぎを膝→股関節→背骨へと伝えていきます。背骨は一本一本ていねいに動かすイメージで。動きは滞る事なく連続させせます。

肩の高さまで上がってきた所で、リングを立てるように手首を返します。

前腕を回内させ、指差しまたは手差しにし、さらに身体の伸びを引き出します。左右にゆれながら元に戻ってもけっこうです。

27

キャットバック

骨盤〜脊柱の運動

1

リングを凸面下横向きにセットし、リングをゆすりながら肩、肩甲骨まわり、胸郭をゆるめます。

2

骨盤後傾をきっかけに、徐々に脊柱を屈曲させる。

3

骨盤前傾をきっかけに、徐々に脊柱を伸展させる。

※呼吸を誘導し、エクササイズを誘導するのも効果的。エクササイズ後、チャイルドポーズ（p.112）を行なうのもよいです。

第6章

体幹強化アドバンス
パフォーマンスアップ
筋トレ

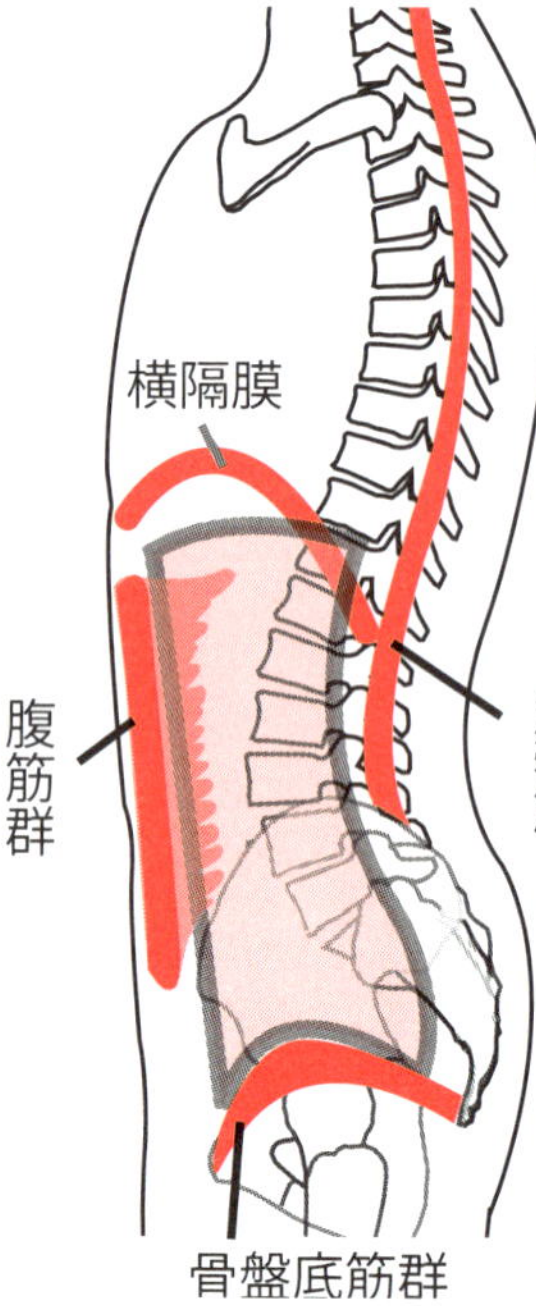

腹腔を取り囲む「ボックス」

1 「ボックス」という概念

本章で行なうのは、体幹力強化です。

体幹力を強化するためには何を鍛えれば良いのか、本章までお読みいただいた方ならば、もうご理解いただけているのではないかと思います。

体幹力とは、腹筋や背筋の筋力ではありません。体幹力とは、腹腔内の調整によって得られる安定こそが重要です。

〝腹圧〟の重要性は第1章でご紹介した通りですが、改めて〝腹圧〟とはどのようなメカニズムで作り出されるのかを考えた場合、一つ、象徴的な概念があります。

それは「ボックス」という考え方です。

腹腔内に圧をもたらすのは、これまでご紹介してきた3つの〝腔〟を拡げる働きとともに、それを取り囲んで支える横隔膜、腹筋群、多裂筋、骨盤底筋群の強靭さです。これらの筋群が形成する「ボックス」は、呼吸筋および姿勢筋として働くユニットとして機能します。

よって、体幹力をアップさせようと考える場合、このユニットを主軸に考えなければなりません。

2 〝アトラス体幹姿勢〟というパワーアップ・チケット

皆さんがご想像される通り、呼吸によるトレーニングは重要な役割を担ってきます。

腹圧呼吸は下半身を強化し、体軸を安定させます。そして地面との反発力により、理想的な姿勢が生まれます。これは、単に形がいい姿勢という事ではなく、真に機能的な姿勢です。

そしてそれが、これまでご紹介してきたアトラス体幹姿勢（三腔姿勢）に他なりません。

これができると、どんな動きの中でも軸ブレせず、目線も安定します。パフォーマンス・アップとともに、ケガを少なくする効果ももたらします。

強靭な「ボックス」によって確立した腹圧、そして胸腔、口腔を含めた〝3つの腔〟の充実がもたらす体軸の安定は、レベルの違う体幹稼働を生み出します。

そうなってくると、もう、あなたの身体は自然に体幹力が機能するようになってきます。動くほどに、あなたの体幹力そのものも向上していく事でしょう。いわば、ようやく体幹を使うという事に対してのスタートラインに立てたところ。それは同時に、理想的な体動へ近付いて行くためのチケットを手に入れたとも言えるでしょう。

以下にご紹介するトレーニングは、ウェイトで高負荷をかけたり、長時間行なわねばならないものに比べると、ある意味、あっけないほど「楽」なように見えるものばかりです。でも、やってみると驚かれる事でしょう。そのトレーニングを正しく行なえるようになればなるほど、予想を越えるキツさを感じるようになっていきます。

それは、あなたがもう長い間使わないようになってしまっていた部分が、覚醒し始めた瞬間なのです。

1 丹田呼吸法

丹田力の強化、横隔膜・腹横筋・多裂筋の強化と安定

1

リングを凸面下縦向きに持って、臍の少し下の丹田の辺りに当てます。

2

吸気しながら、下腹でリングを押すように拡張させていきます。また、中央だけでなく10センチほど左右に動かした位置に当てて、それぞれの方向への拡張を意識して行ないます。

丹田呼吸法（座）

椅子に座って行なう事もできます。

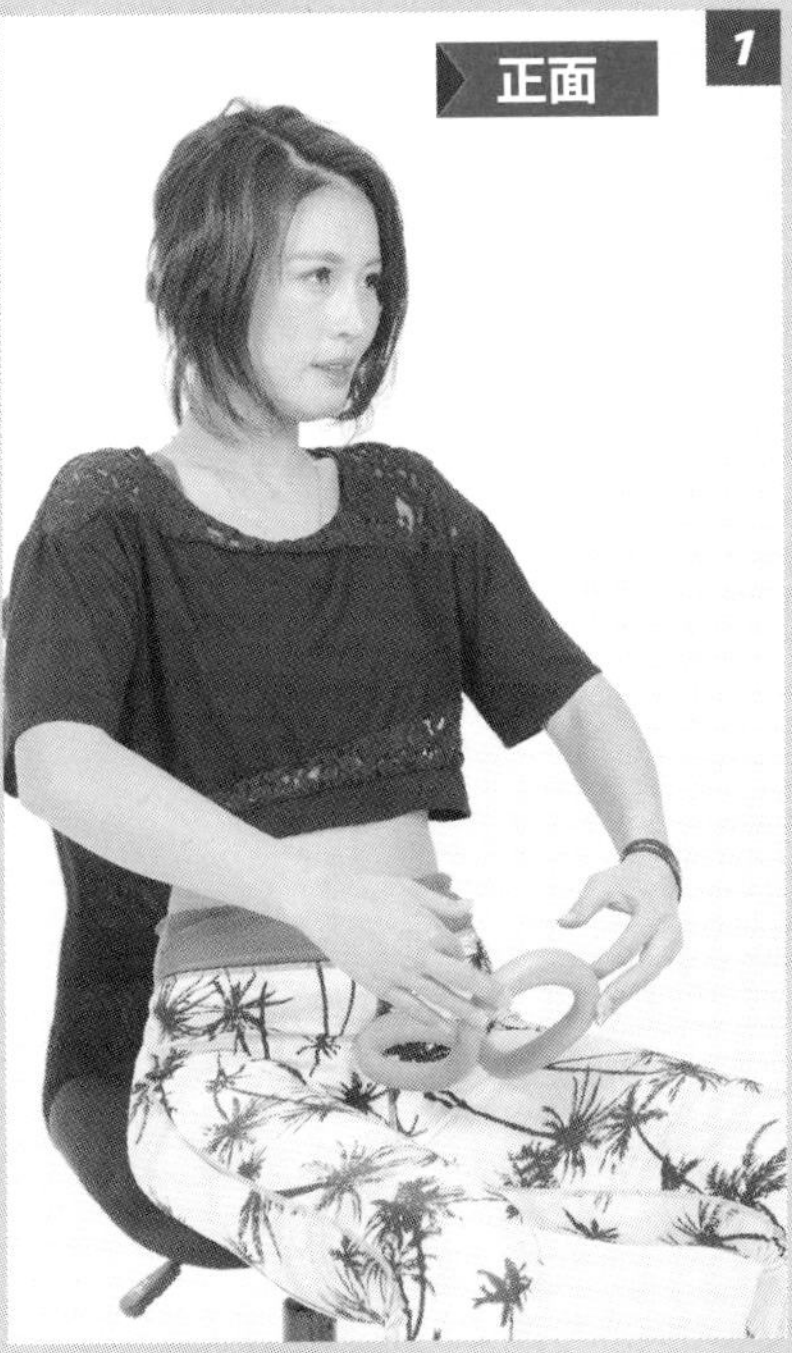

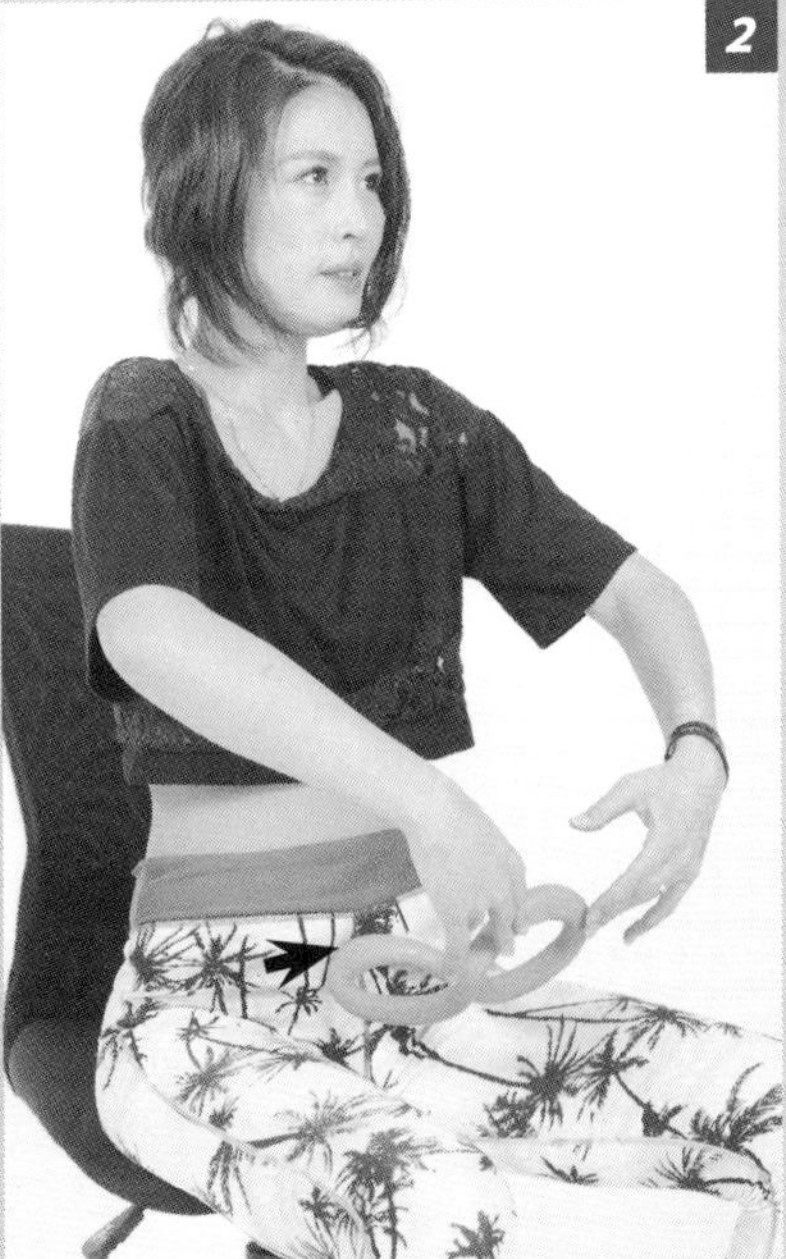

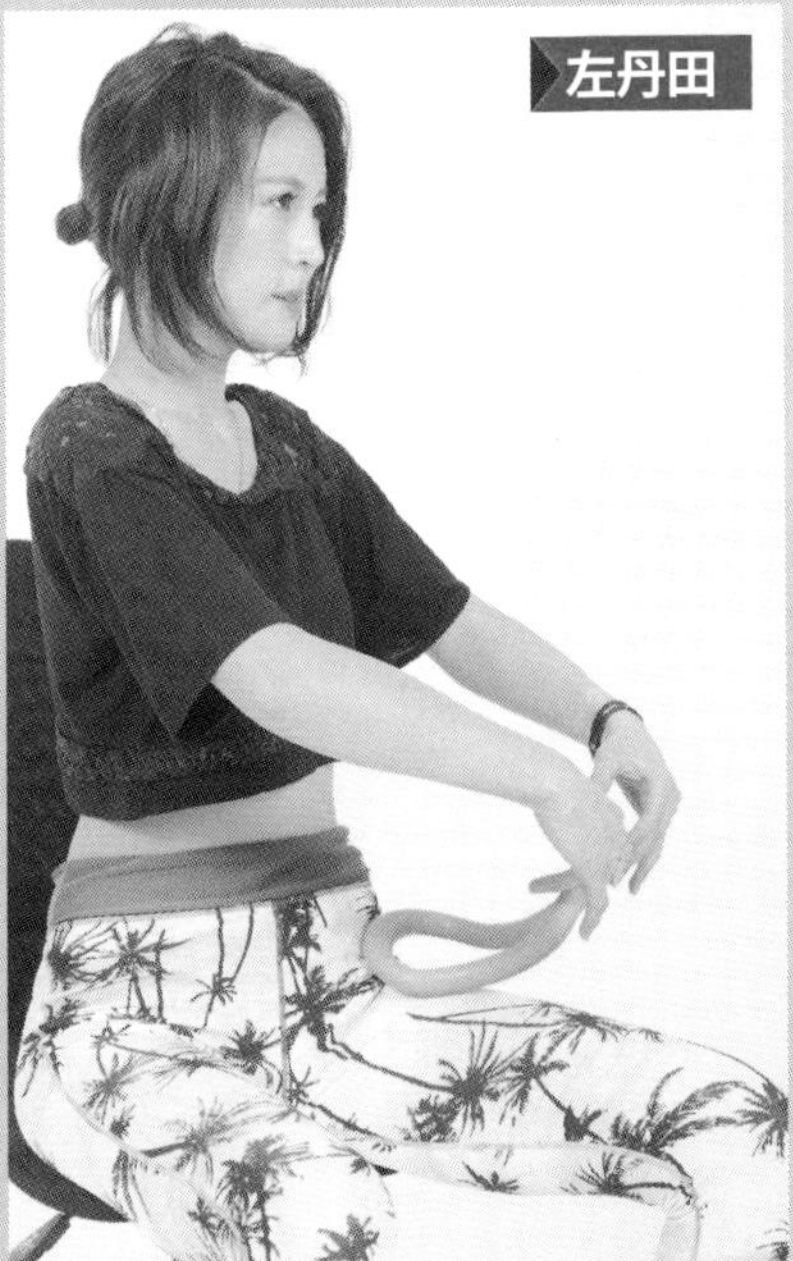

2 腹腔強化呼吸法（ドローイン＆腹圧トレーニング）

丹田力の強化、横隔膜・腹横筋・多裂筋の強化と安定

リングの凸面が上になるように床に置き、縦向きに下腹部に当たるように、その上にうつぶせに乗ります。両肘を曲げ、手は重ねてその甲を額に。頭頂から座骨の体軸を一直線にします。

息を吸って胸に入れ、吐きながら腹をへこませて薄くしていきます。

1

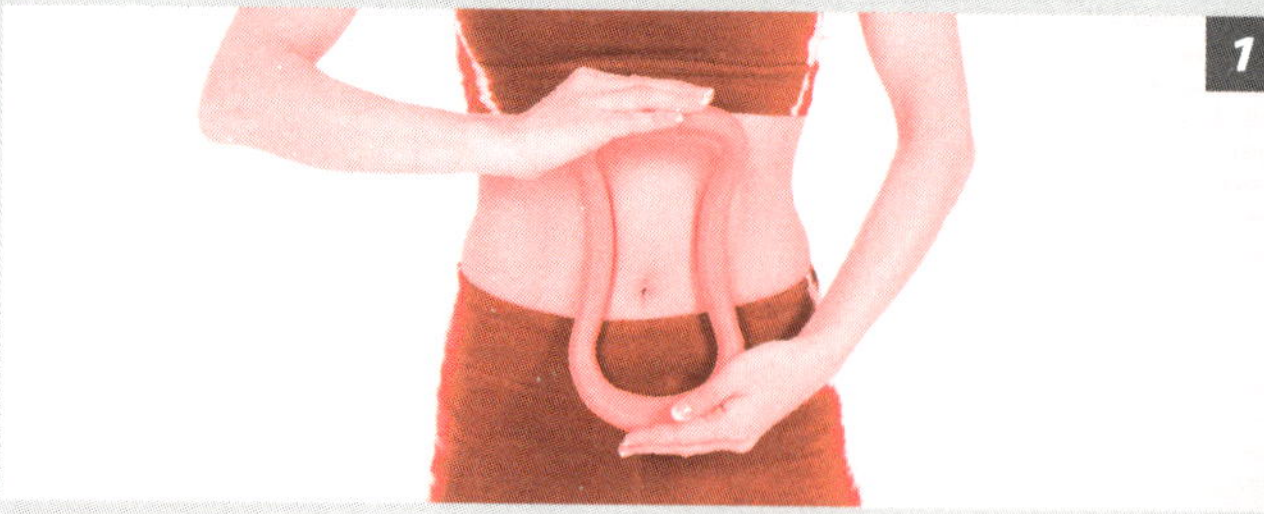

2

3

4

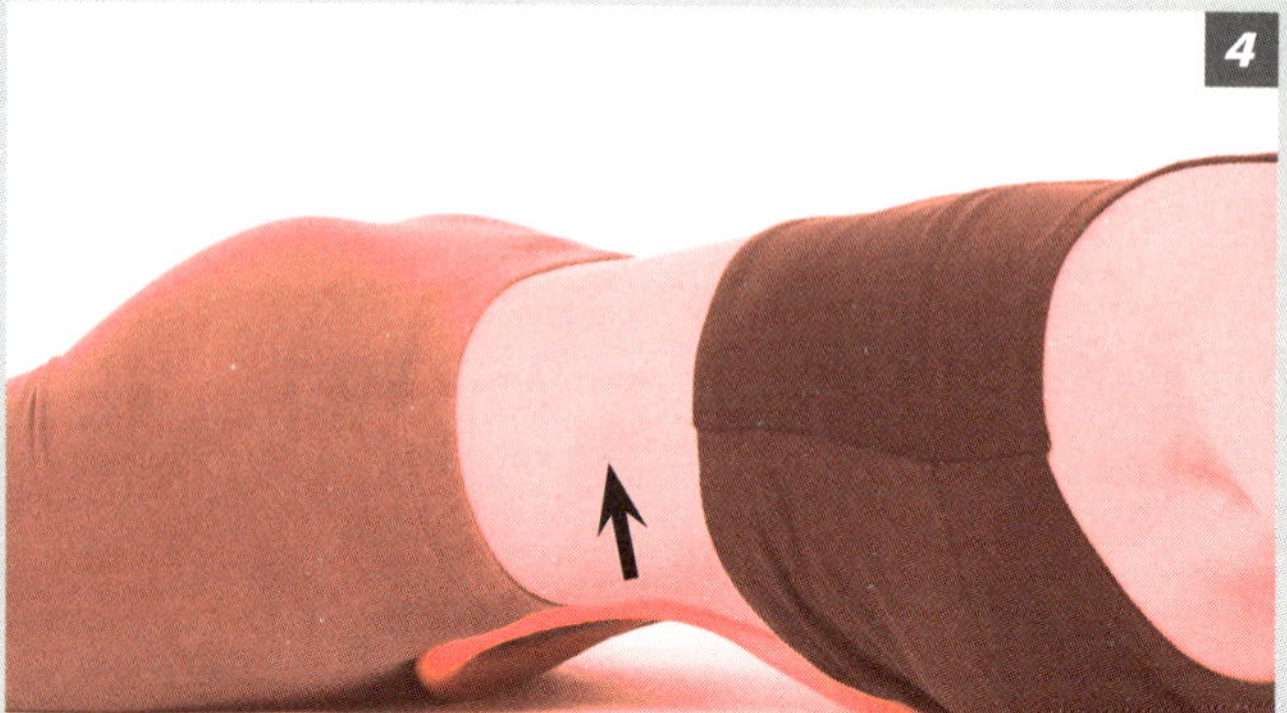

腹圧トレーニング

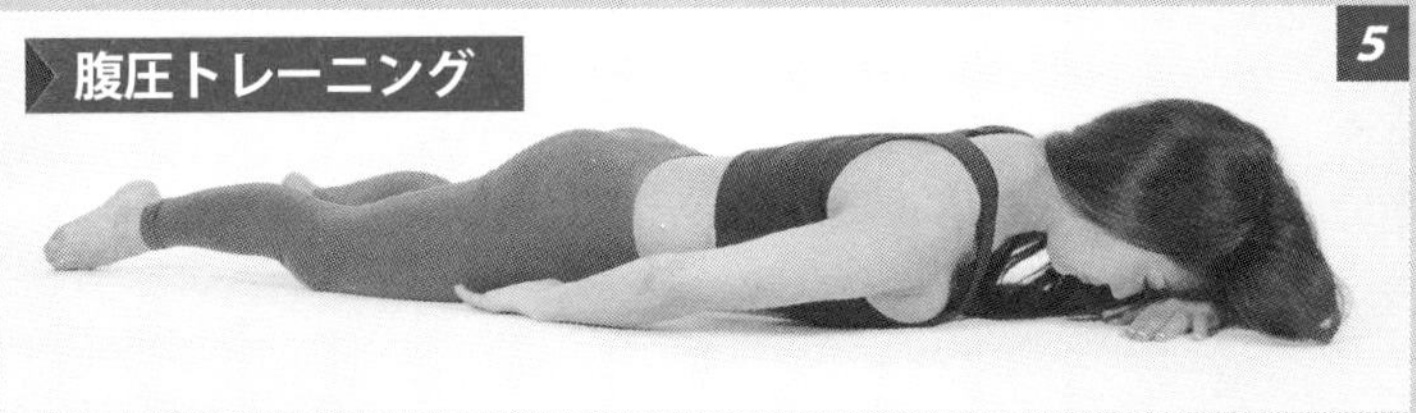

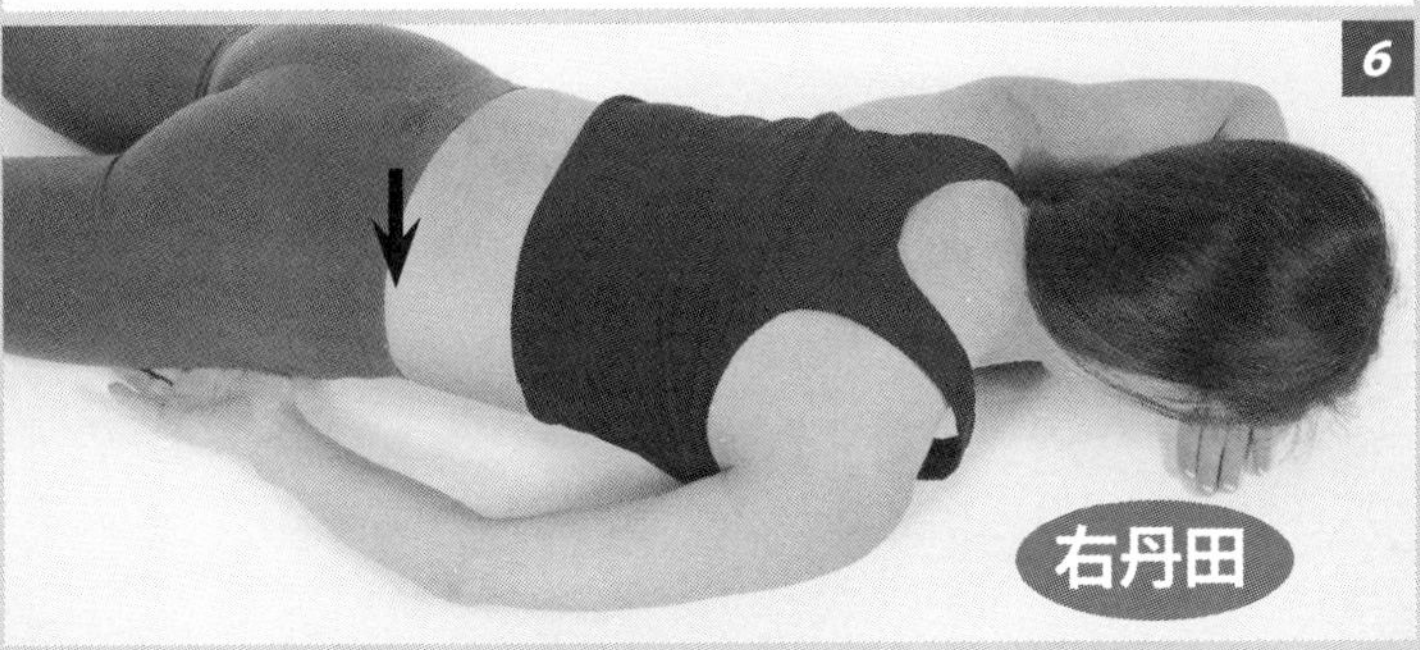

右手を腿の付け根に置き、息を吸いながら腹の右側でリングを押すように膨らませていきます。

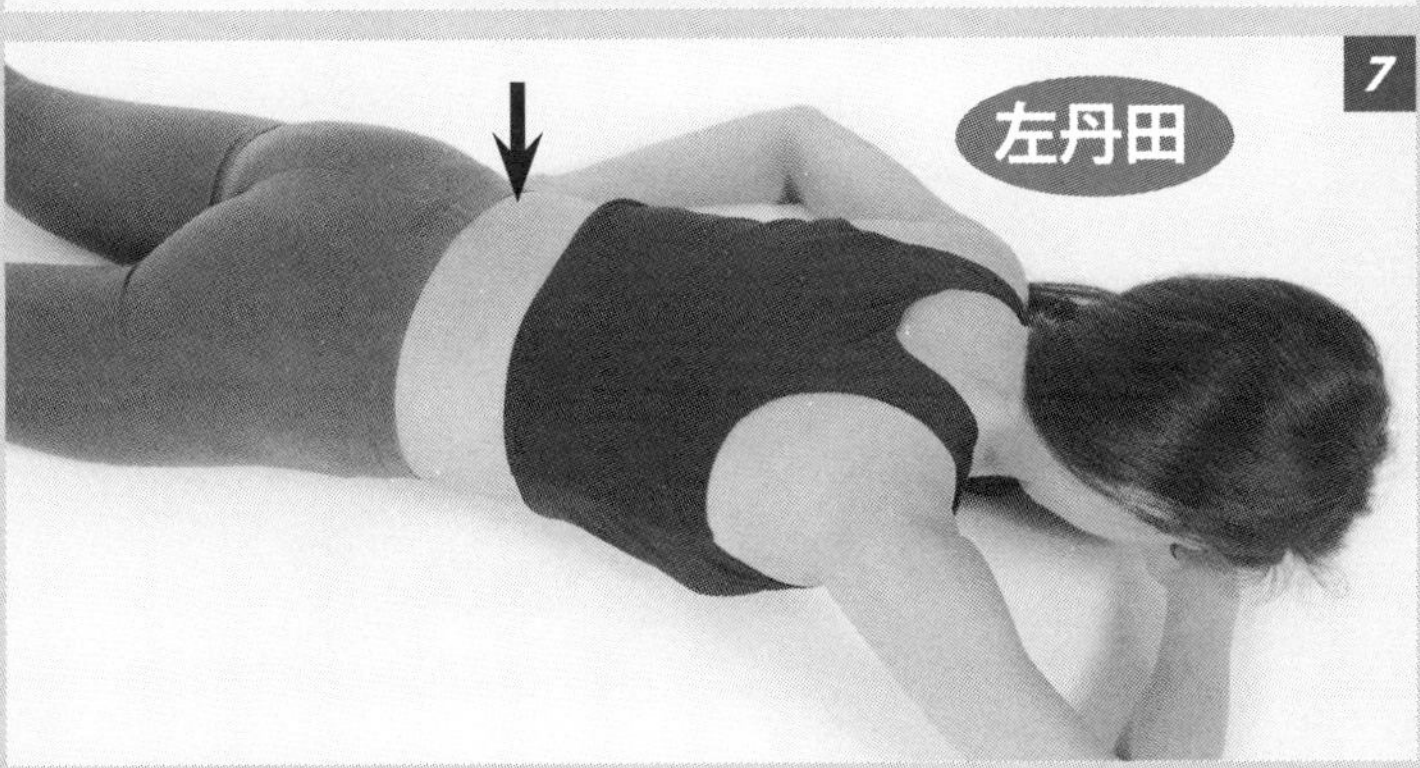

手を入れ換えて、腹の左側で同様に行ないます。

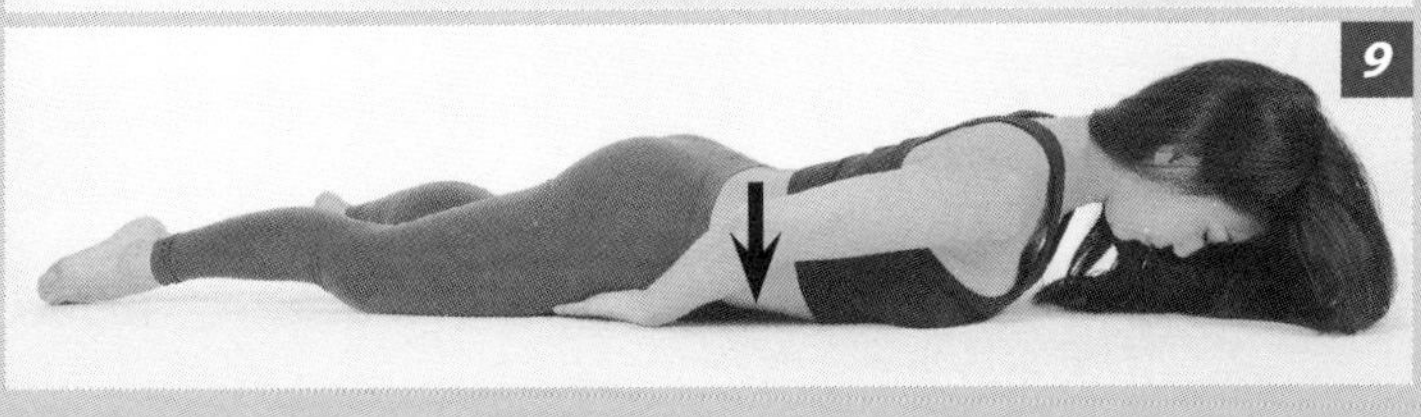

両手を腿の付け根に置き、両腕で床を押して背すじを真直ぐのまま息を吸って下腹を膨らませていき、上半身をわずかに浮かせてキープします。息を吐いても、腹はそのままの状態でキープします（腹横筋の強化）。

3 中背部　腹腔強化呼吸法

丹田力の強化、横隔膜・腹横筋・多裂筋の強化と安定

リングの凹面が上になるように床に置き、横向きに、臍の真裏の位置に当たるように、膝を曲げて仰向けに乗ります。

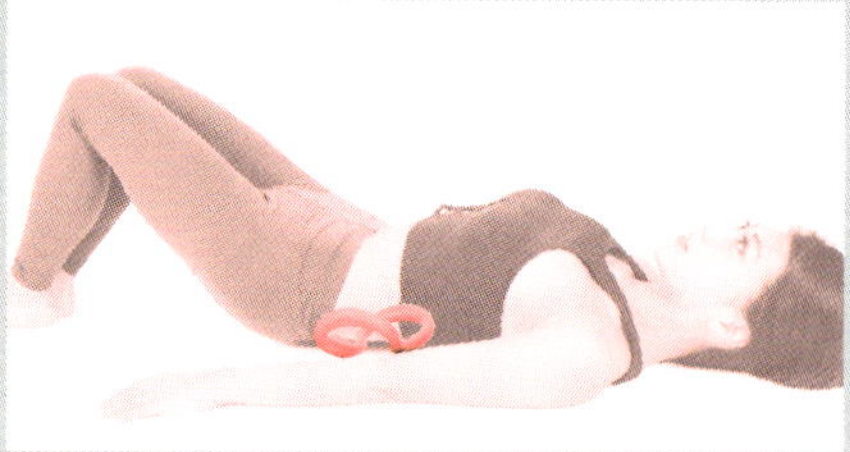

1

息を吸って腹圧を高め、鳩尾を床に押し付けるようにしてお尻を少し浮かせます。

2

お尻を下ろし、膝を伸ばしてリラックス。

3

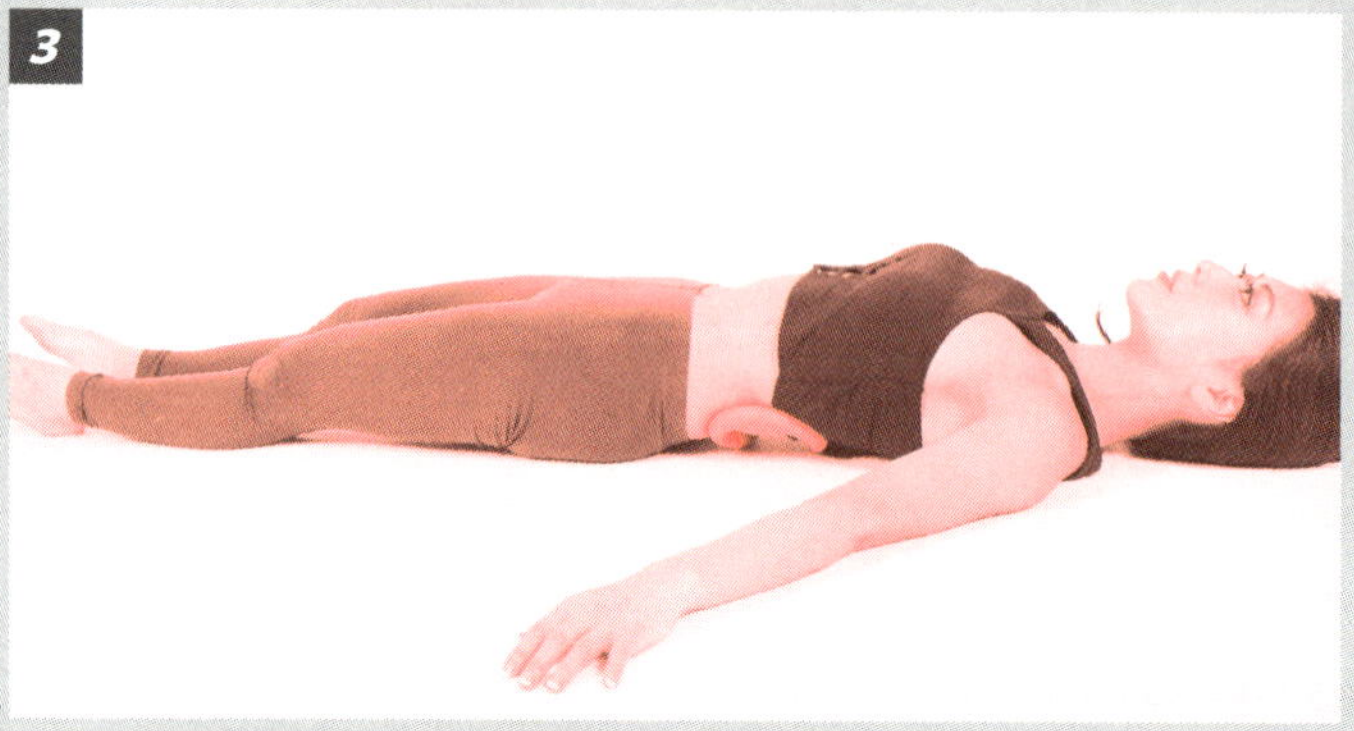

4

骨盤エクササイズ

骨盤の動きを引き出す

リングを縦向きに持って凸面を片足側の骨盤に当て（写真①）、リングで前方にすくい上げるように、骨盤を後傾させせます（写真②）。続いて今度は逆に骨盤でリングを後方に押すようにして骨盤を前傾させせます（写真①にもどる）。これを繰り返します。

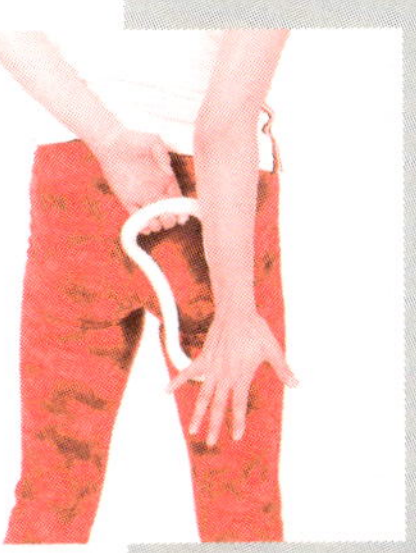

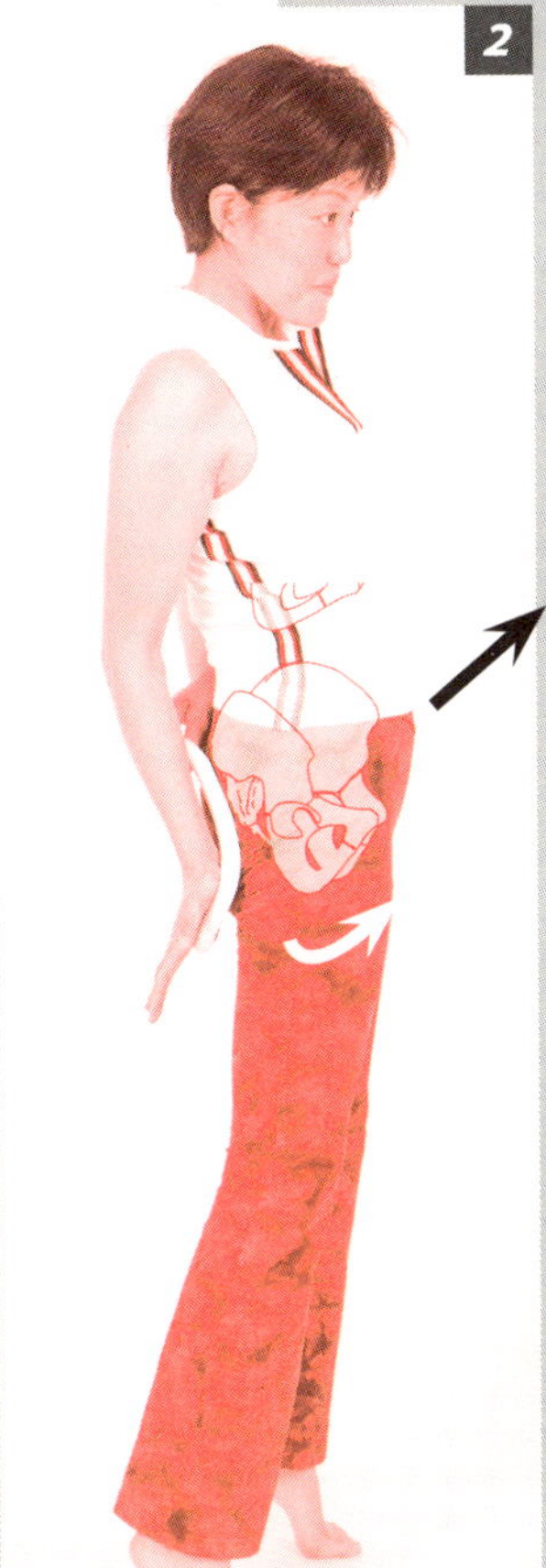

5 ランジ

下半身の強化、股関節の柔軟性向上、上半身の正しいアライメント向上

1

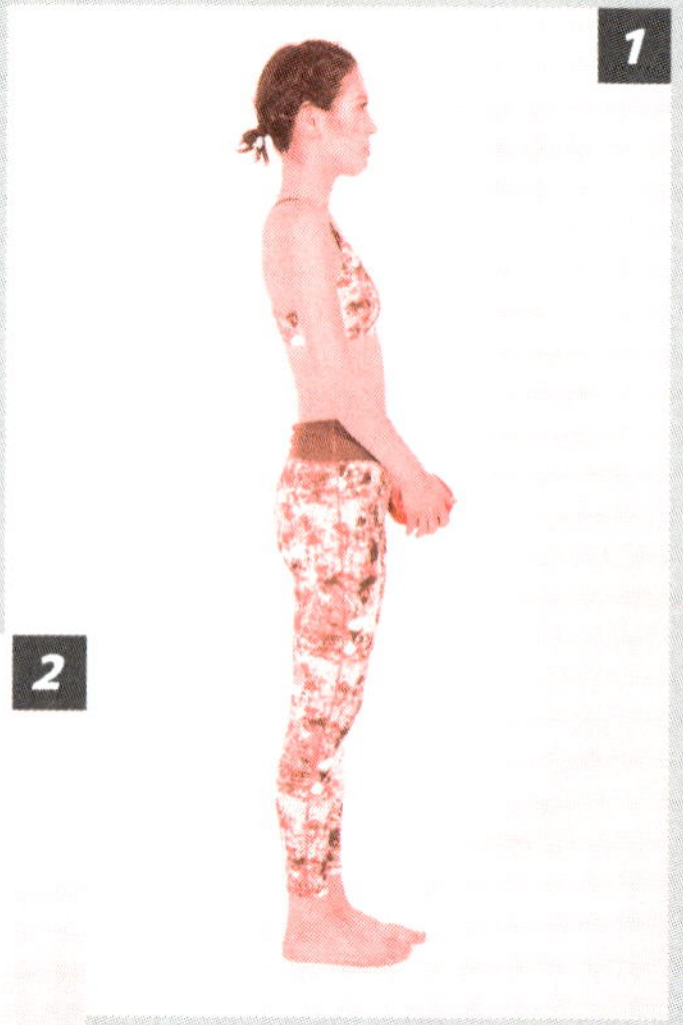

片側の足（軸足）の前のそけい部にリングを凸面上横向きで軽く当てます。

リングは握らずに手のひらの付け根で押さえます。

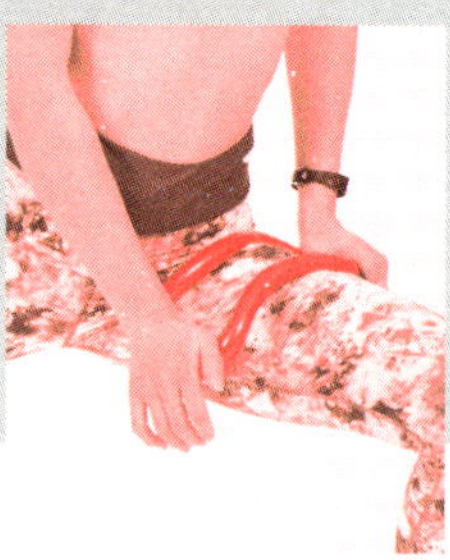

2

リングを当てた軸足を半歩前に出し、反対の足を半歩後ろに引き、

3

肩を前方から上↓後方へ回して落とし、肩甲骨を内転させながら腹圧で背中を膨らませます（正しいランジ姿勢の完成）。

リングを下方に押しながら、軸足の股関節を屈曲させつつ、反対側の足を引いて前傾姿勢を作り、

続いて引いた足を軽く曲げつつ後傾姿勢を作ります。

6 ランジ～スクワット

股関節の屈曲・伸展機能向上、ジャンプ力アップ

1

片側の足のそけい部にリングを凸面上横向きで軽く当て、その足を伸ばすようにして股関節を屈曲させ、反対の足に体重を乗せます。

2

抵抗を感じながら、そけい部でリングを押し出すようにして股関節を伸展させます。

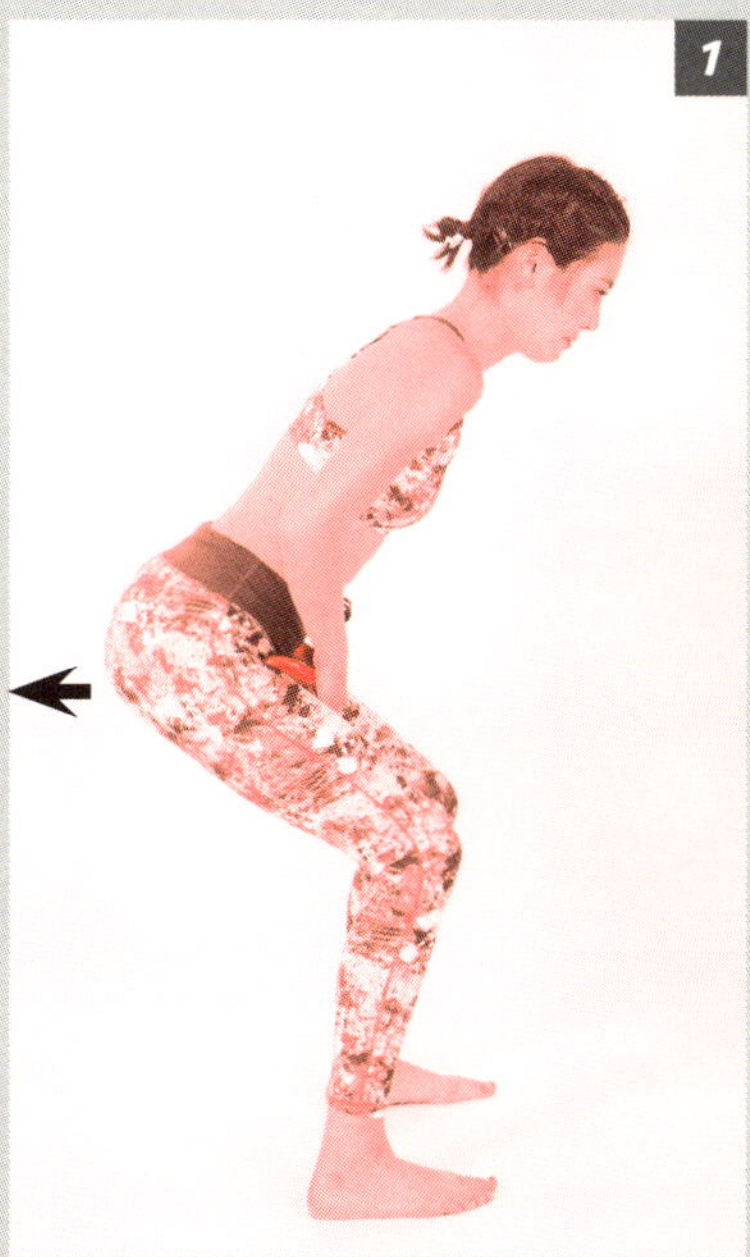

そけい部にリングを当て、その当たった部分で股関節を屈曲させます。

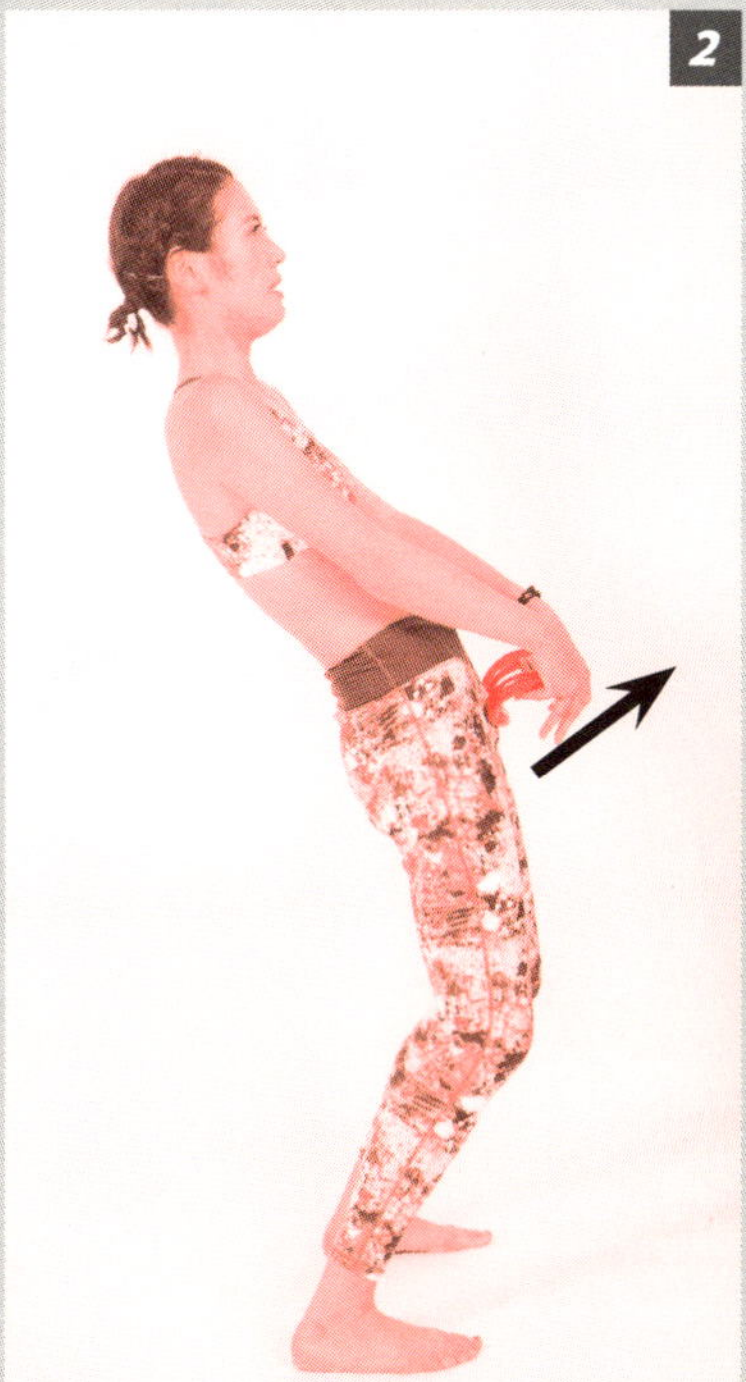

リングの抵抗を感じながら、押し出すように股関節を伸展させます。

踵を上げて後傾姿勢をとります。

膝を伸展させる事によって、垂直上方向にジャンプします。

7 スパイラルランジ

股関節の内外旋パワー強化

内腿をさするようにしてリングを小股に添えます。

リングを内腿の付け根で挟み込むようにして股関節を屈曲させ、

リング側のつま先を内側に入れて膝とつま先を正面に向け、インサイドエッジに乗ります。

徐々に背筋を伸ばし、太腿を内側に押し込みます。

リング逆側の足を前に送り、バランスをキープします。

リングをはさんだまま、骨盤を前後傾させます。

リングをはさんだまま、片足を後ろに上げてバランスをキープします。

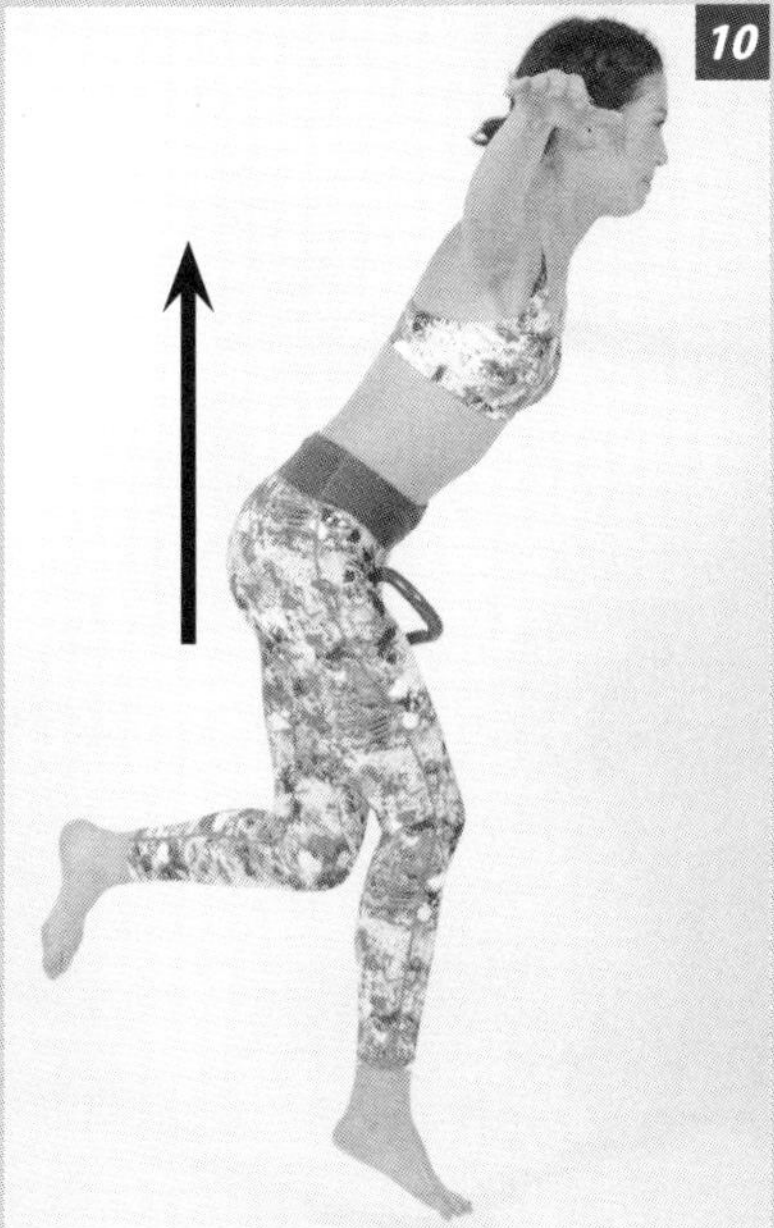

リングをはさんだまま、片足でジャンプします。

8 ゴンブーランジ

腸腰筋・股関節まわりのストレッチ、内転筋への刺激

1

足を前後に開き、後足側の骨盤にリング凸面を当てて身体を前傾させます。

2

リングを押しながら徐々に視線を上げ、

3

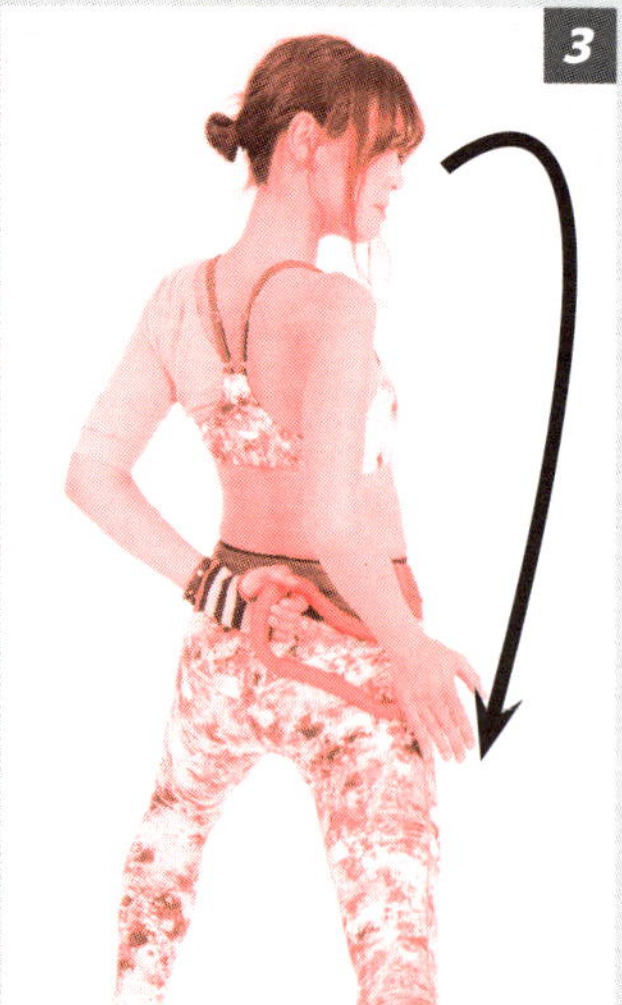

上がった視線を後方、そして自分の踵へと少しずつ移動させ、上半身の伸びに対して螺旋を描くようにする。

1

2

3

9 すもうスクワット

下半身の強化、股関節の柔軟性向上

リングの凸面が上になるようにそけい部に当て、背筋を伸ばしたまま、リングを当てた部分からの股関節と膝関節を屈曲させます。

左右に体重移動させます。リングを掌底で下方へ押すと体幹が安定します。

余裕があればリングから手を離し、両手を床と平行に差し上げます。

そけい部に当てたリングを掌底で下方へ押しつつ、反対側の足をゆっくり上げていきます。上げる足は膝を曲げてかまいません。そしてゆっくり下ろします。

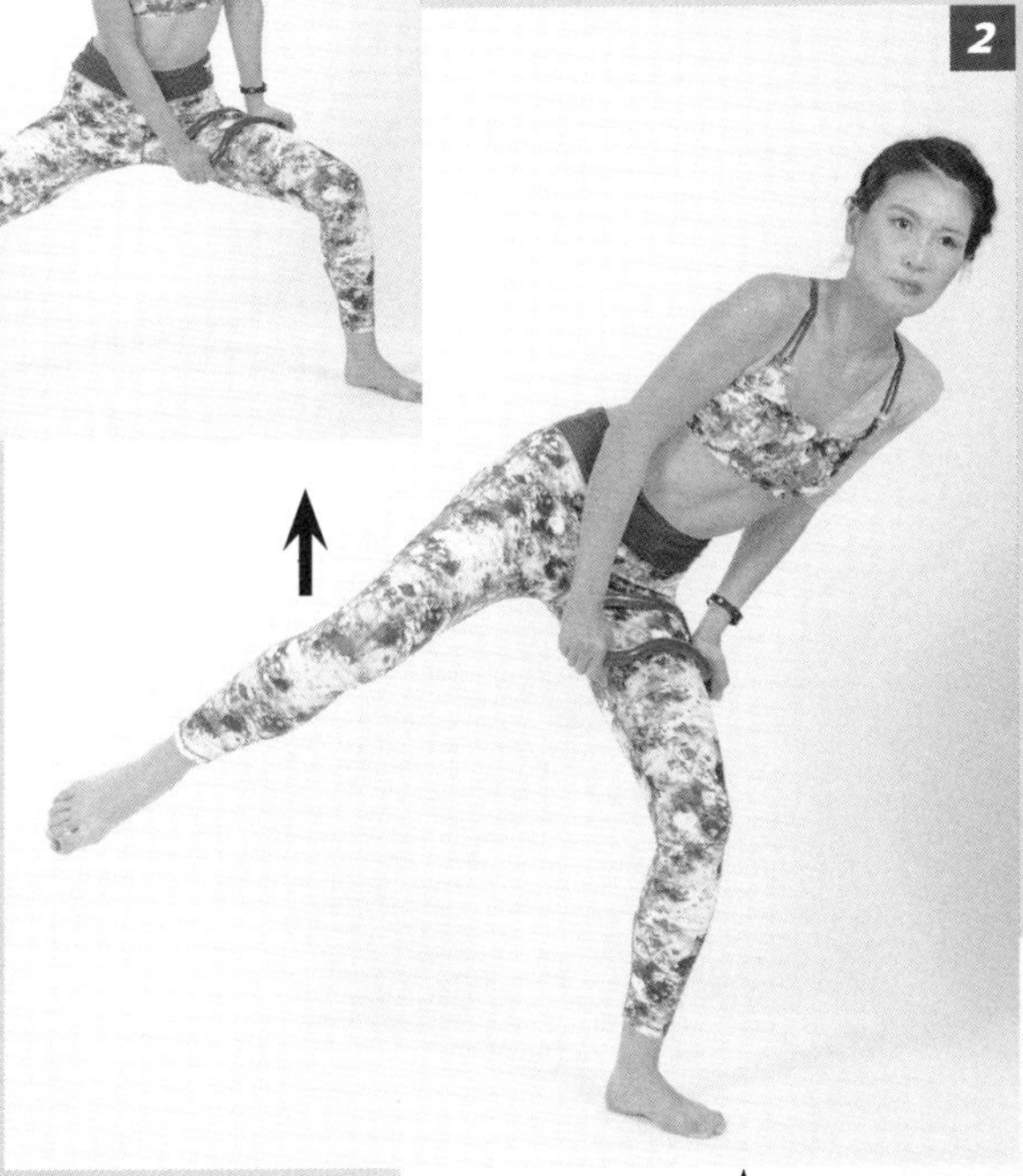

10

ハンドルスクワット

股関節まわり、肩甲骨まわり、体側のダイナミックストレッチ

凸面上のリングを両掌底で押しながら、股関節、膝関節を屈曲させます。

1

2

両手をリングの内に入れ、前腕部回内位で両腕を伸ばし、下半身をそのままでリングを回転させます。反対側も同様に。

左右へ体重移動させ、肘を腿に乗せて体側のストレッチを引き出します。

11

丹田パンチ~オープンハート

胸郭の動きを引き出す

1

凸面前でリングを持ちます。

2

前腕を回内させ、リングを〝指差し〟に持ちます。

3

下半身を動かさず、ハンドルを左右に回転させ、身体を斜めの方向に捻ります。

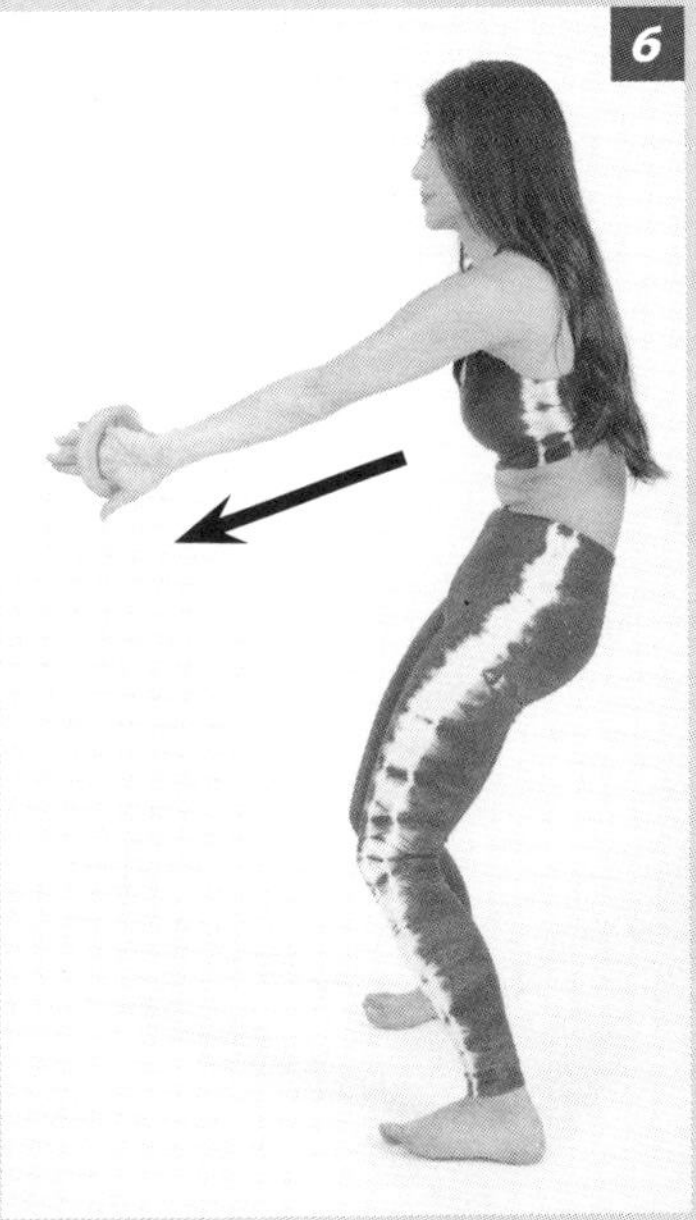

膝を軽くゆるめ、骨盤を後傾させながら脊柱をカーブさせます。

真上に大きく伸び上がります。腹筋をゆるめず、胸の開きを強調します。

12

内腿はさみ

内転筋強化・意識づけ、O脚の矯正

リングを内腿下方（膝に近いあたり）にはさみ、つま先、踵をそろえて5センチ膝を曲げます。続いて、つま先を合わせたまま膝を3センチ伸ばします。内転筋でリングをつぶすように引き締めます。（上下運動を5～10回行ないます。）

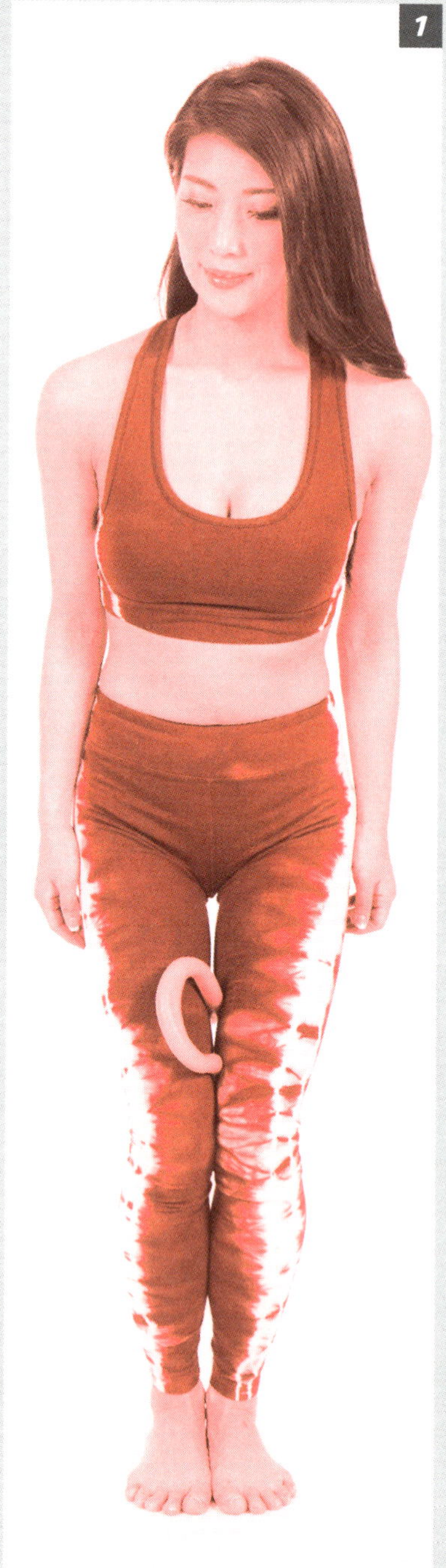

前後バランス

踵を上げてつま先立ち⇅つま先を上げて踵立ち～を繰り返します。

リングを内腿にはさみ、つま先をつけ、踵を外に開きます。

リングと太腿を擦るように動かします。

13

内腿はさみ（ジャンプ）

内転筋強化、ジャンプ力アップ

左右ジャンプ

内腿にリングをはさんだまま、左右にジャンプします。

1

2

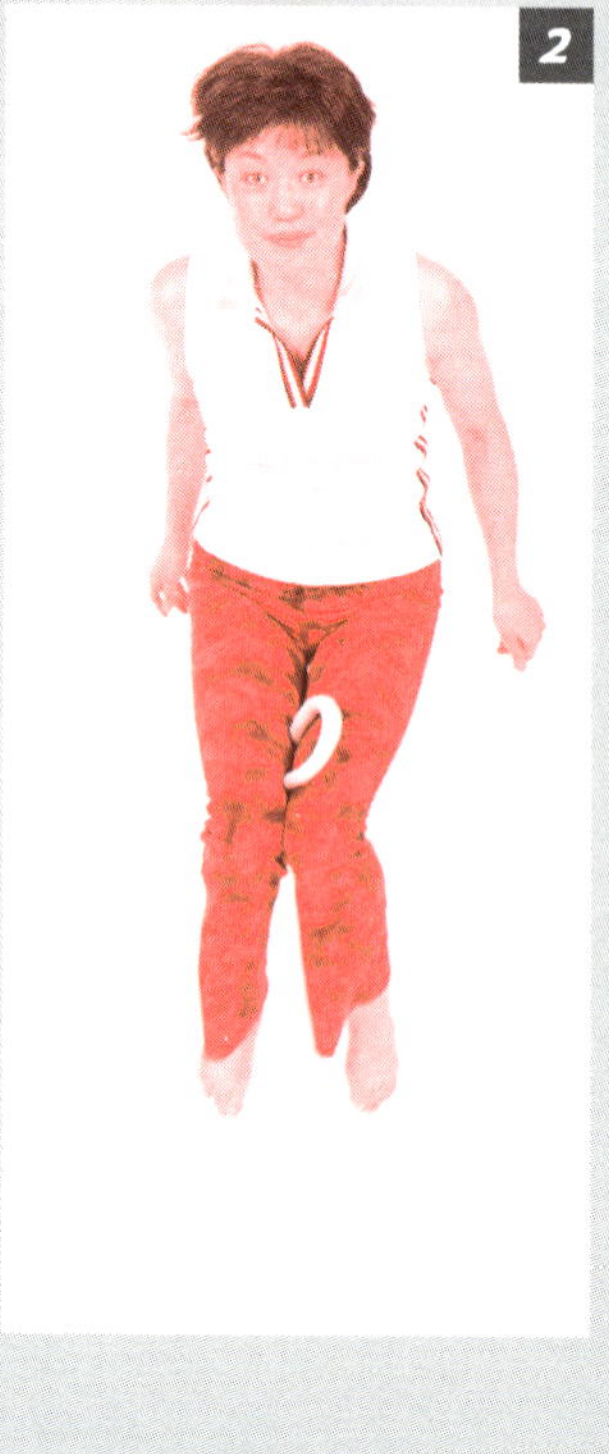

3

4

前後ジャンプ

内腿にリングをはさんだまま、前後にジャンプします。

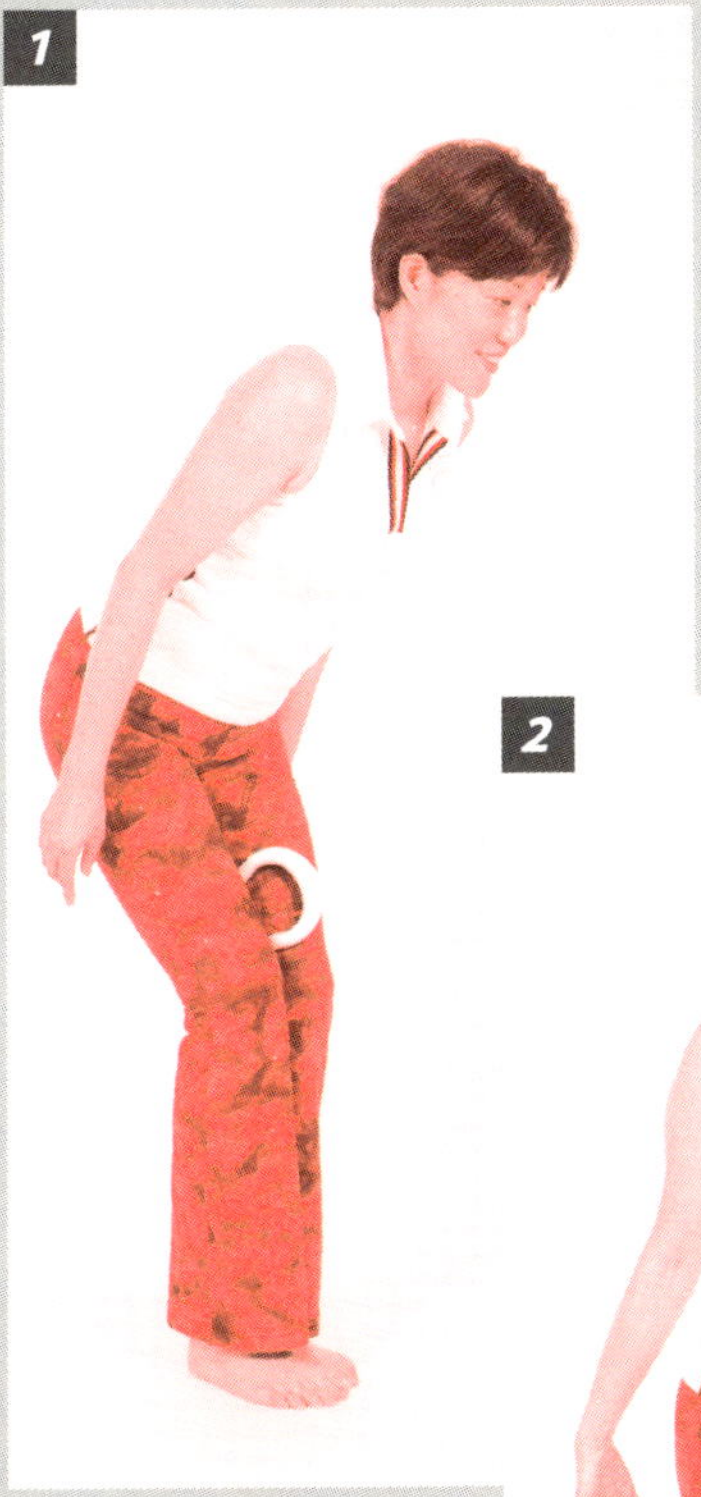

14 内腿はさみ（サポート）

内転筋強化、意識づけ

内腿とふくらはぎの内側にリングをはさみ、サポートされる側は上下に5センチほどゆすります。サポート者はその足を両側から押さえつけるようにして、内転筋感覚を促します。

サイドアーチ～スパイラルダウン

脊柱の側屈・屈曲

前腕を回内させ、リングを〝指差し〟に持って左右にテンションをかけ、伸ばしたい側に重心を移動させます。

1

2

伸び感を保ちながら、上半身をカーブさせます（サイドアーチ）。

3

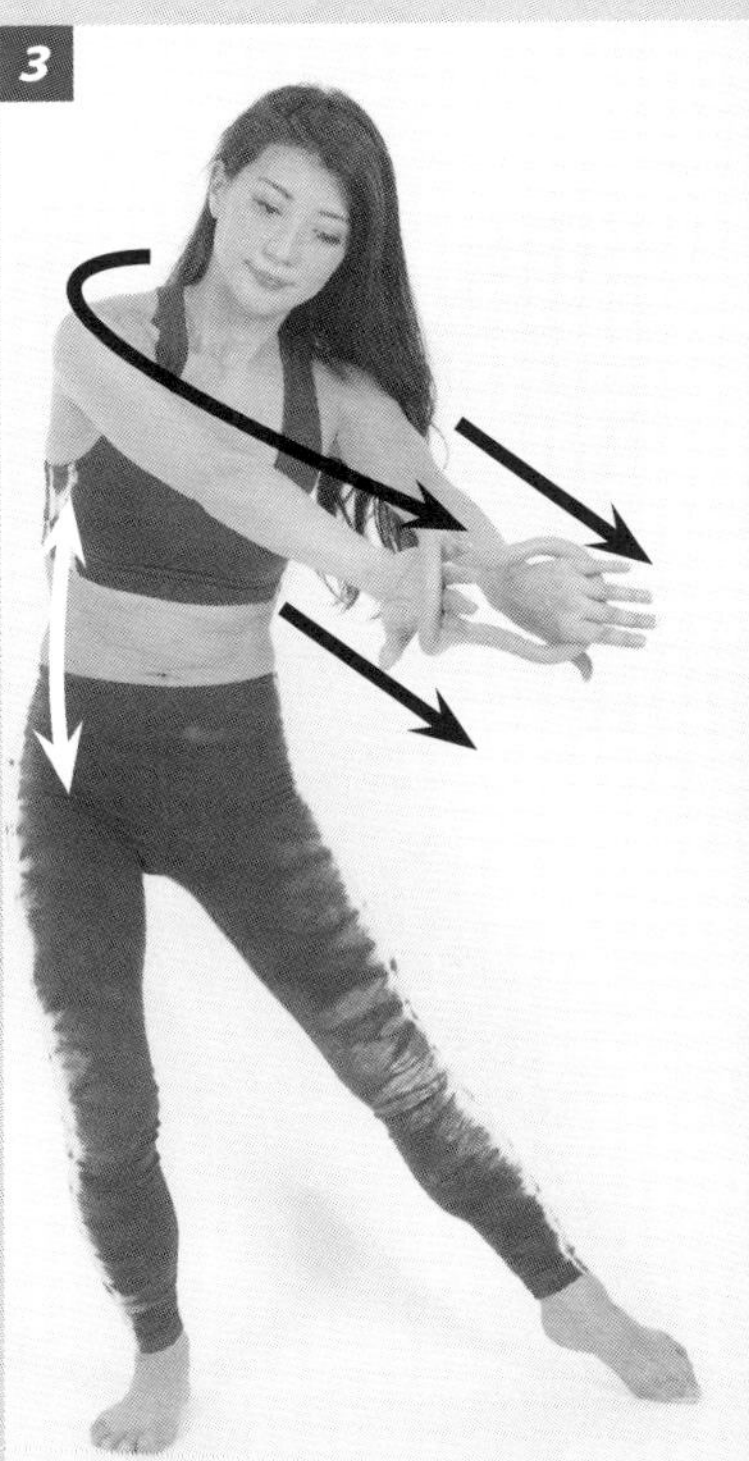

重心を乗せている側の膝を緩め、斜めへのアプローチ（スパイラルダウン）

15

肘張りプリエ〜三角（デルタ）

股関節の機能向上

1

2

リングを凸面上に、両掌ではさむように持ち、押す〜ゆるめる、および上下運動を繰り返します。

左右に重心移動し、肘を膝に乗せます。

3

4

5

膝に乗せた手と反対側の手をはずし、リングを足にかけます。

6

7

足はリングを踏み、手でリングを引っ張りつつ、逆側の手を真上に伸ばします。

16 レッグプレス

股関節内外旋の中心軸を意識させる

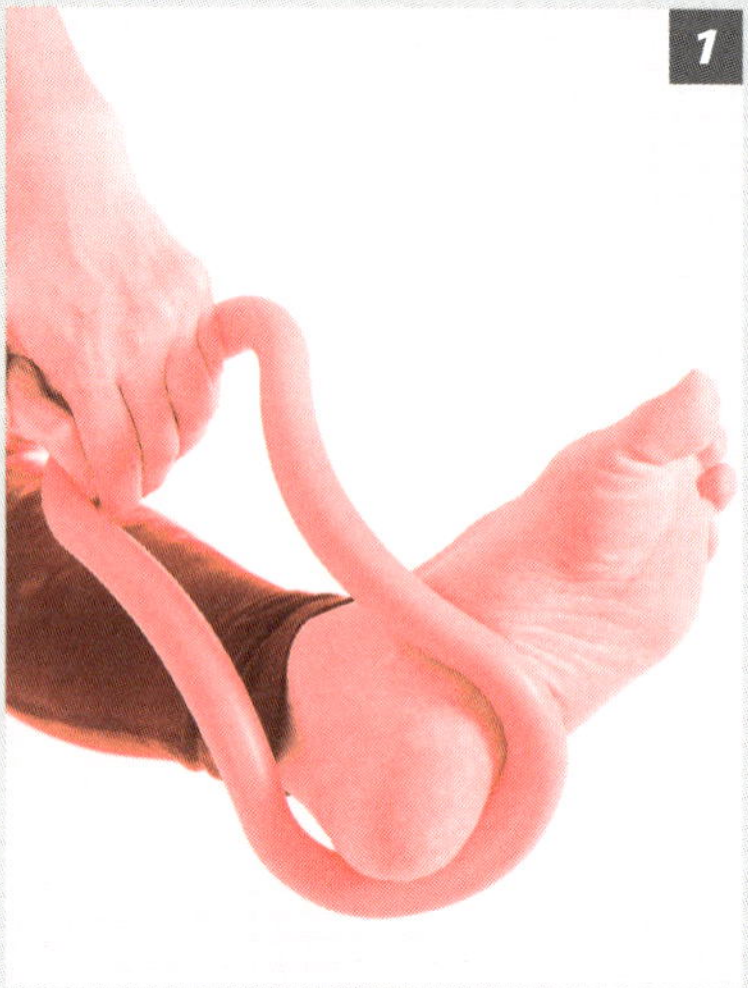

内踝側からリングをかけます。

リングの抵抗を感じながら、正面に踵を押し出します。3~5回。

同じ場所に股関節外旋を加えながら踵を押し出す。3~5回。

外踝側からリングをかけ直し、股関節内旋を加えながら同様に。3~5回。

仰向けで行なう場合

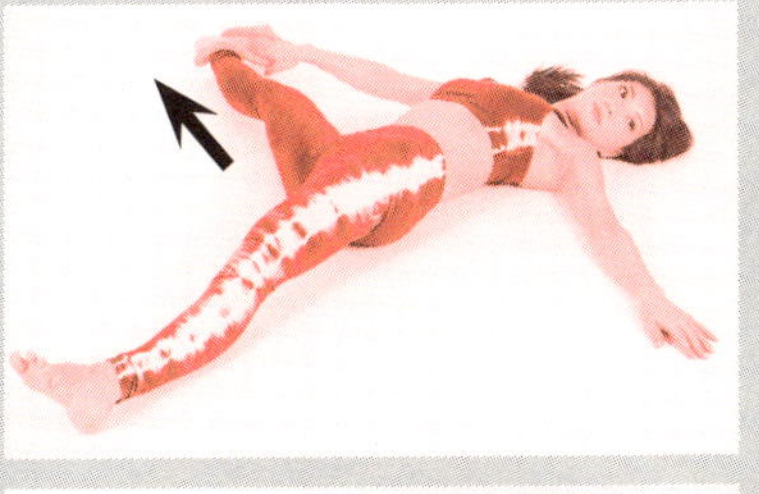

股関節外旋・外転のバリエーション１

床についている手を離し、坐骨で座ります。

股関節外旋・外転のバリエーション２

肘をつき、骨盤を上げて天井方向に踵を押し出します。

17 レッグプレス（サポート）

股関節の軸づくり、股関節まわりのストレッチ、股関節の安定性と可動性を高める

ストレート蹴り出し

凸面が外側に向くようにリングを踵にかけます。サポート相手の踵に抵抗をかけ、蹴らせます。（3～5回）

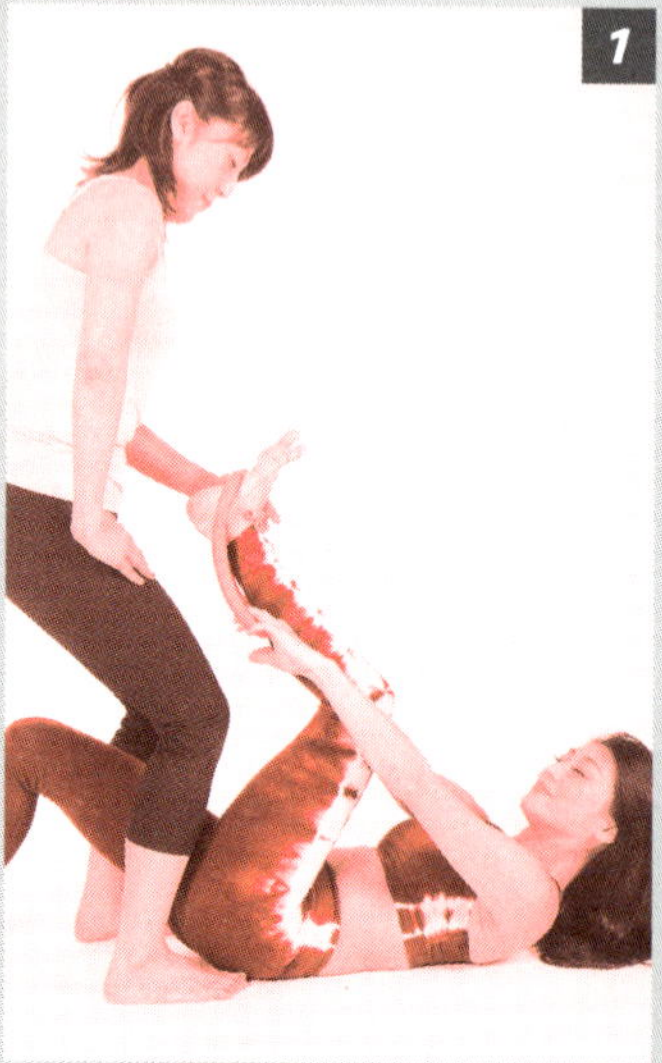

足首のストレッチ

凸面が脛部を向くようにつま先にかけます。サポート者が踵をつまむように引き出し、そこを支点に底背屈を数回行なわせます。

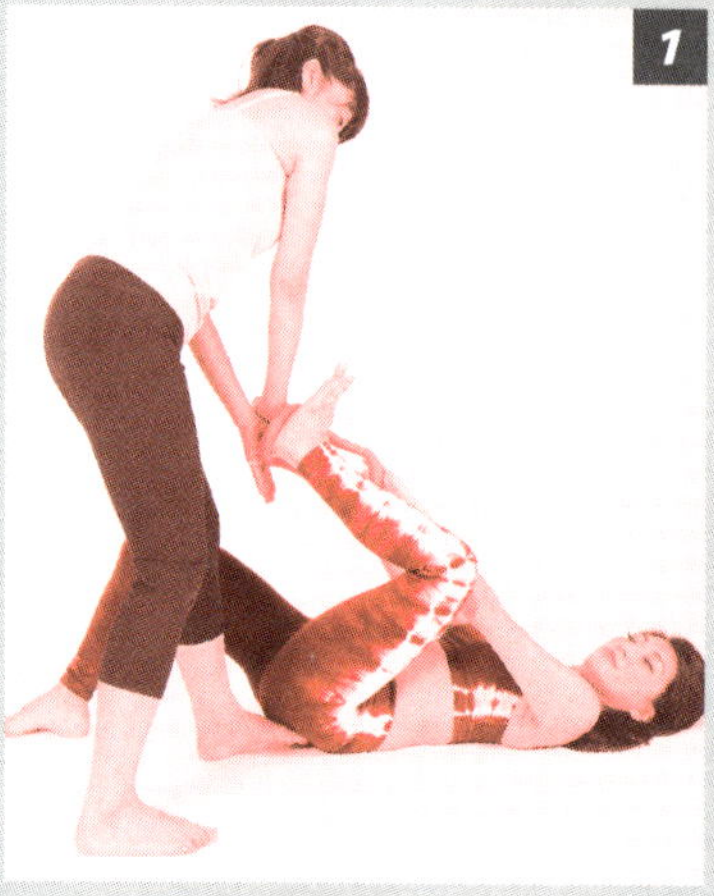

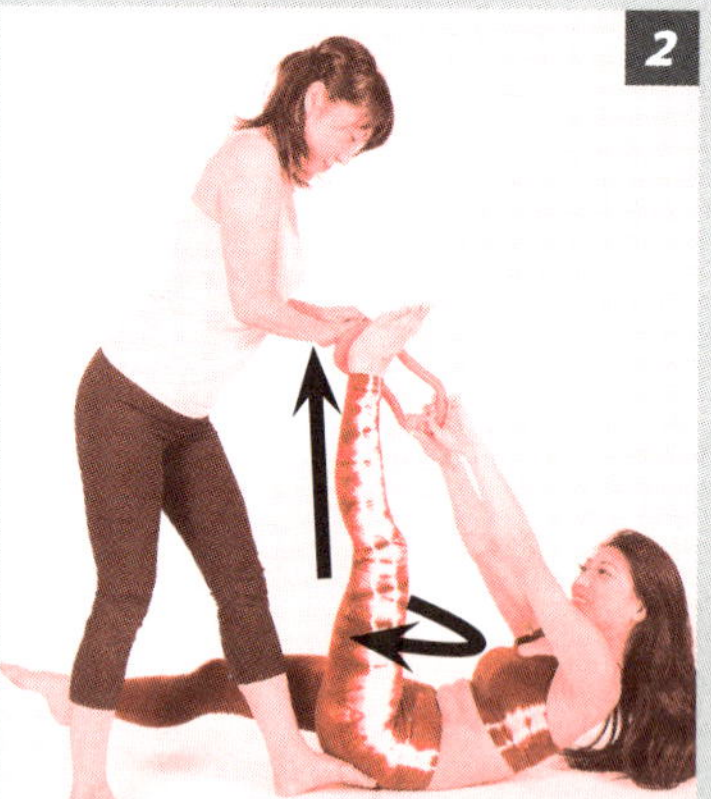

外旋蹴り出し

内踝側からリングをかけます。サポート相手の身体から半分はみ出したところに位置取り、つま先を臀部の下に入れます。股関節を外旋させながら蹴らせます。（3～5回）

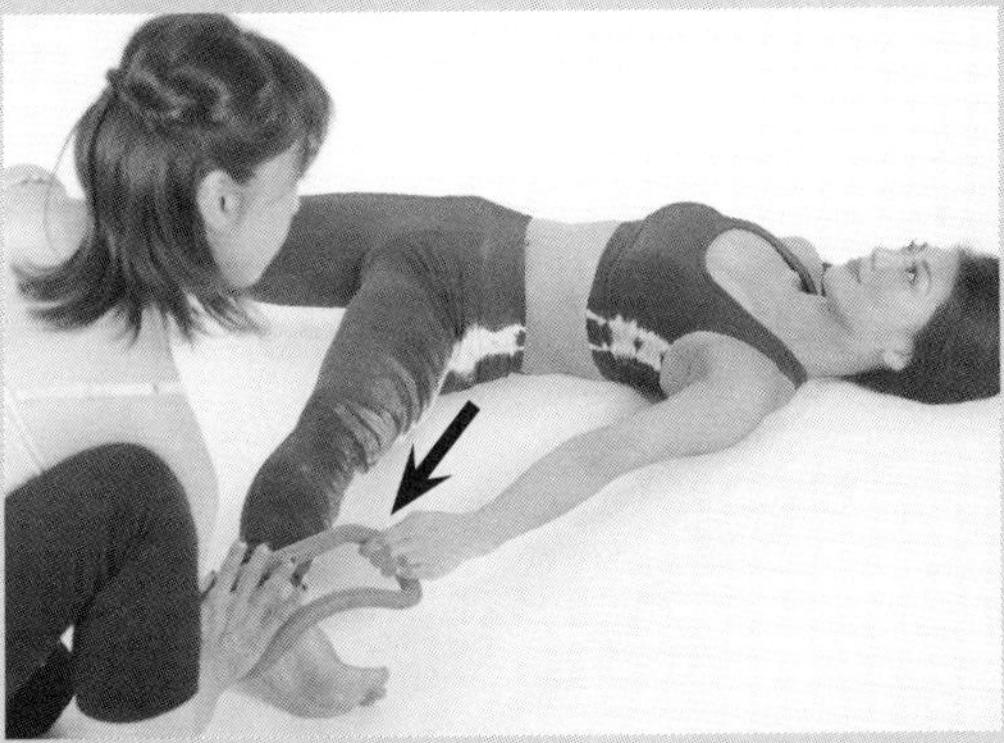

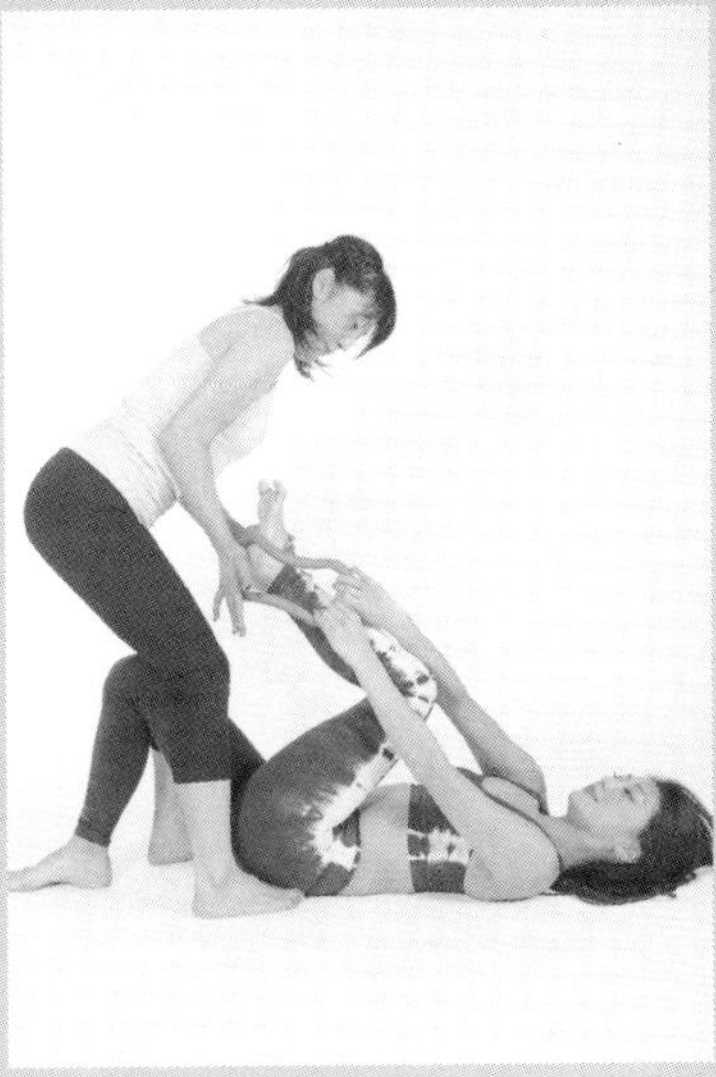

オープン蹴り出し

再び内踝側からリングをかけ、股関節外旋、外転位に。サポート相手の足の向こう側に位置取り、蹴り出させます。３～５段階で徐々に遠くへ蹴るように。

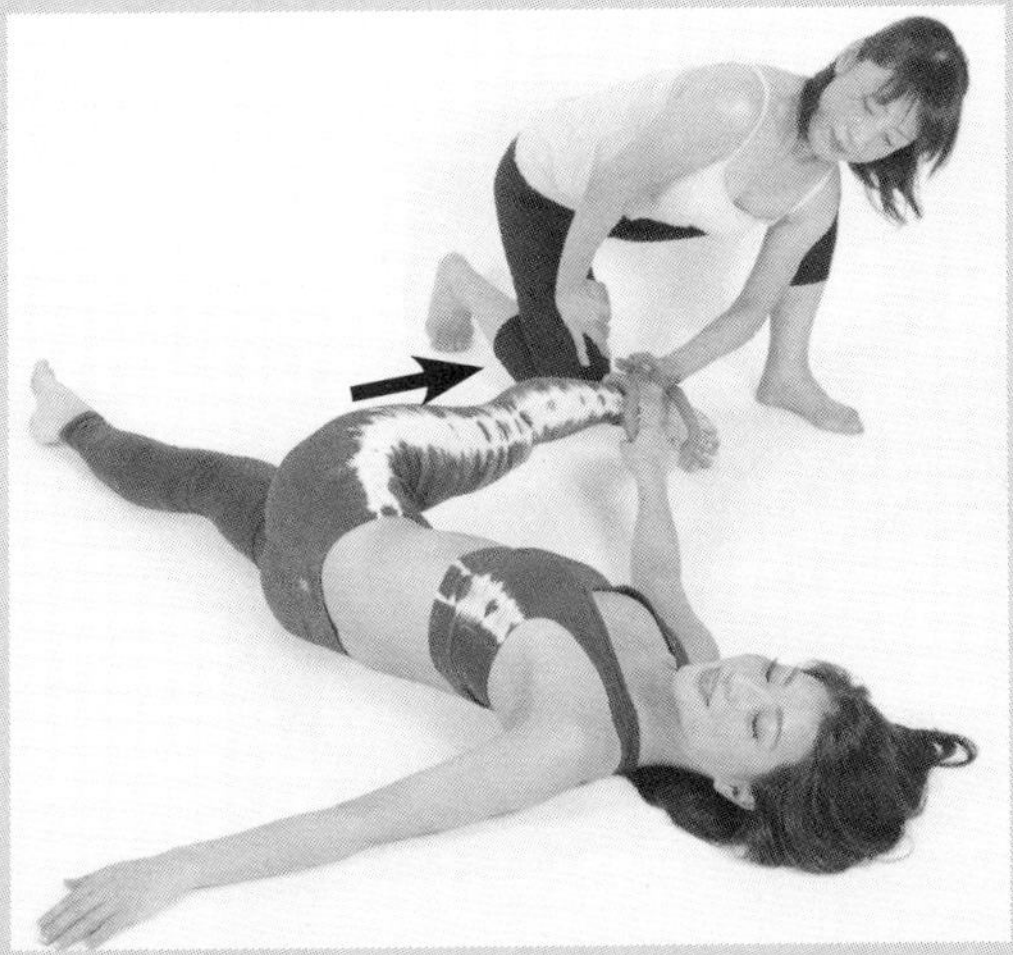

クローズ蹴り出し

外踝側からリングをかけます。股関節内旋、内転位にし、同様に蹴り出させます。最後にサポート相手自身にストレート蹴り出し、外旋蹴り出し、内旋蹴り出しを行なってもらい、エクササイズの復習と身体の感覚を確かめてもらいます。エクササイズ終了後、再びチェックを行なってみると変化がわかります。

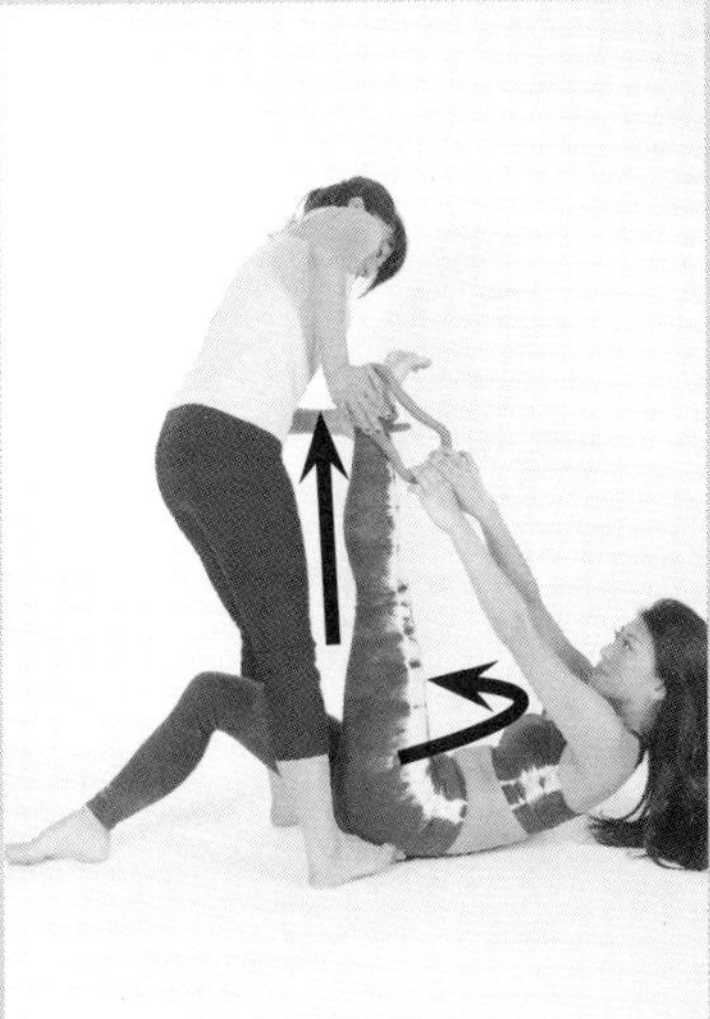

内旋蹴り出し

外踝側からリングをかけます。サポート相手をまたいだ所に位置取り、つま先を臀部の下に入れます。股関節を内旋させながら同様に蹴らせます。（３～５回）

19 ヒップウォーク

骨盤まわりのほぐし、インナーマッスルトレーニング

1

座って足を伸ばし、足首にリングを凸面上向きでかけ、左右にテンションをかけます。足関節を背屈させ、坐骨で座ります。

2

3

骨盤を左右交互に前に出すようにして前進します。同様に後退も行ないます。腕を自然に振り、ダイナミックな動きを出します。

肩甲骨の動きを強調し、骨盤の動きをサポート

肩甲骨前方突出と骨盤の前進を同調させます。後退も同様に。

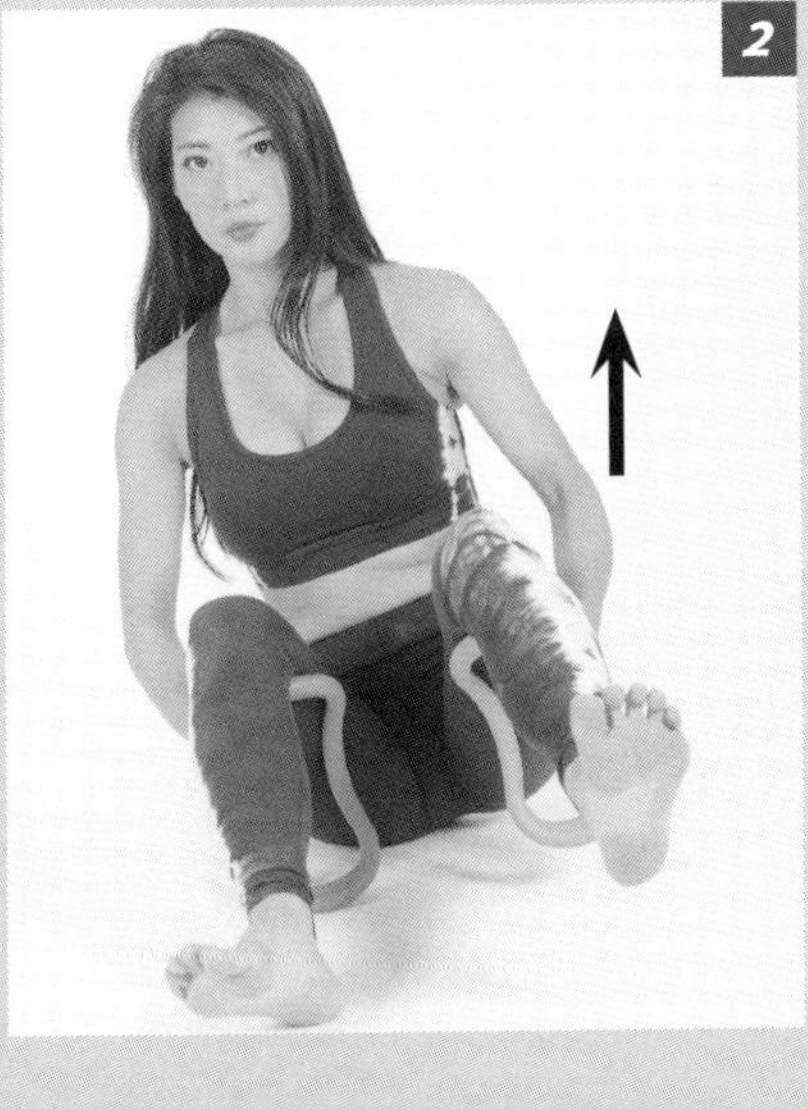

骨盤の上下の動きをサポート

膝裏にリングを縦向きにして当て、その上下動を骨盤の動きに連動させます。

NPO 法人　日本ウェーブストレッチ協会

2004 年設立。2008 年９月ＮＰＯ法人格を取得。より多くの方々が健康に暮らせる社会の実現に寄与することを目指して、活動しております。現在では、全国約 400 ヶ所のスポーツクラブや医療･美容関係の施設などでウェーブストレッチのレッスンが導入され、ご自宅･職場での愛用者も含め、延べ約 300 万人の方々が、ウェーブストレッチを体験されております。また、各種講習会にて指導者の育成も行っております。

一般レッスンについて

エスパティオスポーツ、東北沢スタジオ、セントラルスポーツ、ザバススポーツ、ジェクサー、メガロス、ドゥスポーツプラザ、オークスベストコンディション、ティップネス、NAS、三井住友エスフォルタ、シグマスポーツ、テップネスワン、NA スポーツクラブ、トレーナーズ MAKI、A-1 スポーツ吉原・長沼、沖縄ナック、茨城県アトラス、港区立健康増進センター「ヘルシーナ」、江連忠ゴルフスタジオ、ザ゛・ゴルフガーデン高島平、気愛水泳塾、キージャン、ロハス・ロハスなど（実施している店舗については、個別にお問い合わせください）

指導者講習会について

NPO 法人日本ウェーブストレッチ協会が主催する公式の講習会です。

ウェーブストレッチリングを使用し指導をする方のための正しい使い方や動作を学びます。

４～７時間の講習修了で修了証を発行いたします。

修了書を受け取ると指導が可能となります。
※認定試験があるものは講習後の認定試験に合格し修了認定書をもらわないと指導できません。
４名以上で出張の講習会（認定講習会）を行います。

日時や詳細については下記までお問い合わせをお願いいたします。

ウェーブストレッチ・リング及び関連ＤＶＤのご購入について

ウェーブストレッチリングの購入については、
有限会社 MAKI スポーツ　（東北沢スタジオ）
tel：03（6804）8805　　fax：03（6423）8509
e-mail　order@maki-wavingstretch.com　HP http://www.wavestretch.com

もしくは、BAB ジャパン（詳しくは巻末広告、同封のハガキをご覧下さい）

連絡先

NPO 法人 日本ウェーブストレッチ協会
東京都世田谷区北沢 3-2-16　松岡ビル 2F
e-mail　studio@maki-wavingstretch.com　HP：http://wavering.jp/
Tel：03（6804）8805　　Fax：03（6423）8509

本書のモデル紹介

古橋絵梨奈（ふるはし えりな）

ダンサー、モデル他。スノーボードのライダーとして WINTER 業界、スポーツ業界にて主に活動中。CM、雑誌、ラジオ、MC と幅広く活動。ダンスでは国内、海外と多数ショーに出演、インストラクター、振付師として活動。海外のファッションブランドのモデルも務める。

曽我小百合（そが さゆり）

３歳からクラシックバレエを習い、高校、大学ではチアリーダー部、ダンス部に所属。社会人からは管理栄養士の傍らチアリーダーとして活動。2017 年春に単身渡米し、長年の夢であった NFL チアリーダーに挑戦し日本人初のテネシー・タイタンズのチアリーダーとなる。

八木香（やぎ かおり）

健康運動指導士。日本女子体育大学卒業。中・高等学校教諭一種免許 (保健体育)。全国の運動施設で長年指導。日本におけるアクア・パーソナル指導の第一人者。独自の水中運動「アクア・ボディ・コンデイショニング (ABC)」を研究開発。

小尾晃一郎（おび こういちろう）

MAKI スポーツ所属。療界から初のマラソンで世界の大会で活躍することを目指しているランナー。2017 年の柏崎マラソンで初優勝し、シドニーマラソン総合 12 位。
2020 年東京オリンピックに向け期待の星。

石崎依子（いしざき よりこ）

J. プロジェクト代表エクササイズアドバイザー、健康運動指導士、ウェーブストレッチマスタートレーナー第１回クィーンカッププチャンピオン。幼少の頃からクラッシックバレエ、ダンスを経験し、現在フィットネスインストラクター、パーソナルトレーナーとして活動中。

協力

中川隆（なかがわ たかし）

スポーツクラブトライ代表、スポーツトレーナー。姿勢、身体作りと、効率良い動き・パワーを引き出すための画期的なメソッド「トライ体幹理論」を開発。ウェーブストレッチリングを深く理解、賛同するとともに、本書制作に多大な協力を寄せている。

牧 直弘（まき なおひろ）

ボディアーチメイクアドバイザー。ウェーブストレッチ考案者。

スポーツトレーナー。

1959年東京生まれ。1982年、国学院大学文学部史学科卒業後、ミュージカルの勉強をしながらダンス（ジャズ・社交ダンス・バレエ）と武道（心拳塾）に励み、さらに音楽活動「スケッチブック」では作曲も手がける。

1990年　東武ウエルネスクラブ「クレタ」にて、チーフコーチとなり。1996年、フリーインストラクターとなる。気功、太極拳、護身術、水泳、ウォーキング、ダイエット指導、呼吸法・発声法から中国整体の施術など20年以上の様々な指導経験の中から、身体のしなやかな動きの要である「ボディ・アーチ」に着眼し、独自の理論「ウェーブストレッチメソッド」を考案する。さらにどなたにでも簡単に「ほぐす」「伸ばす」「鍛える」が同時に行えるウェーブストレッチが体感できるように、ウェーブストレッチリングを開発する。

2006年に特許、意匠、商標取得し、運動プログラムの研究開発と新製品開発の為、有限会社ＭＡＫＩスポーツを設立する。さらに健康に暮らせる社会の実現の為ＮＰＯ法人日本ウェーブストレッチ協会（2008年9月法人格取得）を設立し理事長に就任する。現在、ウェーブストレッチの普及の為、認定講習会、テレビ、雑誌などで活躍中。e－mail　maki@maki-wavingstretch.com

写真：稲川学
装丁：中野岳人
本文デザイン：澤川美代子

ウェーブストレッチリング
体幹強化トレーニング

2018年6月10日　初版第1刷発行

著　　者　　牧 直弘
発 行 者　　東口 敏郎
発 行 所　　株式会社ＢＡＢジャパン
〒151-0073 東京都渋谷区笹塚 1-30-11　4・5F
TEL　03-3469-0135　　FAX　03-3469-0162
URL　http://www.bab.co.jp/
E-mail　shop@bab.co.jp
郵便振替 00140-7-116767
印刷・製本　　中央精版印刷株式会社

ISBN978-4-8142-0128-0　C2075

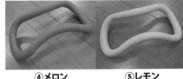

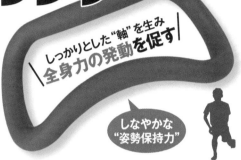

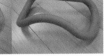

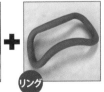

Magazine

武道・武術の秘伝に迫る本物を求める入門者、稽古者、研究者のための専門誌

月刊 秘伝

古の時代より伝わる「身体の叡智」を今に伝える、最古で最新の武道・武術専門誌。柔術、剣術、居合、武器術をはじめ、合気武道、剣道、柔道、空手などの現代武道、さらには世界の古武術から護身術、療術にいたるまで、多彩な身体技法と身体情報を網羅。毎月14日発売（月刊誌）

A4 変形判　146 頁　定価：本体 917 円+税
定期購読料 11,880 円

月刊『秘伝』オフィシャルサイト

古今東西の武道・武術・身体術理を追求する方のための総合情報サイト

WEB秘伝

http://webhiden.jp

秘伝　検索

武道・武術を始めたい方、上達したい方、そのための情報を知りたい方、健康になりたい、そして強くなりたい方など、身体文化を愛されるすべての方々の様々な要求に応える コンテンツを随時更新していきます!!

秘伝トピックス

WEB秘伝オリジナル記事、写真や動画も交えて武道武術をさらに探求するコーナー。

フォトギャラリー

月刊『秘伝』取材時に撮影した達人の瞬間を写真・動画で公開!

達人・名人・秘伝の師範たち

月刊『秘伝』を彩る達人・名人・秘伝の師範たちのプロフィールを紹介するコーナー。

秘伝アーカイブ

月刊『秘伝』バックナンバーの貴重な記事がWEBで復活。編集部おすすめ記事満載。

道場ガイド

情報募集中！カンタン登録！

全国700以上の道場から、地域別、カテゴリー別、団体別に検索!!

行事ガイド

情報募集中！カンタン登録！

全国津々浦々で開催されている演武会や大会、イベント、セミナー情報を紹介。